S0-AKX-657

MODERN GREEK

PART II

By: Theodore C. Papaloizos, Ph.D.

www.greek123.com

ISBN # 978-0-932416-15-5
2nd Edition

Copyright © 2009 By Papaloizos Publications, Inc.
All rights reserved. No part of this book may be used or
reproduced in any manner whatsoever without the permission in
writing from the publisher.

For more information, please visit www.greek123.com
Please submit changes and report errors to www.greek123.com/feedback

Printed and bound in Korea

Papaloizos Publications, Inc.
11720 Auth Lane
Silver Spring, MD 20902
301.593.0652
info@greek123.com

PROLOGUE

MODERN GREEK, PART II, is the second reader in the series of books for studying the Greek Language. It is methodical, simple and comprehensive. We hope it will offer, as our first book has done, much help to both teacher and student.

The book contains thirty lessons. Each lesson consists of a reading, vocabulary, grammatical notes, idiomatic uses of words, the conjugation and tenses of the verbs in each reading, and conversation.

The subjects of the lesson, taken from everyday life, make an interesting reading.

The book begins with the story of an American who wishes to learn Greek. He registers in one of the night classes offered at a local school. In the process, he and his fellow students visit (in reading and conversation) the market place, the theater, a deparment store, the library, etc. They take an imaginary trip to Greece by plane. They have a wonderful time visiting archaeological sites, museums, islands, the country side, tavernas, etc.

The book contains a short grammar of Modern Greek, a list of all the verbs listed in the lessons and a Greek-English and English-Greek vocabulary.

It is written in the monotonic system, according to which each word receives one accent on the accented syllable. Monosyllabic words do not receive an accent.

Until recently Modern Greek used three accents: the acute ´ , the grave ` and the circumflex ^ . An accented syllable received only one of the three accents. The kind of the accent did not change the pronunciation or the meaning of the word. Learning to correctly accent the words presented much difficulty, not only to the foreign student but also to the native, who spent much time to master the rules of accentuation.

The polytonic system, fortunately, was abolished about ten years ago and was replaced by the monotonic.

Greek used also breathing marks. Words beginning with a vowel received either the smooth ' or the rough ' breathing mark which had no effect whatsoever on the pronunciation of the word. These marks have also been abolished.

Following are examples of the "monotonic" and the "polytonic" accenting:

Polytonic: ἔρχομαι, ἄνθρωπος, ἀγαπῶ, τῶν, τόν, ὁ, ἡ, Ἑλένη, ἱστορία, ἔγραψα, μιλῶ, γράφω

Monotonic: έρχομαι, άνθρωπος, αγαπώ, των, τον, ο, η, Ελένη, ιστορία, έγραψα, μιλώ, γράφω

A WORKBOOK accompanies the reader. The student is urged to complete all exercises in the workbook and check it against the answers of the accompanying ANSWER BOOK.

Theodore C. Papaloizos, Ph.D.

CONTENTS

I N D E X

GRAMMAR INDEX

Η ΕΛΛΑΔΑ - GREECE

ΜΑΘΗΜΑ ΠΡΩΤΟ - LESSON ONE

Ο κύριος Τομ Τζόνσον

A. Ανάγνωση - Reading

Ελάτε να γνωρίσουμε τον κύριο Τομ Τζόνσον και την οικογένειά του.

Ο κύριος Τζόνσον είναι Αμερικανός. Γεννήθηκε στις Ηνωμένες Πολιτείες της Αμερικής. Είναι παντρεμένος με μια ελληνίδα, που λέγεται Ειρήνη. Ο κύριος και η κυρία Τζόνσον έχουν δυο παιδιά, τον Νίκο και την Ελένη. Η οικογένεια του κυρίου Τζόνσον ζει σε μια μεγάλη πόλη της Αμερικής.

Ο κύριος Τζόνσον αγαπά κάθε τι ελληνικό. Του αρέσει πολύ η ελληνική γλώσσα και θέλει να μάθει ελληνικά. Γι αυτό πηγαίνει στο νυχτερινό σχολείο για να μάθει ελληνικά.

Του αρέσουν ακόμα τα ελληνικά φαγητά, το ελληνικό κρασί, το ελληνικό τυρί, η ελληνική μουσική και ο ελληνικός χορός.

Η κυρία Ειρήνη είναι ελληνο-αμερικανίδα. Γεννήθηκε στην Αμερική από Έλληνες γονείς.

B. Λεξιλόγιο - Vocabulary*

αγαπώ (2) - I love
ο Αμερικανός - American
γεννήθηκα - I was born - γεννιέμαι (4) - I am born
η γλώσσα - tongue, language
γνωρίζω (1) - I know, I meet
οι γονείς - parent
ελάτε - come
ο Έλληνας - Greek, Hellene

---

*New words are underlined and are listed, in the vocabulary in alphabetical order.

τα Ελληνικά - the Greek language

η ελληνο-αμερικανίδα - Greek-American woman

ζουν - ζω (3) - I live

οι Ηνωμένες Πολιτείες της Αμερικής - The United States of America

κάθε τι - everything

λέγομαι (4) - I am named, I am called

να μάθει - (he) to learn

η μουσική - music

νυχτερινός, -ή, -ό - night (adj.)

η οικογένεια - family

παντρεμένος, -η, -ο - married

ο χορός - dance

C. Γραμματική - Grammar

a. The following words are masculines:

ο κύριος, ο Αμερικανός, ο χορός

Remember , masculine words end in: - ος, ας, -ης, ους, ες
Ex.: ο χορός, ο πατέρας, ο μαθητής, ο νους, ο καφές

b. The following words are feminines:

η κυρία, η Ειρήνη, η ελληνίδα, η μεγάλη πόλη, η Αμερική, η μουσική, η ελληνο-αμερικανίδα

Remember: Feminine words end in: -α, -η, -ος, ου, -ω
Ex.: η κυρία, η πόλη, η έρημος, η αλεπού, η Φρόσω

c. The following words are neuters:

το παιδί, το τυρί, το σχολείο, το φαγητό, το κρασί

Remember: Neuters end in: -ι, -ο, -α (μα), - ος
Ex.: το τυρί, το σχολείο, το όνομα, το δάσος

(**Review the declension of masculines, feminines and neuters on pp. 133-139 and 153-154**)

d. An adjective has three genders: masculine, feminine and neuter. It has a different ending for each of the three genders. The following words are adjectives:

ο παντρεμένος - η παντρεμένη - το παντρεμένο - married

ο μεγάλος - η μεγάλη - το μεγάλο - big, large, great

ο ελληνικός - η ελληνική - το ελληνικό - Greek, Hellenic

ο νυχτερινός - η νυχτερινή - το νυχτερινό - night

e. Ρήματα - Verbs

There are four groups of verbs. Each group has its own ending:

Group one (1) ends in -ω: έχ-ω, τρώ-ω, παίζ-ω, γράφ-ω

Group two (2) ends in -ώ: αγαπώ, πηδώ, χτυπώ

Group three (3) ends also in -ώ but has a slightly different conjugation than group 2

Group four (4) ends in -ομαι (μαι): λέγομαι, έρχομαι, φαίνομαι, ονομάζομαι

(Review the conjugation of the verbs on pp. 141-152)

f. For the conjugation of the auxiliary verb είμαι See page 150

D. Συνομιλία - Conversation

1. Είμαι ο κύριος Τομ Τζόνσον. — I am Mr. Tom Johnson.
   Εσείς ποιος είστε; — Who are you?

2. Εγώ είμαι ο κύριος Γιώργος Αποστολίδης. — I am Mr. George Apostolides.

3. Γεννήθηκα στην Αμερική. — I was born in America
   Εσείς, που γεννηθήκατε; — Where were you born?

4. Εγώ γεννήθηκα στην Ελλάδα. — I was born in Greece.

5. Είμαι παντρεμένος με μια ελληνίδα. — I am married to a Greek girl.
   Εσείς, είστε παντρεμένος με ελληνίδα; — Are you married to a Greek girl?

6. Μάλιστα, και εγώ είμαι παντρεμένος με ελληνίδα. — Yes, I am married also to a Greek girl.

- 3 -

7. Η γυναίκα μου ονομάζεται Ειρήνη. Τη γυναίκα μου τη λένε Ειρήνη. Πώς λένε τη γυναίκα σας;	- My wife is called Irene. They call my wife Irene. - How do they call your wife?
8. Τη γυναίκα μου τη λένε Μαρία.	- They call my wife Maria.
9. Εγώ μένω σε μια μεγάλη πόλη της Αμερικής. Μένω στη Νέα Υόρκη. Εσείς, πού μένετε;	- I live in a big city in America. I live in New York. - Where do you live?
10. Εγώ μένω στην Αθήνα.	- I live in Athens.

E. <u>Conversation based on the reading</u>. Answer the questions, then listen to the tape for the correct answer.

  1. Ποιος είναι ο κύριος Τζόνσον;
  2. Πού γεννήθηκε ο κύριος Τζόνσον;
  3. Είναι παντρεμένος ο κύριος Τζόνσον;
  4. Πώς λένε τη γυναίκα του;
  5. Πόσα παιδιά έχουν ο κύριος Τζόνσον και η κυρία Ειρήνη;
  6. Πού μένει η οικογένεια του κυρίου Τζόνσον;
  7. Τι θέλει να μάθει ο κύριος Τζόνσον;
  8. Πού πηγαίνει ο κύριος Τζόνσον για να μάθει ελληνικά;
  9. Τι πράγματα αρέσουν στον κύριο Τζόνσον;
10. Τι είναι η κυρία Ειρήνη;
11. Πού γεννήθηκε η κυρία Ειρήνη;
12. Τι είναι οι γονείς της κυρίας Ειρήνης;

ΜΑΘΗΜΑ ΔΕΥΤΕΡΟ - LESSON TWO

Ο κύριος Τζόνσον θέλει να μάθει ελληνικά

A. <u>Ανάγνωση</u> - Reading

Ο κύριος Τζόνσον μένει σε μια μεγάλη πόλη της Αμερικής. Στην πόλη αυτή ζουν πολλοί Έλληνες και <u>υπάρχουν</u> πολλές ελληνικές <u>εκκλησίες</u>, ελληνικά <u>καταστήματα</u>, <u>εστιατόρια</u> και σχολεία. Υπάρχουν ακόμα ελληνικά <u>ραδιοφωνικά</u> <u>προγράμματα</u> που <u>μεταδίδουν</u> ελληνική μουσική, <u>τραγούδια</u> και <u>ειδήσεις</u>.

Πολλά σχολεία έχουν τα βράδια <u>τάξεις</u> Ελληνικών για όσους θέλουν να μάθουν τη γλώσσα ή να <u>καλιτερέψουν</u> τα ελληνικά που ξέρουν.

Τώρα που πέρασε το <u>καλοκαίρι</u> και ήρθε ο <u>Σεπτέμβριος</u> τα σχολεία <u>ανοίγουν</u>. Ο κύριος Τζόνσον άκουσε στο ραδιόφωνο ότι πολλά σχολεία έχουν νυχτερινές τάξεις. <u>Αποφασίζει</u>, λοιπόν, να πάει σε μια τέτια τάξη. Θέλει να μάθει να <u>μιλά</u>, να διαβάζει, να γράφει και να <u>καταλαβαίνει</u> Ελληνικά. Έχει μάλιστα αποφασίσει να πάει, <u>κάποια</u> μέρα, στην Ελλάδα. Θέλει τότε να ξέρει καλά τα Ελληνικά.

B. <u>Λεξιλόγιο</u> - Vocabulary
ανοίγω (1) - I open
αποφασίζω (1) - I decide
η είδηση - news, report
η εκκλησία - church
το εστιατόριο - restaurant
καλιτερεύω (1) - I improve
το καλοκαίρι - summer
κάποι-ος, -α, -ο - some
καταλαβαίνω (1) - I understand
το κατάστημα - department store, shop

μεταδίδω (1) - I broadcast
μιλώ (2) - I speak, I talk
το ραδιοφωνικό πρόγραμμα - radio program, broadcast
ο Σεπτέμβριος - September
το τραγούδι - song
υπάρχουν - there are

C. <u>Γραμματική - Grammar</u>

a. <u>Study the conjugation of the verb **ανοίγω** (group 1) p.150</u>
and then study the following sentences :
1. Ανοίγω το γράμμα. - I open the letter.
2. Το σχολείο άνοιξε χτες. - The school opened yesterday.
3. Τα καταστήματα δε θα ανοίξουν αύριο. - The shops will not open
tomorrow.
4. Τα σχολεία δεν έχουν ακόμα ανοίξει. The schools have not
yet opened.
5. Χτες, όλη μέρα, ανοίγαμε πακέτα. - Yesterday, all day long,
we were opening packages.
6. Πότε θα ανοίξεις το χριστουγεννιάτικό σου δώρο;
When are you going to open your Christmas present?
7. Μέχρι τις δέκα το πρωί θα έχουν ανοίξει τα μαγαζιά.
By ten o'clock in the morning the shops will have opened.

b. <u>Study the declension of masculines</u> on pp.134-136
Then study the following sentences and phrases containing the
words :
Αμερικανός, Έλληνας, μαθητής, παπουτσής, καφές,
παππούς.

1. Η χώρα των Αμερικανών - The country of the Americans
2. Ο αρχαίος πολιτισμός των Ελλήνων - The ancient civilization of the
Greeks.
3 Η μυρωδιά του καφέ - The smell of the coffee
4. Τα παπούτσια του παπουτσή - The shoe-maker's shoes
5. Ο δάσκαλος τιμωρεί τον μαθητή - The teacher punishes the pupil.
6. Ο δάσκαλος τιμωρεί τους μαθητές - The teacher punishes the pupils.
7. Τα βιβλία του μαθητή - The pupil's books
8. Το βιβλίο των μαθητών - The pupils' book.
9. Η πίπα του παππού - Grandfather's pipe

10. Οι παππούδες και τα εγγόνια τους - The grandfathers and their grandchildren.

c. <u>Tenses of some of the verbs in the first two lessons:</u>

```
Order of the Tenses:
        Present = abbreviated P, Past Continuous = P.C.
        Past Simple = P.S., Future Continuous = F.C.
        Future Simple = F.S., Present Perfect = Pr.P.
        Past Perfect = P.P. - Future Perfect = F.P.
```

έρχομαι (4) - I come
        ερχόμουν - ήρθα - θα έρχομαι - θα έρθω - έχω έρθει - είχα έρθει - θα έχω έρθει

γνωρίζω (1) - I know
        γνώριζα - γνώρισα - θα γνωρίζω - θα γνωρίσω - έχω γνωρίσει - είχα γνωρίσει - θα έχω γνωρίσει

είμαι (4) - I am
        P.C and P.S. - ήμουν, F.C. and F.S.   θα είμαι
        (Perfect Tenses from the verb υπάρχω) έχω υπάρξει, είχα υπάρξει, θα έχω υπάρξει

έχω - I have
        είχα, θα έχω (only tenses)

πηγαίνω (1) - I go
        πήγαινα - πήγα - θα πηγαίνω - θα πάω - έχω πάει - είχα πάει, θα έχω πάει

μένω (1) - I stay, I live
        έμενα - έμεινα - θα μένω - θα μείνω - έχω μείνει - είχα μείνει - θα έχω μείνει

ακούω (1) - I hear, I listen
        The indicative mood of ακούω is conjugated thus:
        ακούω - I hear, ακούς (instead of ακούεις) - you hear
        ακούει - he, she, it hears
        ακούμε - we hear, ακούτε - you hear, ακούνε - they hear
        άκουα, άκουσα, θα ακούω, θα ακούσω, έχω ακούσει, είχα ακούσει, θα έχω ακούσει

αποφασίζω (1) - I decide
        αποφάσιζα - αποφάσισα - θα αποφασίζω - θα αποφασίσω - έχω αποφασίσει, είχα αποφασίσει - θα έχω αποφασίσει

μιλώ (2) - I talk, I speak
        μιλούσα, μίλησα, θα μιλώ, θα μιλήσω, έχω μιλήσει, είχα μιλήσει, θα έχω μιλήσει

γράφω (1) - I write
        έγραφα - έγραψα - θα γράφω - θα γράψω - έχω γράψει - είχα γράψει - θα έχω γράψει

καταλαβαίνω (1) - I understand

    καταλάβαινα - κατάλαβα - θα καταλαβαίνω - θα καταλάβω
    - έχω καταλάβει - είχα καταλάβει

ξέρω (1) - I know

    ήξερα - θα ξέρω (only tenses)

D. Conversation using the above verbs:

1. Πότε ήρθες; - When did you come?
2. Η οικογένειά μου θα έρθει αύριο. - My family will come tomorrow.
3. Το αεροπλάνο δεν έχει έρθει. - The airplane has not come.
4. Ο φίλος μου έρχεται σήμερα - My friend is coming today.

5. Με γνωρίζεις; - Do you know me?
6. Δε γνώριζα τίποτε. - I did not know anything.
7. Ελάτε να γνωρίσετε τον κύριο Λουκάκη. - Come and meet Mr. Loukakis.
8. Δεν τους έχουμε γνωρίσει. - We have not met them.

9. Ακούς; - Do you hear.
10. Δεν μπορούμε να τους ακούσουμε - We cannot hear them.
11. Δε μας άκουσαν - They did not hear us.
12. Παιδιά, ακούστε! - Children, listen!

13. Καταλαβαίνετε ελληνικά; - Do you understand Greek?
14. Δεν κατάλαβα τι είπε. - I did not understand what he said.
15. Παρακαλώ, μιλάτε σιγά για να μπορέσω να καταλάβω. - Please, speak slowly so I may understand.

16. Μιλάτε ελληνικά - Do you speak Greek?
17. Δε μου μίλησε. - He (she) did not speak to me.
18. Μας έχουν μιλήσει - They have talked to us.

E. Συνομιλία - Answer these questions taken from the reading.

1. Πού μένει ο κύριος Τζόνσον;
2. Ποιοι άλλοι μένουν στην πόλη αυτή;
3. Τι άλλο υπάρχει στην πόλη αυτή;
4. Τι έχουν πολλά σχολεία τα βράδια;
5. Πότε ανοίγουν τα σχολεία;
6. Τι άκουσε στο ραδιόφωνο ο κύριος Τζόνσον;
7. Τι αποφασίζει να κάνει ο κύριος Τζόνσον;
8. Τι θέλει να μάθει ο κύριος Τζόνσον;
9. Που θέλει κάποτε να πάει ;

ΜΑΘΗΜΑ ΤΡΙΤΟ - LESSON THREE

Ο κύριος Τζόνσον παίρνει πληροφορίες για τα ελληνικά μαθήματα

A. <u>Ανάγνωση</u> - <u>Reading</u>

Την Κυριακή το απόγευμα ο κύριος Τζόνσον ακούει ένα ραδιοφωνικό πρόγραμμα. Ακούει ότι οι τάξεις των ελληνικών μαθημάτων αρχίζουν την <u>ερχόμενη</u> Τετάρτη, 14 Σεπτεμβρίου στο σχολείο μιας <u>κοινότητας</u>.

Την άλλη μέρα <u>τηλεφωνά</u> στο <u>γραφείο</u> του σχολείου και <u>ζητά</u> <u>πληροφορίες</u>.

"Εδώ ο κύριος Τομ Τζόνσον," λέει* ."Με ποιον μιλώ, <u>παρακαλώ</u>;"

"Μιλάτε με τη <u>γραμματέα</u> της κοινότητας," ακούεται από το <u>ακουστικό</u> του τηλεφώνου. "Μπορώ να σας <u>βοηθήσω</u>;"

"Μάλιστα, ευχαριστώ πολύ," λέει ο κύριος Τζόνσον. "Θα ήθελα να πάρω μερικές πληροφορίες <u>σχετικά</u> με τα νυχτερινά μαθήματα που έχει το σχολείο της κοινότητάς** σας. Άκουσα κάτι σχετικό χτες στο ραδιόφωνο."

"Πολύ <u>ευχαρίστως</u>," <u>απαντά</u> η γραμματέας."Θα σας δώσουμε όλες τις πληροφορίες που θέλετε."

"Πότε γίνονται τα μαθήματα;" <u>ρωτά</u> ο κύριος Τζόνσον.

"Κάθε Τετάρτη βράδι," απαντά η γραμματέας.

"Ποια ώρα;"

"Από τις εφτά μέχρι τις εννιά."

"Πόσο διαρκούν τα μαθήματα;"

"Διαρκούν πέντε μήνες, από τον Σεπτέμβριο μέχρι τον Ιανουάριο."

"Και πότε αρχίζουν;"

"Αρχίζουν την ερχόμενη Τετάρτη, 14 Σεπτεμβρίου."

"Πόσο είναι τα δίδακτρα;"

"Τα δίδακτρα είναι εκατό δολλάρια."

"Τι άλλο θα χρειαστώ;"

"Μόνο ένα τετράδιο, λίγο χαρτί, ένα μολύβι και μια πένα."

"Θα χρειαστώ και βιβλίο, δεν είναι έτσι;"

"Και βέβαια θα χρειαστείτε βιβλίο. Αυτό θα σας το δώσουμε εμείς."

"Μια τελευταία ερώτηση: Ποιος είναι ο δάσκαλος ή*** η δασκάλα;"

"Τη τάξη θα διδάξει μια δασκάλα, η κυρία Αθηνά Πανοπούλου. Είναι πολύ καλή δασκάλα."

"Ευχαριστώ πολύ για τις πληροφορίες. Θα σας δω την Τετάρτη στις εφτά. Χαίρετε."

"Χαίρετε."

B. <u>Λεξιλόγιο - Vocabulary</u>

το ακουστικό - telephone receiver
απαντώ (2) - I answer
αρχίζω (1) - I start, I begin
βέβαια - of course
βοηθώ (2) - I help
ο,η γραμματέας - secretary
το γραφείο - office, desk
διαρκώ (3) - I last
τα δίδακτρα - tuition
διδάσκω (1) - I teach
ερχόμενος, η, ο - coming
ευχαρίστως - with pleasure
ζητώ (2,3) - I ask
ο Ιανουάριος - January
η κοινότητα - community
ο μήνας - month
παρακαλώ (3) - I beg, I ask ****
η πληροφορία - information
ρωτώ (2) - I ask
σχετικός, ή, ό - related to
τηλεφωνώ (2,3) - I telephone, I call
χρειάζομαι - I need

* <u>λέει</u> - is the third person of the verb λέ(γ)ω, conjugated as follows:
λέω - I say, λες - you say , λέει - he, she, it says
λέμε - we say, λέτε - you say, λένε - they say

** When a word is accented on the antepenult (third syllable from the end) and is followed by a form of the possessive pronoun (μου, σου του, etc.) then the invisible accent of the pronoun transfers to the last syllable of the word. The word then appears to have two accents. Ex.: το όνομά μου - my name, το τετράδιό σου- your tablet, τα μαθήματά μας - our lessons

*** ή is a conjuction meaning <u>or</u>. It takes an accent so it can be distinguished from the artticle η which is not accented. Εγώ ή εσύ - I or you, θέλεις ή δε θέλεις; - Do you want or you don't want?

**** **παρακαλώ** - is also used when we ask for something. As: Παρακαλώ, μπορώ να έχω ένα ποτήρι νερό; - May I have a glass of water, please?

C. The names of the months - (The names of the months are of masculine gender.)

		also		
ο	Ιανουάριος	also	Γενάρης	January
ο	Φεβρουάριος		Φλεβάρης	February
ο	Μάρτιος		Μάρτης	March
ο	Απρίλιος		Απρίλης	April
ο	Μάιος		Μάης	May
ο	Ιούνιος		Ιούνης	June
ο	Ιούλιος		Ιούλης	July
ο	Αύγουστος		-	August
ο	Σεπτέμβριος		Σεπτέμβρης	September
ο	Οκτώβριος		Οχτώβρης	October
ο	Νοέμβριος		Νοέμβρης	November
ο	Δεκέμβριος		Δεκέμβρης	December

D. The names of the days - (The names of the days are feminine except Σάββατο which is neuter)

η Κυριακή - Sunday
η Δευτέρα - Monday
η Τρίτη - Tuesday
η Τετάρτη - Wednesday
η Πέμπτη - Thursday
η Παρασκευή - Friday
το Σάββατο - Saturday

E. The tenses of some verbs in this lesson:

τηλεφωνώ (2 or 3) - I call, I telephone
   τηλεφωνούσα, τηλεφώνησα, θα τηλεφωνώ, θα τηλεφωνήσω, έχω τηλεφωνήσει, είχα τηλεφωνήσει, θα έχω τηλεφωνήσει

παρακαλώ (2) - I beg, I ask
   παρακαλούσα, παρακάλεσα, θα παρακαλώ, θα παρακαλέσω, έχω παρακαλέσει, είχα παρακαλέσει, θα έχω παρακαλέσει

βοηθώ (2 or 3) - I help
   βοηθούσα, βοήθησα, θα βοηθώ, θα βοηθήσω, έχω βοηθήσει, είχα βοηθήσει, θα έχω βοηθήσει

διαρκώ (3) - I last
   διαρκούσα, διήρκεσα, θα διαρκώ, θα διαρκέσω, έχω

διαρκέσει, είχα διαρκέσει, θα έχω διαρκέσει

χρειάζομαι (4) - I need

χρειαζόμουν, χρειάστηκα, θα χρειάζομαι, θα χρειαστώ, έχω χρειαστεί, είχα χρειαστεί, θα έχω χρειαστεί

απαντώ (2) - I answer

απαντούσα, απάντησα, θα απαντώ, θα απαντήσω, έχω απαντήσει, είχα απαντήσει, θα έχω απαντήσει

ρωτώ (2) - I ask

ρωτούσα, ρώτησα, θα ρωτώ, θα ρωτήσω, έχω ρωτήσει, είχα ρωτήσει, θα έχω ρωτήσει

For the conjugation of the verb ρωτώ see pp. 151-152

Some verbs of the fourth group are deponent, in other words they have in the present and past continuous tense the endings of a passive voice verb with an active voice meaning.

Such verbs are: **χρειάζομαι** - I need, **φαίνομαι** - I seem, **κάθομαι** - I sit, **έρχομαι** - I come, and others (See conjugation of group 4 verbs on page 145-146 and 152-153)

Examples of uses of the above verbs:

1. Εγώ ρωτώ κι εσύ απαντάς ⁻ I ask and you answer.
2. Μας ρώτησε και του απαντήσαμε ⁻ He asked us and we answered him.
3. Οι μαθητές θα ρωτήσουν τη δασκάλα τους ⁻ The students will ask their teacher.
4. Αν δεν ξέρεις κάτι, ρώτησε να μάθεις ⁻ If you do not know something, ask so you can learn.

5. Τι χρειάζεσαι; - What do you need?
6. Χρειάζομαι μερικά βιβλία. - I need some books.
7. Τι θα χρειαστείτε; - What will you need?
8. Τα παιδιά θα χρειαστούν χειμωνιάτικα ρούχα. - The children will need winter clothes.

9. Μπορείς να με βοηθήσεις; - Can you help me?
10. Αύριο θα σας βοηθήσουμε. - We will help you tomorrow.
11. Τα παιδιά μας έχουν βοηθήσει πολύ. - The children have helped us much.

F. <u>Συνδιάλεξη</u> - <u>Conversation</u> (Answer these questions taken from the reading).

1. Πότε αρχίζουν τα ελληνικά μαθήματα στο σχολείο της κοινότητας;
2. Πού τηλεφωνεί ο κύριος Τζόνσον;
3. Τι θέλει να μάθει;
4. Ποια απαντά το τηλέφωνο;
5. Ποια μέρα γίνονται τα μαθήματα;
6. Από ποια ώρα μέχρι ποια ώρα γίνονται τα μαθήματα;
7. Ποιο μήνα αρχίζουν τα μαθήματα;
8. Πόσο είναι τα δίδακτρα;
9. Τι θα χρειαστεί για την τάξη ο κύριος Τζόνσον;
10. Πώς λέγεται η δασκάλα που θα διδάξει ελληνικά;

G. <u>Oral exercise. Give the Greek translation</u>: (You have five seconds for each answer. The correct answer will be given on the tape).
1. It is Sunday afternnon.
2. I listen to the radio program.
3. I want to get some information.
4. With whom do I speak?
5. What day do the lessons take place?
6. How long does each lesson last?
7. I will give you, with pleasure, the information you want.
8. What month do the lessons start?
9. The lessons start in September.
10. Who is the teacher?
11. Do I need a book?
12. How much is the book?
13. Do I need anything else?
14. How much is the tuition?
15. Thank you for the information.

ΜΑΘΗΜΑ ΤΕΤΑΡΤΟ - LESSON FOUR

Ο κύριος Τζόνσον στο ελληνικό σχολείο

A. <u>Ανάγνωση</u> - <u>Reading</u>

Πέρασε μια εβδομάδα. Είναι Τετάρτη βράδι. Ο κύριος Τζόνσον πηγαίνει στο ελληνικό σχολείο.

Στην τάξη είναι η δασκάλα, η κυρία Πανοπούλου. Η τάξη είναι ένα μεγάλο δωμάτιο με πολλά παράθυρα. Έχει χρώμα γαλανό. Στον <u>τοίχο</u> υπάρχουν ένας μεγάλος μαύρος πίνακας και <u>χάρτες</u> της Ελλάδας και της Αμερικής.

Στην τάξη είναι ακόμα ένα <u>γραφείο</u>, μια <u>βιβλιοθήκη</u> και πολλά <u>θρανία</u>. Η βιβλιοθήκη είναι γεμάτη από βιβλία, <u>περιοδικά</u> και <u>εφημερίδες</u>. Σε μια <u>γωνιά</u> του δωματίου είναι <u>κρεμασμένη</u> η αμερικανική <u>σημαία</u> και σε μια άλλη γωνιά, η ελληνική σημαία. Η αμερικανική σημαία έχει χρώμα κόκκινο, γαλανό και άσπρο. Η ελληνική σημαία έχει χρώμα γαλανό και άσπρο.

Η κυρία Πανοπούλου <u>καλωσορίζει</u> τους μαθητές και τις μαθήτριες. Η τάξη έχει <u>αρκετούς</u> μαθητές και αρκετές μαθήτριες.

Η δασκάλα ρωτά το όνομα και το <u>επώνυμο</u> κάθε μαθητή και κάθε μαθήτριας. Τους ρωτά πόσων χρόνων είναι, τι δουλειά κάνουν, γιατί θέλουν να μάθουν ελληνικά και άλλα πράγματα. Η δασκάλα <u>ως προς το παρόν</u>, <u>χρησιμοποιεί</u> αγγλικά και ελληνικά, <u>όταν</u> κάνει όλες αυτές τις ερωτήσεις. Μα σε λίγο καιρό θα μιλά <u>μόνο</u> ελληνικά στην τάξη.

B. <u>Δεξιλόγιο</u> - <u>Vocabulary</u>
αρκετός, -ή, -ο - enough, sufficient   το γραφείο - office, desk
η βιβλιοθήκη - library, book case

η γωνιά - corner
το επώνυμο - surname
η εφημερίδα - newspaper
θρανίο - pupil's desk
καλωσορίζω (1) - I welcome
μόνο - only
το περιοδικό - periodical, magazine
ο τοίχος - wall
η σημαία - flag
ο χάρτης - map
χρησιμοποιώ (2) - I use
ως προς το παρόν - for now, for the present time

C. Γραμματική - Grammar
The following words are:

masculine	feminine	neuter
ο κύριος	η εβδομάδα	το βράδι
ο πίνακας	η Τετάρτη	το σχολείο
ο χάρτης	η δασκάλα	το δωμάτιο
ο μαθητής	η κυρία	το παράθυρο
ο καιρός	η Ελλάδα	το γραφείο
	η Αμερική	το χρώμα
	η τάξη	το το βιβλίο
	η βιβλιοθήκη	το περιοδικό
	η εφημερίδα	το όνομα
	η σημαία	το επώνυμο
	η μαθήτρια	το πράγμα

Study the declension of feminine and neuter words on pages 136-139 and 153-154

D. Τα χρώματα - The colors

άσπρο - white
μαύρο - black
κόκκινο - red
κίτρινο - yellow
πράσινο - green
γαλανό or γαλάζιο or μπλε - blue

γρίζο - grey
πορτοκαλί - orange
μωβ - mauve
βυσσινί - maroon

E. The tenses of some verbs in the above reading:

περνώ (2) - I pass (**For the conjugation of the tenses of the verb see p.152**)

περνούσα, πέρασα, θα περνώ, θα περάσω, έχω περάσει, είχα περάσει, θα έχω περάσει

πηγαίνω (1) - I go

πήγαινα, πήγα, θα πηγαίνω, θα πάω, έχω πάει, είχα πάει, θα έχω πάει

κάνω (1) - I do, I make

έκανα, έκαμα, θα κάνω, θα κάμω, έχω κάμει, είχα κάμει, θα έχω κάμει

χρησιμοποιώ (3) - I use

χρησιμοποιούσα, χρησιμοποίησα, θα χρησιμοποιώ, θα χρησιμοποιήσω, έχω χρησιμοποιήσει, είχα χρησιμοποιήσει, θα έχω χρησιμοποιήσει

Sentences with forms from the above verbs:

Περνώ από την αγορά - I pass by the market.

Πέρασα από το ταχυδρομείο - I passed by the post office.

Ο καιρός περνάει - Time passes.

Ο καιρός πέρασε - Time has passed.

Θα περάσουμε καλά στην Ελλάδα. - We are going to have a good time in Greece.

Πώς περάσατε στο ταξίδι σας; - How was your trip?

Μας πέρασε. - He passed us.

Περνάτε μέσα. - Come inside.

Τι έκαμες χτες; - What did you do yesterday?

Τι κάνει η οικογένεια σου; - How is your family?

Τι κάνουν τα παιδιά; - What are the children making?

Την Κυριακή θα πάμε να δούμε ένα παιχνίδι. - On Sunday we will go to see a game.

Χτες δεν πήγαμε στην αγορά. - Yesterday we did not go to the market.

Δεν έχουμε πάει στην Αγγλία. - We have not gone to England.

Θα πάτε φέτος στην Ελλάδα; - Are you going to Greece this year?

Τι εργαλεία χρησιμοποιείς στη δουλειά σου; - What tools do you use in your work?

Θα χρησιμοποιήσουμε όλα τα βιβλία που έχουμε. - We will

use all the books we have.

Οι άνθρωποι χρησιμοποιούν το αυτοκίνητο ως μεταφορικό μέσο - Men use the car as a means of transportation.

F. Different phrases with words from lesson 4:
1. We say:
Κυριακή πρωί - Sunday morning
Δευτέρα βράδι - Monday evening
Τετάρτη μεσημέρι - Wednesday noon
Σάββατο απόγευμα - Saturday afternoon
Πέμπτη μεσάνυχτα - Thursday midnight

2.
η αμερικανική σημαία - the American flag
ο αμερικανικός ύμνος - the American National Anthem
ο αμερικανικός λαός - the American people
ο ελληνικός λαός - the Greek people
τα ελληνικά νησιά - the Greek Islands
αγγλικός - English
γερμανικός - German
γαλλικός - French
ιταλικός - Italian
ισπανικός - Spanish
ρωσσικός - Russian
κινεζικός - Chinese
ιαπωνικός - Japanese

3. Study the declension of feminine words on page 136-137, and 153. Then study the following:
Οι μέρες της εβδομάδας - the days of the week
Το όνομα της δασκάλας - the teacher's name
Τα βιβλία των βιβλιοθηκών - the books of the libraries
Τα νέα των εφημερίδων - The news of the newspapers
Τα χρώματα της σημαίας - The colors of the flag
Κάθε μέρα διαβάζουμε τις εφημερίδες - Every day we read the papers.
Δανείζομαι βιβλία από τις βιβλιοθήκες - I borrow books from the library.
Ένας μήνας έχει τέσσερις εβδομάδες - A month has four weeks.
Χαιρετούμε τη σημαία - We greet the flag.

G. <u>Answer the following questions taken from the lesson</u> : (You may find the answers on the tape)

1. Ποια μέρα πηγαίνει ο κύριος Τζόνσον στο ελληνικό σχολείο;
2. Πώς είναι η τάξη;
3. Τι χρώμα έχει η τάξη;
4. Τι υπάρχουν στον τοίχο της τάξης;
5. Τι άλλο υπάρχει στην τάξη;
6. Ποιές σημαίες είναι στην τάξη;
7. Ποιος καλωσορίζει τους μαθητές και τις μαθήτριες;
8. Ποια είναι η κυρία Πανοπούλου;
9. Τι ρωτά η δασκάλα τους μαθητές και τις μαθήτριες;
10. Ποια γλώσσα χρησιμοποιεί η δασκάλα;

H. <u>General questions</u>:

1. Πώς σε λένε;
2. Τι μέρα είναι σήμερα;
3. Είναι τώρα πρωί ή απόγευμα;
4. Τι μήνας είναι τώρα;
5. Τι γλώσσα μιλάτε;
6. Πηγαίνεις (πηγαίνετε)* στο σχολείο;
7. Σε ποιο σχολείο πηγαίνεις (πηγαίνετε)*;
8. Πού μένεις (μένετε*);
9. Ξέρεις (ξέρετε)* γερμανικά;
10. Εκτός από τα αγγλικά ποια άλλη γλώσσα ξέρεις (ξέρετε)*;
11. Ποιο είναι το επώνυμό σας;
12. Ποιο είναι το όνομά σας;
13. Πόσων χρόνων είστε;
14. Διαβάζετε περιοδικά;
15. Τι περιοδικά διαβάζετε;
16. Διαβάζετε ελληνικά περιοδικά;
17. Ποια είναι η πατρίδα σας;
18. Έχετε πάει ποτέ στην Ελλάδα;
19. Έχετε βιβλιοθήκη στο σπίτι σας;
20. Τι δανείζεστε από μια βιβλιοθήκη;

* Polite form

Η τάξη των Ελληνικών

A. <u>Ανάγνωση</u> - <u>Reading</u>:

Η κυρία Πανοπούλου ρωτά τους μαθητές και τις μαθήτριες:
- Ποιο είναι το όνομά σας;
- Πού μένετε;
- Πόσων χρόνων είστε;
- Πού γεννηθήκατε;
- Είστε παντρεμένος;
- Είστε παντρεμένη;
- Έχετε παιδιά;
- Πόσα παιδιά έχετε;
- Είναι μεγάλα τα παιδιά σας ή μικρά;
- Πού δουλεύετε;
- Γιατί θέλετε να μάθετε ελληνικά;
- Η γυναίκα σας ξέρει ελληνικά;
- Ο άντρας σας ξέρει ελληνικά;
- Έχετε <u>ποτέ</u> πάει στην Ελλάδα;

Να μερικές από τις απαντήσεις που παίρνει η κυρία Πανοπούλου

- Το όνομά μου είναι Αλίκη Σμιθ.
- Το όνομά μου είναι Μαρία Χωλ.
- Το όνομά μου είναι Τζον Ρότζερ.
- Με λένε Ελένη Δημητρίου.
- Με λένε Ειρήνη Γιαννοπούλου.

- Μένω σε <u>διαμέρισμα</u>.
- Μένω με την οικογένειά μου σε ένα μεγάλο σπίτι.
- Μένω έξω από την πόλη, μένω στα <u>προάστεια</u>.

- Είμαι είκοσι τριών χρόνων.
- Είμαι τριάντα τεσσάρων χρόνων.
- Είμαι σαράντα χρόνων.
- Είμαι δεκαοχτώ χρόνων.

- Γεννήθηκα στη* Νέα Υόρκη.
- Γεννήθηκα στην* Αθήνα
- Γεννήθηκα στο Λονδίνο.
- Γεννήθηκα στο Παρίσι.

- Είμαι παντρεμένος. Είμαι παντρεμένη.
- Δεν είμαι παντρεμένος. Δεν είμαι παντρεμένη.
- Δεν έχω παιδιά. Έχω τρία παιδιά.

- Είμαι <u>διευθύντρια</u> σ '** ένα κατάστημα.
- Είμαι δάσκαλος σ ' ένα <u>δημοτικό σχολείο</u>.
- Είμαι <u>καθηγητής</u> σ ' ένα <u>πανεπιστήμιο</u>.
- Είμαι δασκάλα σ ' ένα <u>γυμνάσιο</u>.
- Δουλεύω σε μια <u>εταιρεία</u>.
- Είμαι <u>γιατρός</u>.
- Είμαι <u>δικηγόρος</u>.
- Είμαι <u>κυβερνητικός υπάλληλος</u>.

- Θέλω να μάθω ελληνικά, γιατί ο άντρας μου είναι Έλληνας.
- Θέλω να μάθω να διαβάζω, να γράφω, να καταλαβαίνω και να μιλώ ελληνικά. Η ελληνική γλώσσα μ ' αρέσει πολύ.

....

* The final <u>ν</u> of the words τον, την, στον, στην, έναν, δεν, μην is dropped if the following word starts with one of the consonants β,γ,δ,ζ,θ,λ,μ,ν,ρ,σ,φ,χ. Thus we have: την Αθήνα, τη μητέρα, στη Νέα Υόρκη, στην Ελλάδα.

This rule should cover also the masculines. However since the masculine στον becomes στο when the ν is dropped, there may be confusion in the student's mind as to whether the following word is masculine or neuter. Therefore, in this book, the rule is not observed. Ex.: τον άνθρωπο, τον θεό (instead of το θεό)

** Many prepositions lose the final vowel when followed by a word beginning with a vowel. This grammatical phenomenon is called ellision. Ex.: σε ένα - σ ' ένα

- Θέλω να μάθω ελληνικά γιατί η γυναίκα μου η σύζυγός μου) είναι ελληνίδα. Θέλω να την καταλαβαίνω, όταν μιλά ελληνικά με τους δικούς της.

Θέλω να μάθω ελληνικά γιατί σκοπεύω να πάω στην Ελλάδα. Θέλω τότε να μπορώ να καταλαβαίνω και να μιλώ ελληνικά.

- Δεν έχω πάει στην Ελλάδα ποτέ.
- Πήγα μια φορά στην Ελλάδα, πριν πολλά χρόνια.
- Δεν έχω πάει στην Ελλάδα, σκοπεύω όμως να πάω φέτος.

Η κυρία Πανοπούλου μένει ευχαριστημένη από τις απαντήσεις των μαθητών και μαθητριών.
Όλοι ενδιαφέρονται να μάθουν ελληνικά και, καθώς φαίνεται, θα έχουν καλή πρόοδο.

B. Λεξιλόγιο - Vocabulary
     ο γιατρός - physician, doctor
     το γυμνάσιο - high school
     το δημοτικό σχολείο - elementary school
     το διαμέρισμα - apartment
     η διευθύντρια - director, principal
     ο δικηγόρος - lawyer
     ενδιαφέρομαι (4) - I am interested
     η εταιρεία - company
     ευχαριστημένος, -η, -ο - pleased
     ο καθηγητής - professor
     καθώς - as
     κυβερνητικός, -ή, -ό - government (adj.)
     το πανεπιστήμιο - university
     ποτέ - never
     το προάστειο - suburb
     η πρόοδος - progress
     σκοπεύω (1) - I intend
     ο, η σύζυγος - husband, wife

- 22 -

ο υπάλληλος - employee
φαίνεται - it seems
φέτος - this year

Word study:
ο σύζυγος, ο άντρας - husband   άντρας also man, male
η σύζυγος, η γυναίκα - wife   γυναίκα also woman, female

Η σύζυγός μου (η γυναίκα μου) λέγεται Ειρήνη. - My
           wife is called Irene.
Η Ειρήνη είναι καλή γυναίκα - Irene is a good woman.

Ο σύζυγός (ο άντρας) μου είναι δυνατός. - My husband is
           strong.
Ο κύριος Γιάννης είναι δυνατός άντρας - Mr. John is a
           strong man.

Ποτέ - never.   - Δεν έχω πάει στη Νέα Υόρκη ποτέ.
           I have never gone to New York.
Πότε; (with a question mark) - when? - Πότε πήγες στην
                Αγγλία;   - When did you go to England?
                Δεν έχω πάει ποτέ στην Αγγλία -
            I have never gone to England.

το δημοτικό σχολείο - the elementary school
το γυμνάσιο - the high school
το λύκειο - the lyceum
το κολλέγιο - the college
το πανεπιστήμιο - the university

ο διευθυντής - the principal (man) - the director
η διευθύντρια - the principal (woman) - the director

Διευθυντής του σχολείου είναι ο κύριος Πουλίδης. - Mr.
           Poulides is the principal of the school.
Η κυρία Πουλίδου είναι η διευθύντρια του σχολείου. -
           Mrs. Poulidou is the principal of the school.

φέτος - this year
πέρσι or πέρυσι - last year
του χρόνου - next year

<u>Φέτος</u> θα γιορτάσουμε τη δεκάτη πέμπτη επέτειο των γάμων μας -
This year we are going to celebrate the 15th anniversary of our wedding.

<u>Πέρσυ</u> γιορτάσαμε τα Χριστούγεννα στην Ελλάδα. - Last year we celebrated Christmas in Greece.

<u>Του χρόνου</u> θα γιορτάσουμε το Πάσχα στις 15 Απριλίου. - Next year we will celebrate Easter on the 15th of April.

<u>Το διαμέρισμα</u> - apartment - Μένουμε σ' ένα μικρό διαμέρισμα στην οδό Αθηνάς. - We live in a small apartment on Athena street.

<u>Η πολυκατοικία</u> - apartment house - Η πολυκατοικία στην οποία ζούμε έχει εκατό διαμερίσματα. The apartment house in which we live has one hundred apartments.

<u>Η μονοκατοικία</u> - single family house - Ο φίλος μου, ο Κώστας, ζει με την οικογένειά του σ' ένα μεγάλο σπίτι, σε μια μονοκατοικία. - My friend Gus lives with his family in a big house, in a single family house.

C. <u>Professions and vocations - Επαγγέλματα</u>

ο δικηγόρος - lawyer
ο γιατρός - doctor, physician
ο οδοντίατρος - dentist
ο φαρμακοποιός - pharmacist
ο καθηγητής - professor
η καθηγήτρια - professor (woman)
ο δάσκαλος - teacher
η δασκάλα teacher (woman)
ο καταστηματάρχης - shop-keeper
ο αστυνομικός - policeman
ο εργάτης - worker
ο πολιτικός - politician
ο βουλευτής - congressman, a member of the parliament
ο γερουσιαστής - senator
ο στρατιώτης - soldier
ο λογιστής - accountant
ο παιδίατρος - pediatrician
ο κηπουρός - gardener

ο ράφτης - tailor
ο κουρέας - barber
ο κρεοπώλης - butcher
ο παντοπώλης - grocer
ο ταξιτζής - taxi driver
ο παπουτσής - shoe maker
ο ξυλουργός - carpenter
ο κτίστης - mason, builder
ο κυβερνητικός υπάλληλος - government worker
ο δήμαρχος - mayor
ο πρόεδρος - president
ο ναύτης - sailor
ο πλοίαρχος - captain
ο τηλεφωνητής - telephone operator
ο καθαριστής - cleaner

D. Γραμματική - Grammar

a. Adjectives have three forms, one for each of the three genders: masculine, feminine and neuter. As:

ευχαριστημένος - ευχαριστημένη - ευχαριστημένο

Participles are verbal adjectives (they are derived from verbs). As:

παντρεμένος - παντρεμένη - παντρεμένο - married
           (from παντρεύομαι - I marry)
κουρασμένος - κουρασμένη - κουρασμένο - tired
           (from κουράζομαι - I tire)
πεινασμένος - πεινασμένη - πεινασμένο - hungry
          (from πεινώ - I am hungry)

For the conjugation of verbs of the fourth conjugation (group) see pages 143- 146 and 152 - 153.

b. The tenses of some verbs in this lesson:

δουλεύω (1) - I work
    δούλευα, δούλεψα, θα δουλεύω, θα δουλέψω,
    έχω δουλέψει, είχα δουλέψει, θα έχω δουλέψει
ενδιαφέρομαι (4) - I am interested
    ενδιαφερόμουν, ενδιαφέρθηκα, θα ενδιαφέρομαι, θα
    ενδιαφερθώ, έχω ενδιαφερθεί, είχα ενδιαφερθεί
μαθαίνω (1) - I learn
    μάθαινα, έμαθα, θα μαθαίνω, θα μάθω, έχω μάθει,
    είχα μάθει, θα έχω μάθει

ΜΑΘΗΜΑ ΕΚΤΟ - LESSON SIX

Μια επίσκεψη σ' ένα κατάστημα

A. <u>Ανάγνωση</u> - Reading

Σήμερα θα <u>επισκεφτούμε</u> ένα κατάστημα, που <u>βρίκεται</u> στο <u>κέντρο</u> της πόλης. Για να πάμε στο κατάστημα <u>πρέπει</u> να πάρουμε το <u>λεωφορείο</u>. Το ταξίδι με το λεωφορείο διαρκεί περίπου τριάντα <u>λεπτά</u>, δηλαδή μισή ώρα.

Γύρω από το κατάστημα υπάρχει ένας μεγάλος <u>χώρος</u>. Ο χώρος <u>χρησιμεύει</u> για να <u>σταθμεύουν</u> τα <u>αυτοκίνητα</u>. Εκεί αφήνουν τα αυτοκίνητά τους όσοι πηγαίνουν στο κατάστημα για να <u>ψωνίσουν</u>.

Στο κατάστημα μπαίνουμε από μια μεγάλη <u>είσοδο</u>, που έχει πολλές πόρτες. Η είσοδος αυτή χρησιμεύει και ως <u>έξοδος</u>.

Στο πρώτο πάτωμα βρίσκουμε τα ρούχα: <u>ανδρικά</u>, <u>γυναικεία</u> και <u>παιδικά</u>. <u>Χειμερνά</u> και <u>καλοκαιρινά</u>. <u>Μεταξωτά</u>, <u>μάλλινα</u>, <u>βαμβακερά</u> και άλλα <u>καμωμένα</u> από <u>συνθετικές</u> <u>ουσίες</u>. Υπάρχουν όλων των <u>ειδών</u> <u>ρούχα</u>: <u>εσώρουχα</u>, <u>φανέλες</u>, <u>κάλτσες</u>, <u>πουκάμισα</u>, <u>πανωφόρια</u> (<u>παλτά</u>), <u>φουστάνια</u>, ανδρικές και παιδικές <u>φορεσιές</u>, <u>καπέλα</u>, <u>νυχτικά</u>, <u>μεσοφόρια</u>, <u>πανταλόνια</u> και άλλα.

Στο δεύτερο πάτωμα είναι τα παπούτσια, ανδρικά, γυναικεία και παιδικά. Υπάρχουν όλα τα <u>μεγέθη</u> και όλοι οι <u>χρωματισμοί</u>. Παπούτσια για το καλοκαίρι και για τον <u>χειμώνα</u>, για το χιόνι και για τη βροχή, για τα σπορ και τη δουλειά, παπούτσια <u>καθημερινά</u> και <u>κυριακάτικα</u>.

Κάθε πάτωμα έχει και κάτι <u>διαφορετικό</u>. Σε ένα

πάτωμα είναι παιχνίδια για παιδιά. Σ' ένα άλλο βρίσκει κανένας ό,τι χρειάζεται για τα σπορ. Μπάλες για το <u>ποδόσφαιρο</u>, το τέννις, τη <u>καλαθόσφαιρα</u>. Φανέλες, κάλτσες, παπούτσια και καπέλα για κάθε <u>άθλημα</u>.

Στο πέμπτο πάτωμα βρίσκουμε τα <u>έπιπλα</u>: έπιπλα για τη σάλα, την τραπεζαρία, τις κρεβατοκά- μαρες, κουρτίνες, <u>χαλιά</u>, <u>σεντόνια</u>, μαξιλάρια, πετσέ- τες του προσώπου, <u>πετσέτες</u> του μπάνιου. Έπιπλα για την κουζίνα: Πλυντήρια, <u>ψυγεία</u>, τραπέζια, καρέκλες, <u>ηλεκτρικές κουζίνες</u>.

B.   <u>Λεξιλόγιο - Vocabulary</u>
άθλημα, το - sport
ανδρικ-ός, -ή, -ό - man (adj.)
αυτοκίνητο, το - car, automobile
βαμβακερ-ός, -ή, -ό - cotton (adj.)
βρίσκομαι (4) - I am situated, I am found
γυναικεί-ος -α, -ο - woman (adj.)
είδος, το - kind
είσοδος, η - entrance
έξοδος, η - exit
έπιπλα, τα - furniture
επισκέπτομαι (4) - I visit
εσώρουχα, τα - underware
ηλεκτρική κουζίνα, η - electric stove
καθημεριν-ός, -ή, -ό - daily, day (adj.)
καλοκαιριν-ός. -ή, -ό - summer (adj.)
κάλτσα, η - sock, stocking
καμωμέν-ος, -η, -ο - made
καπέλο, το - hat
κέντρο, το - center
κυριακάτικ-ος, -η, -ο - Sunday (adj.)
λεπτό, το - minute
λεωφορείο, το - bus
μάλλιν-ος, -η, -ο - woolen
μέγεθος - το size
μεσοφόρι, το - slip

μεταξωτός, -ή, -ό - silk, silken
νυχτικό, το - night gown
ουσία, η - matter, material
παιδικός, -ή, -ό - child (adj.)
παλτό, το - overcoat
πανταλόνι, το - trousers, pants
πανωφόρι, το - overcoat
πετσέτα, η - towel, napkin
ποδόσφαιρο, το - soccer
πουκάμισο, το - shirt
πρέπει - must
ρούχα, τα - clothes
σεντόνι, το - sheet
σταθμεύω (1) - I park
συνθετικός, -ή, -ό - synthetic
φανέλα, η - undershirt
φορεσιά, η - suit
φουστάνι, το - dress
χαλί, το - carpet
χειμερινός, -ή, -ό - winter (adj.)
χειμώνας, ο - winter
χρωματισμός, ο - coloring
χώρος, ο - area, space
ψυγείο, το - refrigerator
ψωνίζω or ψουνίζω (1) - I shop

C.   Γραμματική - Grammar:

1. Study the conjugation of the verb βρίσκομαι on page 152-153.

2. Study the declension of the neuters on page 138-139 and 154

D.   Study of words:
ανδρικός is an adjective. We say:
Ανδρικά παπούτσια - men's shoes
Ανδρικό κούρεμα - man's haircut
Ανδρική κολόνια - a man's cologne
Γυναικείος - is an adjective. We say:
Γυναικεία παπούτσια - Women's shoes
Γυναικεία ομορφιά - A woman's beauty

-28-

το είδος - kind

Πόσα είδη φρούτων υπάρχουν στην αγορά; - How many kinds of fruit
    are there in the market?

Η θάλασσα είναι γεμάτη από πολλά είδη ψαριών - The sea is full of
    many kinds of fish.

είσοδος - entrance, έξοδος - exit- exodus

Η είσοδος του θεάτρου - The entrance to the theater

Η έξοδος του θεάτρου - The exit of the theater

Μπαίνουμε στο θέατρο από την είσοδο και βγαίνουμε από την έξο-
    δο. - We enter the theater through the entrance and we get out through
      the exit.

Τα έπιπλα - furniture

Τα έπιπλα του σπιτιού μας είναι ακριβά - The furniture of our house
    are expensive.

Τα έπιπλα της σάλας - The living room furniture

Τα έπιπλα της κρεβατοκάμαρας - The bedroom furniture

Τα έπιπλα της τραπεζαρίας είναι ένα τραπέζι και καρέκλες - The
    furniture of the dining room are a table and chairs.

Καθημερινός - Daily, day

Καθημερινή εφημερίδα - Daily newspaper

Καθημερινά νέα - Daily news

Καθημερινή δουλειά - Everyday (daily) work

Πηγαίνω στον καθημερινό μου περίπατο - I go on my daily walk.

Καλοκαιρινός - Summer , χειμωνιάτικος - winter

Καλοκαιρινή μέρα - Summer day

Χειμωνιάτικος καιρός - Winter weather

Καλοκαιρινά ρούχα - Summer clothes

Χειμωνιάτικα ρούχα - Winter clothes

Λεπτό - minute

Μια ώρα έχει εξήντα λεπτά - One hour has sixty minutes

Εκατό είκοσι λεπτά κάνουν δυο ώρες - One hundred and twenty minutes
    make two hours.

Μεταξωτός, μάλλινος, βαμβακερός, από συνθετική ύλη

Ένα κομμάτι ρούχο μπορεί να είναι μεταξωτό, ή βαμβακερό, ή
μάλλινο, ή να είναι καμωμένο από συνθετική ύλη

A piece of cloth may be of silk, or may be of cotton, or wool, or it may be
    made of synthetic material.

E.   The tenses of the verbs **μπαίνω*** and **βγαίνω***:

μπαίνω (1) ‾ I enter, I go in

έμπαινα ‾ μπήκα, θα μπαίνω, θα μπω, έχω μπει, είχα μπει ‾ θα έχω μπει

βγαίνω (1) ‾ I go out, I exit

έβγαινα ‾ βγήκα ‾ θα βγαίνω ‾ θα βγω ‾ έχω βγει ‾ είχα βγει ‾ θα έχω βγει

* For the formation of the tenses of the verbs see page 147

F.   Answer the following questions based on the reading: (Correct answers on the tape)

1. Πού βρίσκεται το κατάστημα που θα επισκεφτούμε;
2. Πώς θα πάμε στο κατάστημα;
3. Πόση ώρα παίρνει το ταξίδι με το λεωφορείο;
4. Τι είναι γύρω από το κατάστημα;
5. Σε τι χρησιμεύει ο χώρος αυτός;
6. Από πού μπαίνουμε στο κατάστημα;
7. Από πού βγαίνουμε από το κατάστημα;
8. Τι είδη ρούχων υπάρχουν στο κατάστημα;
9. Από τι είναι καμωμένα τα ρούχα;
10. Τι είναι στο δεύτερο πάτωμα;
11. Τι παπούτσια υπάρχουν;
12. Πέστε μερικά πράγματα που βρίσκουμε στο πέμπτο πάτωμα.

ΜΑΘΗΜΑ ΕΒΔΟΜΟ - LESSON SEVEN

Γύρω στην πόλη

A. <u>Ανάγνωση</u> - Reading

Ας κάνουμε ένα <u>γύρο</u> στην πόλη. Μπορούμε να πάμε με το λεωφορείο, με το τρόλεϋ ή με το αυτοκίνητό μας.

Ας <u>πάρουμε</u> όμως το λεωφορείο. Πού το παίρνουμε το λεωφορείο; Το παίρνουμε στη <u>στάση</u>, που είναι εδώ κοντά, όχι μακριά από το νυχτερινό μας σχολείο.

<u>Περπατούμε</u> και <u>φτάνουμε</u> στη στάση. <u>Περιμένουμε</u> λίγο. Το λεωφορείο δε θα <u>αργήσει</u> να έρθει. <u>Νάτο</u>! Έρχεται.

Όταν μπαίνουμε στο λεωφορείο. πληρώνουμε το <u>εισιτήριο</u>. Καθόμαστε στα <u>καθίσματα</u> και το λεωφορείο <u>ξεκινά</u>. Στην <u>αρχή</u> πηγαίνει σιγά. Ύστερα <u>αποκτά ταχύτητα</u>. Κάνει όμως πολλές στάσεις. Άλλοι <u>επιβάτες</u> κατεβαίνουν και άλλοι <u>ανεβαίνουν</u>.

Το λεωφορείο περνά εμπρός από μαγαζιά, θέατρα, <u>κινηματογράφους</u>, πάρκα, <u>δημόσια κτίρια</u>, βιβλιοθήκες, <u>ουρανοξύστες</u>, πολυκατοικίες, εκκλησίες, το <u>δημαρχείο</u>, και άλλα κτίρια. Είναι ένα λεωφορείο που κάνει τον γύρο της πόλης. Έτσι έχουμε την <u>ευκαιρία</u> να δούμε όλη την πόλη.

Ύστερα από αρκετή ώρα το λεωφορείο φτάνει στην <u>κεντρική οδό</u>. Εδώ είναι το <u>κέντρο</u> της πόλης. Εδώ βρίσκονται τα ωραιότερα και τα μεγαλύτερα καταστήματα. Ο περισσότερος κόσμος έρχεται για τα ψώνια του εδώ, γιατί εδώ βρίσκει ό,τι θέλει.

Μπροστά μας υψώνεται ένας <u>τεράστιος</u> ουρανοξύστης. Είναι ένας από τους πιο ψηλούς ουρανοξύστες του κόσμου. Έχει περισσότερα από εκατό πατώματα.

Εδώ τελειώνει η πρώτη μας <u>περιοδεία</u>.

B.   <u>Λεξιλόγιο - Vocabulary:</u>
   αποκτώ (2) - I acquire
   ανεβαίνω (1) - I go up, I climb
   αργώ (3) - I am late, I am slow
   αρχή, η - beginning
   ο γύρος, ο - round
   δημαρχείο, το - municipality
   δημόσι-ος, -α, -ο - public
   εισιτήριο, το - ticket
   εξακολουθώ (3) - I continue
   επιβάτης, ο - passenger
   ευκαιρία, η - chance
   κάθισμα, το - seat
   κατεβαίνω (1) - I come down, I descend
   κεντρικ-ός, -ή, -ό - central
   κινηματογράφος, ο - cinema, movies
   κτίριο, το - building
   νάτο - here it is
   ξεκινώ (2) - I start out
   οδός, η - road, street
   ουρανοξύστης, ο - skyscraper
   πάρομε - παίρνω (1) - I take
   περιμένω (1) - I wait
   περιοδεία, η - tour
   περπατώ (2) - I walk
   πρέπει - must
   σταματώ (2) - I stop
   στάση, η - bus stop, stop
   ταχύτητα, η - speed
   τεράστι-ος -α, -ο - huge, gigantic
   φτάνω (1) - I reach, I arrive
   ψώνια, τα - shoppings

C. Γραμματική - Grammar:

a. **πρέπει** = must - is an impersonal verb. Past tense - έπρεπε. It occurs only in the third person. Only the accompanying verb is conjugated.

Examples:

Πρέπει να φύγω - I must go, I must leave

Πρέπει να γράψουμε το μάθημά μας - We must write our lesson

Πρέπει να πουν τι ξέρουν - They must say what they know.

Έπρεπε να πάω στη δουλειά μου - I should have gone to my work. *Or* I had to go to my work.

Έπρεπε να έχουν έρθει - They should have come.

Έπρεπε να είχες γράψει στον πατέρα σου - You should have written to your father.

Δεν πρέπει να λέμε ψέματα - We must not tell lies.

Δεν πρέπει να τρέχουμε πολύ με το αυτοκίνητο - We must not speed with the car.

b. **Ας** - let- is a particle used with the imperative. Ex.:

Imperative of τρώω, continuous or progressive form (formed from the present tense root):

τρώγε - be eating

ας τρώγει - let him be eating

τρώτε (τρώγετε) - be eating (you, plural)

ας τρώνε (τρώγουν)- let them be eating

Simple or temporary form (formed from the past simple root - έ-φαγ-α)

φάγε - eat

ας φάει - let him eat

φάτε - eat (you, plural)

ας φάνε - let them eat

Imperatives of the verb τρέχω - I run

τρέχε - be running	τρέξε - run
ας τρέχει - let him be running	ας τρέξει - let him run
τρέχετε - be running (you, plural)	τρέξετε - run
ας τρέχουν (let them be running)	ας τρέξουν - let them run

Imperatives of φεύγω - I leave, I go away

φεύγε - be leaving	φύγε - leave
ας φεύγει - let him be leaving	ας φύγει - let him leave
φεύγετε - be leaving	φύγετε - leave
ας φεύγουν - let them be leaving	ας φύγουν - let them leave

Aς may also be used with the first person: Aς φύγω - let me leave
Aς πάω - let me go, Aς πάμε - let us go, Aς φάμε - let us eat

c. Tenses of the verbs in this lesson:

αποκτώ (2) - I acquire
   αποκτούσα - απέκτησα - θα αποκτώ - θα αποκτήσω
   έχω αποκτήσει - είχα αποκτήσει - θα έχω αποκτήσει -
   θα είχα αποκτήσει

ανεβαίνω (1) - I go up, I ascend, I climb
   ανέβαινα - ανέβηκα - θα ανεβαίνω - θα ανεβώ - έχω
   ανεβεί - είχα ανεβεί - θα έχω ανεβεί - θα είχα ανεβεί

εξακολουθώ (3) - I continue
   εξακολουθούσα - εξακολούθησα - θα εξακολουθώ - θα
   εξακολουθήσω - έχω εξακολουθήσει - είχα
   εξακολουθήσει - θα έχω εξακολουθήσει - θα είχα εξακολουθήσει

κατεβαίνω (1) - I come down, I descend
   κατέβαινα - κατέβηκα - θα κατεβαίνω - θα κατεβώ - έχω
   κατεβεί - είχα κατεβεί - θα έχω κατεβεί - θα είχα κατεβεί

περιμένω (1) - I wait
   P.C. and P.S. περίμενα - F.C. and F.S. - θα περιμένω
   έχω περιμείνει - είχα περιμείνει - θα έχω περιμείνει - θα
   είχα περιμείνει

περπατώ (2) - I walk
   περπατούσα - περπάτησα - θα περπατώ - θα περπατήσω - έχω
   περπατήσει - είχα περπατήσει - θα έχω περπατήσει - θα είχα
   περπατήσει

σταματώ (2) - I stop
   σταματούσα - σταμάτησα - θα σταματώ - θα σταματήσω - έχω
   σταματήσει - είχα σταματήσει - θα έχω σταματήσει - θα είχα
   σταματήσει

φτάνω (1) - I reach, I arrive
   έφτανα - έφτασα - θα φτάνω - θα φτάσω - έχω φτάσει - είχα
   φτάσει - θα έχω φτάσει - θα είχα φτάσει

d. Examples with forms of the above verbs:

Ο Πρωθυπουργός απέκτησε μεγάλη φήμη - The prime minister
   acquired great fame.

Πολλοί άνθρωποι έφευγαν από την πατρίδα τους και πήγαιναν σε
άλλες χώρες για να αποχτήσουν την ελευθερία τους. Many people
were leaving their fatherland and were going to other countries to acquire
   freedom.

Το αεροπλάνο έφτασε - The airplane arrived.

Οι φίλοι μας δεν έχουν φτάσει . - Our friends have not yet arrived.

<u>Ανεβήκαμε</u> στο βουνό - We climbed the mountain (We went up the mountain).

<u>Κατεβήκαμε</u> από το δεύτερο πάτωμα στο πρώτο -
    We came down from the second floor to the first.

<u>Θα εξακολουθήσουμε</u> το μάθημα - We will continue the lesson.

<u>Θα είχαμε πάει</u> περίπατο, αν δεν έβρεχε. -
    We would have gone for a walk if it hadn't rained.

Το ρολόι <u>σταμάτησε</u> - The clock stopped.

Δεν μπορείς να με <u>φτάσεις</u> - You cannot catch up with me.

Δε <u>φτάνω</u> το βιβλίο που είναι ψηλά στη βιβλιοθήκη.
    I cannot reach the book wich is high up in the bookcase.

D. <u>Answer the questions:</u>
    1. Πώς θα πάμε στον γύρο της πόλης;
    2. Που παίρνουμε το λεωφορείο;
    3. Τι κάνουμε για να φτάσουμε στη στάση;
    4. Πού είναι η στάση;
    5. Πόσο περιμένουμε στη στάση;
    6. Τι κάνουμε, όταν μπαίνουμε στο λεωφορείο;
    7. Τι κάνουμε, όταν μπούμε στο λεωφορείο;
    8. Πώς πηγαίνει στην αρχή το λεωφορείο;
    9. Πού σταματά το λεωφορείο;
    10. Ποιοι ανεβαίνουν και κατεβαίνουν;
    11. Από πού περνά το λεωφορείο;
    12. Ποιο είναι το ψηλότερο κτίριο στην πόλη;
    13. Πού είναι τα ωραιότερα μαγαζιά της πόλης;
    14. Γιατί ο κόσμος έρχεται και ψωνίζει στα μαγαζιά που είναι στο
        κέντρο της πόλη;

ΜΑΘΗΜΑ ΟΓΔΟΟ - LESSON EIGHT

Στη βιβλιοθήκη

A. <u>Ανάγνωση</u> - Reading

Εξακολουθούμε την περιοδεία μας.

<u>Απέναντι</u> από τον ψηλό ουρανοξύστη είναι ένα άλλο κτίριο, όχι τόσο μεγάλο σαν τον ουρανοξύστη, μα πιο <u>λεπτό</u> και πιο όμορφο. Είναι η <u>δημοτική</u> βιβλιοθήκη, που είναι <u>χτισμένη</u> σύμφωνα με τον <u>κλασσικό</u> <u>ρυθμό</u>, και <u>μοιάζει</u> με τα <u>αρχαία</u> ελληνικά <u>μνημεία</u>.

Η βιβλιοθήκη είναι πολύ μεγάλη. <u>Πιθανόν</u> να είναι μια από τις μεγαλύτερες βιβλιοθήκες του κόσμου.

Θέλετε να μπούμε μέσα στη βιβλιοθήκη; Ας μπούμε.
Μια <u>μαρμάρινη</u> <u>σκάλα</u> μας φέρνει από τον δρόμο στην είσοδο της βιβλιοθήκης. Ανεβαίνουμε ένα - ένα τα <u>σκαλιά</u> και βρισκόμαστε μέσα στη βιβλιοθήκη.

Η βιβλιοθήκη έχει πολλά <u>τμήματα</u>: Ιστορικό τμήμα, όπου μπορεί να βρει κανένας όλα τα ιστορικά βιβλία του κόσμου. Τμήμα <u>ανθρωπολογίας</u>, τμήμα <u>μυθιστορήματος</u>, τμήμα <u>επιστημών</u>, τμήμα του παιδικού βιβλίου, τμήμα των <u>δίσκων</u>, των <u>λεξικών</u>, των <u>ξένων</u> <u>γλωσσών</u>, και πολλά άλλα τμήματα.

Οι <u>υπάλληλοι</u> της βιβλιοθήκης, άνδρες και γυναίκες, <u>εξυπηρετούν</u> τον κόσμο. Δίνουν πληροφορίες, φέρνουν βιβλία από τις <u>αποθήκες</u>, και <u>ταξινομούν</u> άλλα βιβλία <u>βάζοντάς</u> τα στις θέσεις τους.

Το τμήμα ξένων γλωσσών είναι πολύ πλούσιο.
Έχει βιβλία γαλλικά, γερμανικά, ιταλικά, ελληνικά,
ρωσσικά, ισπανικά, κινέζικα, ιαπωνικά.

Το <u>αναγνωστήριο</u> της βιβλιοθήκης είναι
τεράστιο, <u>φωτισμένο</u> με <u>δεκάδες</u> φώτα, κι έχει
<u>αναπαυτικές</u> καρέκλες και μεγάλα, <u>μακριά</u> τραπέζια.

B. <u>Λεξιλόγιο</u> - <u>Vocabulary</u>:

   αναγνωστήριο, το - reading room
   αναπαυτικός, -ή, -ό - comfortable
   ανθρωπολογία, η - anthropology
   απέναντι - opposite
   αποθήκη, η - stocks, warehouse
   αρχαίος, -α, -ο - ancient
   βάζοντας - putting
   δεκάδα, η - ten, decade
   δημοτικός, -ή, -ό - public, demotic
   δίσκος, ο - disc, record
   εξυπηρετώ (3) - I wait on someone, I serve
   επιστήμη, η - science
   ιστορικός, -ή, -ό - historic, historical
   κλασσικός, -ή, -ό - classical
   λεξικό, το - lexicon, dictionary
   λεπτός, -ή, -ό - thin, slim, tender, with refined lines
   μακρύς - μακριά, μακρύ - long
   μαρμάρινος, -η, -ο - marble
   μνημείο, το - monument
   μοιάζω (1) - I look like
   μυθιστόρημα, το - novel
   ξένες γλώσσες, οι - foreign languages
   πιθανόν - perhaps, possibly, probably
   ρυθμός, ο - rhythm, design, order
   σκάλα, η - ladder, steps
   σκαλί, το - the step
   ταξινομώ (3) - I classify
   τμήμα, το - department, division, section
   υπάλληλος, ο, η - employee
   φωτισμένος, -η, -ο - lighted
   χτισμένος, -η, -ο - built

C. Γραμματική - Grammar:

a. Verbs of the Second and Third Conjugation end in -ώ (with the accent on the final syllable). They are conjugated in the same way. The third conjugation differs from the second in some endings.

For a full conjugation of the two groups see pages 141 - 144

Verbs conjugated like <u>αγαπώ</u> - Group 2:

πεινώ - I am hungry	μετρώ - I measure, I count
διψώ - I am thirsty	ξεκινώ - I start out
περνώ - I pass	περπατώ - I walk
απαντώ - I answer	τραγουδώ - I sing
μιλώ - I talk, I speak	πετώ - I fly
ρωτώ - I ask	πηδώ - I jump
ζητώ - I ask	αποχτώ - I acquire
σταματώ - I stop	γελώ - I laugh
βοηθώ* - I help	κερνώ - I offer a drink
κρατώ - I hold	φυσώ - I blow

* **Βοηθώ** can be conjugated as a second or third conjugation verb.

Verbs conjugated like the verb <u>μπορώ</u> - Group 3

βοηθώ* - I help	διαρκώ - I last
τηλεφωνώ - I call	προσκαλώ - I invite
εξυπηρετώ - I wait on someone, I serve	αργώ - I am late
οδηγώ - I guide, I drive	αποτελώ - I form, I compose
ζω - I live	εξακολουθώ - I continue

b. <u>Adjectives ending in -ύς,- ιά , -ύ.</u> See declension on page 140

βαθύς - βαθιά - βαθύ - deep
πλατύς - πλατιά - πλατύ - wide
μακρύς - μακριά - μακρύ - long, tall

<u>Examples:</u>

Ο πλατύς δρόμος - the wide street
Τα φώτα του πλατιού δρόμου - The lights of the wide street
Τα αυτοκίνητα σταματούν στον πλατύ δρόμο -
The cars park in the wide street.

Ο βαθύς ποταμός - The deep river
Οι άνθρωποι κολυμπούν στον βαθύ ποταμό. - Men swim in the deep river.
Το νερό του βαθιού ποταμού δεν είναι καθαρό - The water of the deep river is not clear (clean).
Τα νερά των βαθιών ποταμών είναι καθαρά. - The waters of the deep rivers are clean (clear).

c. Opposites - Αντίθετα:

ψηλός -	tall	χαμηλός -	short
μεγάλος -	big	μικρός -	small
είσοδος -	entrance	έξοδος -	exit
ανεβαίνω -	I go up	κατεβαίνω -	I come down
ρωτώ -	I ask	απαντώ -	I answer
μπαίνω -	I enter	βγαίνω -	I go out
αρχαίος -	ancient	νέος -	new, young
εξακολουθώ -	I continue	διακόπτω -	I stop, I interrupt

d. Answers the questions:

1. Ποιο κτίριο βρίσκεται απέναντι στον ουρανοξύστη;
2. Τι βρίσκεται απέναντι στο σπίτι σου;
3. Τι βρίσκεται απέναντι στο σχολείο μας;
4. Με ποιο ρυθμό είναι χτισμένη η βιβλιοθήκη;
5. Πώς είναι ο ουρανοξύστης και πώς είναι η βιβλιοθήκη;
6. Τι έχει ένας ουρανοξύστης;
7. Με τι μοιάζει η βιβλιοθήκη;
8. Πώς μπαίνει κανένας στη βιβλιοθήκη;
9. Πόσα τμήματα έχει η βιβλιοθήκη;
10. Μπορείτε να αναφέρετε (mention) μερικά τμήματα της βιβλιοθήκης;
11. Υπάρχει καμιά βιβλιοθήκη κοντά στο σπίτι σας; Πόσο μακριά είναι;
12. Σε πιο τμήμα της βιβλιοθήκης μπορούμε να βρούμε ένα βιβλίο που μιλά για την αρχαία Ελλάδα;
13. Σε ποιο τμήμα της βιβλιοθήκης μπορούμε να βρούμε ένα βιβλίο που είναι γραμμένο στην ισπανική γλώσσα;
14. Σε ποιο τμήμα μπορούμε να βρούμε ένα βιβλίο που περιέχει (contains) παιδικές ιστορίες;
15. Ποιοι εξυπηρετούν τον κόσμο στη βιβλιοθήκη;
16. Ποια είναι η μητρική (mother) σας γλώσσα;
17. Πού κάθεται και διαβάζει ο κόσμος;
18. Πώς είναι το αναγνωστήριο;
19. Πώς είναι οι καρέκλες του αναγνωστηρίου;
20. Πώς είναι τα τραπέζια του αναγνωστηρίου;

Στην Αγορά

A. Ανάγνωση - Reading:

Προχωρούμε στον δρόμο και φτάνουμε στην αγορά. Εδώ υπάρχουν καταστήματα όλων των ειδών: Κρεοπωλεία, ζαχαροπλαστεία, αρτοπωλεία, παντοπω-λεία, οινοπωλεία, οπωροπωλεία, (μανάβικα) και άλλα. Τα καταστήματα είναι δεξιά και αριστερά στον δρόμο.

Μπαίνουμε σ ' ένα παντοπωλείο (μανάβικο). Εδώ βρίσκουμε τρόφιμα όλων των ειδών. Ζάχαρη, αλεύρι, καφέ, ρύζι, μακαρόνια, τυριά, λαχανικά, πατάτες, τομάτες, κρεμμύδια, φασόλια, μαρούλια, αγγούρια, ρεπάνια, σέλινο, μανιτάρια, φρέσκα φασολάκια.

Το διπλανό μαγαζί είναι ένα καφεπωλείο. Εδώ ψήνουν τον καφέ και ύστερα τον αλέθουν. Μια ωραία μυρωδιά ξεχύνεται σ ' όλο το μαγαζί, η μυρωδιά του φρέσκου καφέ.

Δυο - τρία μαγαζιά παρακάτω είναι ένα κρεοπωλείο. Στα ψυγεία του βλέπουμε κρεμασμένα διάφορα κρέατα, αρνάκια, γουρουνάκια, βωδινό κρέας, χοιρινό, αρνίσιο, και άλλα κρέατα κομμένα, μέσα σε βιτρίνες. Ο κρεοπώλης φορεί μια άσπρη, ολόασπρη ποδιά και περιποιείται τους πελάτες του.

Στο οινοπωλείο βρίσκουμε κρασιά, κονιάκ, ουίσκυ, και άλλα οινοπνευματώδη ποτά. Κρασιά από όλο τον κόσμο, τη Γαλλία, Γερμανία, Ιταλία, Αμερική, Ελλάδα, Ισπανία. Κρασιά άσπρα και κόκκινα, γλυκά και ξηρά.

Στο μανάβικο υπάρχουν νόστιμα, φρέσκα φρούτα: Πορτοκάλια, μανταρίνια, σταφύλια, μήλα, αχλάδια, μπανάνες, φράουλες, καρπούζια, πεπόνια.

Στο αρτοπωλείο βρίσκουμε φρέσκο ψωμί. Ψωμί άσπρο, <u>μαύρο</u> <u>σταρένιο</u>, <u>φραντζόλες</u>, <u>παξιμάδια</u>. Κι εδώ <u>νιώθουμε</u> τη <u>γλυκειά</u> μυρωδιά του ψωμιού που ψήνεται σ' ένα μεγάλο <u>φούρνο</u> στο πίσω μέρος του αρτοπωλείου.

B. <u>Λεξιλόγιο - Vocabulary</u>:
   αγορά, η - market
   αλέθω (1) - I grind
   αλεύρι, το - flour
   αρνάκι, το - spring lamb
   αρνίσιο κρέας, το - mutton, lamb
   αρτοπωλείο, το - bakery
   βιτρίνα, η - case
   βωδινό κρέας, το - beef
   γουρουνάκι, το - little pig
   ζάχαρη, η - sugar
   ζαχαροπλαστείο, το - confectionery, pastry shop
   καφεπωλείο, το - coffee-shop (place where ground coffee is sold)
   κονιάκ, το - cognac
   κρέας, το - meat
   κρεμασμένος, -η, -ο - hanging
   κρεμμύδι, το - onion
   κρεοπωλείο, το - butcher shop
   λαχανικά, τα - vegetables
   μαγαζί, το - shop
   μανάβικο, το - grocery store
   μανιτάρια, τα - mushrooms
   μυρωδιά, η - odor, smell, fragrance
   νιώθω (1) - I feel
   ξεχύνομαι (4) - I pour out
   οινοπνευματώδη ποτά, τα - liquor, spirits
   οινοπωλείο, το - liquor store
   όλων των ειδών - all kinds
   οπωροπωλείο, το - fruit stand

παντοπωλείο, to grocery shop
παξιμάδια, τα - oven dried bread
πελάτης, ο - customer
περιποιούμαι (4) - I help, I serve
ποδιά, η - apron
ρεπάνι, το - radish
ρύζι, το - rice
σταρένιο ψωμί - wheat bread
τρόφιμα, τα - provisions
φασόλια, τα - beans
φούρνος, ο - oven, bakery
φραντζόλα, η - roll of bread, French bread
φρέσκα φασολάκια, τα - string beans
χοιρινό κρέας, το - pork
ψήνω (1) - I bake
ψυγείο, το - refrigerator

C. Γραμματική - Grammar:
   Verbs in this reading:

νιώθω - I feel
      ένιωθα - ένιωσα - θα νιώθω - θα νιώσω - έχω
      νιώσει - είχα νιώσει - θα έχω νιώσει

Πώς νιώθεις; How do you feel?
Νιώθω καλά - I feel well
Δε νιώθω καλά (νιώθω άσχημα) - I do not feel well.
Ένιωσα κάτι να με δαγκάνει - I felt something biting me.
Νιώθαμε πολύ κρύο - We were feeling very cold.
Ένιωσε πολύν πόνο - He felt much pain.

ψήνω - I bake, I roast, I cook
      έψηνα - έψησα - θα ψήνω - θα ψήσω - έχω ψήσει -
      είχα ψήσει - θα έχω ψήσει - θα είχα ψήσει

Ψήνουμε το κρέας στη φωτιά - We cook the meat on the fire.
Ο ήλιος μας έψησε - The sun burned (baked) us.
Ο φούρνος ψήνει το ψωμί πολύ γρήγορα - The oven bakes
      the bread quickly

D. Names of different shops:

Παντοπωλείο - Μανάβικο - μπακάλικο grocery shop - Στο παντοπωλείο αγοράζουμε διάφορα τρόφιμα. - At the grocery shop we buy groceries.

Φαρμακείο - pharmacy - Στο φαρμακείο αγοράζουμε φάρμακα. - At the pharmacy we buy medicine.

Κουρείο - barber shop - Στο κουρείο κόβουμε τα μαλλιά μας - At the barber shop we cut our hair.

Ζαχαροπλαστείο - Pastry shop - Bakery - Στο ζαχαροπλαστείο αγοράζουμε γλυκίσματα - At the pastry shop we buy sweets.

Οινοπωλείο or κάβα - Liquor store Στο οινοπωλείο αγοράζουμε κρασί, μπύρα, κονιάκ, ουίσκυ και άλλα οινοπνευματώδη ποτά.

Αρτοπωλείο or φούρνος - Στο αρτοπωλείο (στον φούρνο) αγοράζουμε ψωμί και παξιμάδια.

Κρεωπολείο - butcher shop - Στο κρεοπωλείο αγοράζουμε κρέας.

Ανθοπωλείο - flower shop - Στο ανθοπωλείο αγοράζουμε λουλούδια (άνθη).

Βιβλιοπωλείο - book store - Στο βιβλιοπωλείο αγοράζουμε βιβλία.

Νοσοκομείο - hospital - Στο νοσοκομείο πηγαίνουμε, όταν είμαστε άρρωστοι.

Φωτογραφείο - photo shop - Στο φωτογραφείο αγοράζουμε φιλμ ή πηγαίνουμε να βγάλουμε φωτογραφίες.

Ταχυδρομείο - post office - Στο ταχυδρομείο αγοράζουμε γραμματόσημα, ταχυδρομούμε γράμματα ή στέλνουμε πακέτα.

Τηλεγραφείο - telegraph office - Στο τηλεφραφείο τηλεγραφούμε.

E. Ερωτήσεις (you will find the answer on the tape):

1. Τι καταστήματα υπάρχουν στην αγορά;
2. Τι τρόφιμα μπορεί να βρει κανένας σ' ένα παντοπωλείο;
3. Τι μπορώ να αγοράσω στο καφεπωλείο;
4. Πού αγοράζουμε βωδινό κρέας;
5. Ποιος σερβίρει τους πελάτες σ' ένα κρεοπωλείο;
6. Ποιος σερβίρει τους πελάτες σ' ένα εστιατόριο;
7. Τι βρίσκουμε σ' ένα οινοπωλείο;
8. Αν θέλω να αγοράσω ένα μπουκάλι κρασί, πού θα πάω;
9. Πού μπορεί κανένας να αγοράσει φρούτα;
10. Αν θέλω να αγοράσω ψωμί, πού θα πάω;
11. Τι είναι η φραντζόλα;
12. Πού ψήνει ένας φουρνάρης (baker) το ψωμί;
13. Αν καθήσουμε πολλή ώρα στον ήλιο, τι θα μας κάμει ο ήλιος;
14. Πού φυλάγει (keeps) ένας κρεοπώλης τα κρέατα για να μη χαλάσουν (not to spoil);

Σ' ένα ελληνικό εστιατόριο

A.   <u>Ανάγνωση</u> - <u>Reading</u>:

   <u>Συνεχίζοντας</u> την περιοδεία μας <u>συναντούμε</u>
στον δρόμο ένα ελληνικό εστιατόριο.

   "Μήπως πεινάτε;" ρωτά η κυρία Πανοπούλου.
   "Και βέβαια πεινούμε", απαντούμε όλοι με μια
φωνή.

   "Ευκαιρία, λοιπόν, να <u>γευτούμε</u> τα φαγητά ενός
ελληνικού εστιατορίου", λέει η κυρία Πανοπούλου.

   " Καλή <u>ιδέα</u>", απαντούμε εμείς. "Θα έχουμε
μια <u>ευχάριστη</u> <u>παρέα</u> και <u>ταυτόχρονα</u> θα μας δοθεί
η ευκαιρία να γευτούμε τα νόστιμα ελληνικά
φαγητά".

   Το γκαρσόνι ετοίμασε ένα μεγάλο τραπέζι για
όλη την τάξη. Στην πρώτη θέση του τραπεζιού
κάθισε η κυρία Πανοπούλου. <u>Δεξιά</u> και <u>αριστερά</u>
κάθισαν οι μαθητές και μαθήτριες. Καθένας είχε
μπροστά του ένα πιάτο, ένα πιρούνι, ένα κουτάλι,
ένα μαχαίρι, ένα ποτήρι και μια πετσέτα.

   "Θέλετε κανένα ποτό;" ρώτησε το γκαρσόνι.
Μερικοί παράγγειλαν ουίσκυ, άλλοι κρασί, άλλοι
μπύρα και ένας δυο <u>μικτά ποτά</u>.

   Το γκαρσόνι έφερε με τα ποτά μεγάλες
<u>πιατέλες</u> γεμάτες <u>μεζεδάκια.</u> πατάτες τηγανιτές,
<u>λουκάνικα</u>, ταραμοσαλάτα, σπανακόπιτα,
πατατοσαλάτα, <u>χταπόδι</u>, <u>τζατζίκι</u>, <u>γιαούρτι</u>, φέτα
τυρί, ελιές και σαλάτα.
   Ύστερα πήραμε τον <u>κατάλογο των φαγητών</u>

(μενού). Καθένας διάλεξε το φαγητό που ήθελε να φάει. Υπήρχαν πολλά είδη ελληνικών φαγητών, όλα νόστιμα και καλομαγειρεμένα: Αρνάκι στο φούρνο με πατάτες, σουβλάκι με ρύζι, σούπα αυγολέμονο, γιουβέτσι, ντολμάδες, φασόλια με κρέας, μπάμιες με κρέας, ψάρια τηγανιτά και στη σχάρα, γαρίδες, καλαμάρια, μπριζόλες αρνίσιες και χοιρινές, και άλλα πολλά.

Το φαγητό μας συνόδευαν διάφορα κρασιά, άσπρο (λευκό), ροδίτης, ρετσίνα, και μαυροδάφνη. Για πρώτη φορά πίναμε κρασί ρετσίνα. Ρωτήσαμε το γκαρσόνι από που παίρνει τη γεύση της η ρετσίνα, και μας είπε πως η ρετσίνα είναι κρασί, στο οποίο βάζουν ρετσίνα, δηλαδή χυμό πεύκου.

Σαν επιδόρπιο, πήραμε ελληνικά γλυκίσματα, μπακλαβά, κανταΐφι γαλακτομπούρεκο και ελληνικό καφέ.

Το λουκούλλειο αυτό δείπνο τέλειωσε με ένα λικέρ, που πρόσφερε ο εστιάτορας στην παρέα εκ μέρους του καταστήματος.

B. Λεξιλόγιο - Vocabulary:
    αριστερά - left
    γαρίδα, η - shrimp
    γεύομαι (4) - I taste
    γιαούρτι, το - yogurt
    δεξιά - right
    διαλέγω (1) - I choose
    εκ μέρους - on behalf of
    επιδόρπιο, το - dessert
    εστιάτορας, ο - restaurateur
    ευχάριστος, -η, -ο - pleasant
    ιδέα, η - idea
    καλαμάρι, το - squid
    κατάλογος φαγητών, ο - menu

λουκούλλειο - lucullean
λουκάνικο, το - sausage
μεζεδάκια, τα - tidbids, delicacies, hor - d' oeuvre
μικτό ποτό, το - mixed drink
μπάμια, η - okra
μπριζόλα - chop
παρέα, η - company
πεύκο, το - pine tree
πιατέλα, η - dish
συναντώ (2) - I meet
συνεχίζω (1) - I continue
συνοδεύω (1) - I accompany
χταπόδι, το - octopus
χυμός - juice

Greek dishes:

σούπα αυγολέμονο - chicken soup (broth) with egg, lemon and rice
το γιουβέτσι - a dish of baked macaroni with meat
οι ντολμάδες - meatballs with rice wrapped in grape vine leaves
η σπανακόπιτα - spinach between layers of thin dough baked in the oven
τυρόπιτα - feta cheese wrapped in thin pieces of dough and baked
η ταραμοσαλάτα - a kind of spread made of fish eggs
το τζατζίκι - a kind of spread made with yogurt, and shredded cucumber

Wines:

ο ροδίτης - rose wine
ο μαυροδάφνη - red sweet wine
η ρετσίνα - resinated white wine

Sweets:

ο μπακλαβάς - baclava - layers of dough (fillo) filled with ground almonds or walnuts, then baked and sweetened with syrup
το κανταήφι - thin threads of dough, like shredded wheat, rolled and filled with ground walnuts or almonds, then baked and sweetened with syrup. Sometimes, instead of rolled, it is spread in a pan.
το γαλακτομπούρεκο - thin layers of dough filled with custard, baked and sweetened with syrup

C. Tenses of some verbs:

συνεχίζω (1) - I continue

    συνέχιζα - συνέχισα - θα συνεχίζω - θα συνεχίσω - έχω συνεχίσει - είχα συνεχίσει - θα έχω συνεχίσει θα είχα συνεχίσει

συναντώ - I meet

    συναντούσα - συνάντησα - θα συναντώ - θα συναντήσω - έχω συναντήσει - είχα συναντήσει - θα έχω συναντήσει - θα είχα συναντήσει

γεύομαι (4) - I taste

    γευόμουν - γεύτηκα - θα γεύομαι - θα γευτώ - έχω γευτεί - είχα γευτεί - θα έχω γευτεί - θα είχα γευτεί

συνοδεύω (1) - I accompany

    συνόδευα - συνόδεψα - θα συνοδεύω - θα συνοδέψω - έχω συνοδέψει - είχα συνοδέψει - θα έχω συνοδέψει - θα είχα συνοδέψει

διαλέγω (1) - I choose

    διάλεγα - διάλεξα- θα διαλέγω - θα διαλέξω - έχω διαλέξει - είχα διαλέξει - θα έχω διαλέξει - θα είχα διαλέξει

Sentences with the above verbs:

Αύριο θα συνεχίσουμε το ταξίδι μας - We will continue our trip tomorrow.

Τα παιδιά συνεχίζουν να μιλούν - The children continue talking.

Μη συνεχίσετε το παιχνίδι. - Do not continue the game.

Στο ταξίδι θα μας συνοδέψει ο καθηγητής μας. Our professor will accompnay us on our trip.

Την παρέλαση συνόδευαν πολλοί επίσημοι. - Many dignitaries were accompanying the parade.

Οι ευχές μας σας συνοδεύουν πάντοτε. Our good wishes always accompany you.

Όταν πήγαμε στο μαγαζί διαλέξαμε τα ρούχα που θέλαμε. When we went to the department store we selected the clothes we wanted.

Διάλεξε και πάρε. Choose and take (buy).

Τι θα διαλέξεις, μεταξωτό ή μάλλινο πουκάμισο; - What are you going to choose, silk or woolen shirt?

Ποιον συνάντησες στον δρόμο; ‑ Whom did you meet in the street?

Τους έχουμε συναντήσει πολλές φορές ‑ We have met them many times.

'Οπου κι αν πας πάντοτε θα συναντήσεις κάποιον που ξέρεις. ‑ Wherever you go, you will always meet someone you know.

Γεύτηκες αυτό το φαγητό; ‑ Did you taste this meal?

Δεν έχω ποτέ γευτεί σούπα αυγολέμονο. ‑ I have never tasted egg and lemon chicken soup.

Γευτήκαμε (έχουμε γευτεί) τα ωραία μεζεδάκια. ‑ We tasted (we have tasted) the tasty tidbids.

D. Συνομιλία ‑ Answer the questions:
1. Τι συναντήσαμε στον δρόμο, όταν συνεχίσαμε την περιοδεία μας;
2. Τι ρώτησε η κυρία Πανοπούλου;
3. Τι ετοίμασε το γκαρσόνι;
4. Ποιος κάθισε στην πρώτη θέση του τραπεζιού;
5. Πού κάθισαν οι μαθητές και οι μαθήτριες;
6. Τι είχε καθένας μπροστά του;
7. Τι ποτά παράγγειλε η ομάδα της κυρίας Πανοπούλου;
8. Τι μεζεδάκια έφερε το γκαρσόνι;
9. Τι φαγητά είχε το μενού;
10. Τι είναι η σούπα αυγολέμονο;
11. Τι είναι το γιουβέτσι;
12. Τι κρασί είναι η ρετσίνα;
13. Πώς είναι η μαυροδάφνη;
14. Πέστε μερικά ελληνικά γλυκίσματα.
15. Τι πρόσφερε ο εστιάτορας στο τέλος του φαγητού;

ΜΑΘΗΜΑ ΕΝΔΕΚΑΤΟ - LESSON ELEVEN

Ένα φανταστικό ταξίδι

A. <u>Ανάγνωση</u> - <u>Reading</u>

Ένα βράδυ η κυρία Πανοπούλου είπε στην τάξη: " Είμαι <u>εξαιρετικά ευχαριστημένη</u> και <u>ικανοποιημένη</u> από την <u>πρόοδό</u> σας στα ελληνικά. Τώρα ξέρετε να διαβάζετε και να καταλαβαίνετε αρκετά καλά. Αλλά <u>δυσκολεύεστε</u> λίγο στην ομιλία. Το λεξιλόγιό σας είναι αρκετά καλό, πρέπει όμως να μάθετε να χρησιμοποιείτε τις λέξεις. Και σ' αυτό χρειάζεστε <u>εξάσκηση</u>. Ξέρετε ποιος είναι ο καλύτερος τρόπος να εξασκηθείτε στην <u>ομιλία</u> και στην <u>προφορά</u>; Να πάτε ένα ταξίδι στην Ελλάδα. Εκεί θα μιλάτε <u>συνεχώς</u> ελληνικά και το αυτί σας θα <u>συνηθίσει</u> στον <u>ήχο</u> της ελληνικής γλώσσας."

Πολλοί όμως από μας δεν έχουμε τον καιρό ή τα <u>χρήματα</u> για ένα τέτιο ταξίδι. Πιθανόν να μπορέσουμε να πάμε στην Ελλάδα <u>αργότερα</u>. Μπορούμε τότε να κάνουμε ένα <u>φανταστικό</u> ταξίδι στην Ελλάδα, ένα ταξίδι με τη <u>φαντασία</u> μας.

Λοιπόν αρχίζουμε. <u>Πρώτα-πρώτα</u> πρέπει να αποφασίσουμε με τι <u>μέσο</u> θα πάμε. Μπορούμε να πάμε με <u>πλοίο</u> ή με αεροπλάνο. Το ταξίδι με το πλοίο διαρκεί πολλές μέρες και είναι ακριβό. Το ταξίδι με το αεροπλάνο είναι <u>σύντομο</u> και πιο φτηνό. Θα <u>προτιμούσαμε</u> λοιπόν να πάμε με το αεροπλάνο.

Τηλεφωνούμε σε αεροπορικές εταιρείες, που έχουν <u>πτήσεις</u> προς την Ελλάδα, για να πάρουμε σχετικές πληροφορίες: Πότε φεύγουν τα αεροπλάνα και πόσο στοιχίζει το εισιτήριο.

- Έχετε καθημερινές πτήσεις για την Ελλάδα;

- Μάλιστα, έχουμε.
- Τι ώρα φεύγει το αεροπλάνο;
- Φεύγει στις επτά το βράδι.
- Πόσο <u>διαρκεί</u> η πτήση;
- Διαρκεί εννέα περίπου ώρες.
- Είναι <u>κατευθείαν</u> πτήση ή με <u>σταθμούς</u>;
- Είναι κατευθείαν πτήση.
- Μου λέτε, σας παρακαλώ, πόσο κάνει το <u>εισιτήριο</u>;
- Ευχαρίστως, το εισιτήριο είναι περίπου χίλια δολλάρια.
- Πότε πρέπει να <u>κλείσουμε</u> τις θέσεις;
- <u>Τουλάχιστο</u> ένα μήνα πριν από την πτήση.
- Πόσες <u>βαλίτσες</u> μπορεί να πάρει κάθε επιβάτης;
- Κάθε επιβάτης μπορεί να πάρει δυο βαλίτσες.
- Τι άλλο χρειάζεται για να ταξιδέψει κάποιος στην Ελλάδα;
- Χρειάζεται <u>διαβατήριο</u>.
- Μήπως χρειάζεται και <u>βίζα</u>;
- Όχι, για την Ελλάδα δε χρειάζεται βίζα. Χρειάζεται βίζα για <u>ωρισμένες</u> άλλες χώρες.

- Ευχαριστούμε πολύ για τις πληροφορίες. Θα αποφασίσουμε σύντομα πότε <u>σκοπεύουμε</u> να φύγουμε και θα σας τηλεφωνήσουμε.

Β. <u>Λεξιλόγιο</u> - Vocabulary:
     αεροπορική εταιρεία, η - airline
     βαλίτσα, η - suitcase
     βίζα, η - visa
     διαβατήριο, το - passport
     διαρκώ (3) - I last
     δυσκολεύομαι (4) - I am hindered, I find difficulties
     εισιτήριο, το - fare
     εξαιρετικά - exceptionally
     εξάσκηση, η - exercise

ευχαριστημένος, -η, -ο - pleased
ικανοποιημένος, -η, -ο -   satisfied
κατευθείαν - straight, without stops
κλείνω (1) - I close
μέσο, το - means, ways
ομιλία, η - speech
πλοίο, το - boat, steamship
πρόοδος, η - progress
προφορά, η - pronunciation
πρώτα - πρώτα - first of all
πτήση, η - flight
σταθμός, ο - stop, station
συνεχώς - continuously
συνηθίζω (1) - I accustom myself, I am accustomed
σύντομος, -η, -ο - short, brief
τουλάχιστο - at least
φαντασία, η - imagination, fantasy
φανταστικός, -ή, -ό - imaginary
χρήμα, το - χρήματα, τα - money
ωρισμένος, -η, -ο - specific, certain

C. Γραμματική - Grammar:

1. The verbs in this lesson:

δυσκολεύω (1) - I make difficult - δυσκολεύομαι (4) - I face
    difficulties

εξασκούμαι or εξασκιέμαι (4) γυμνάζομαι (4) - I exercise

εξασκείσαι	εξασκιέσαι	γυμνάζεσαι
εξασκείται	εξασκιέται	γυμνάζεται
εξασκούμαστε	εξασκιούμαστε	γυμναζόμαστε
εξασκείστε	εξασκείστε	γυμνάζεστε
εξασκούνται	εξασκιούνται	γυμνάζονται

χρειάζομαι (4) - I need
χρησιμοποιώ (3) - I use
ευχαριστώ (3) - I thank

2. Some adjectives found in this lesson:

ευχαριστημένος - pleased   φανταστικός - imaginary
εξαιρετικός - exceptional   σύντομος - short, brief

σχετικός - relative   φτηνός - inexpensive

Είμαι ευχαριστημένος με τη δουλειά μου - I am pleased (satisfied) with
    my job.
Πολλοί δεν είναι ευχαριστημένοι από την πολιτική κατάσταση.
    Many are not satisfied with the political situation.
Το ταξίδι του Ροβινσώνος Κρούσου ήταν φανταστικό.
    Robinson Crusoe's voyage was imaginary.
Μείναμε ικανοποιημένοι από την παράσταση.
    We were satisfied with the performance.
Παίρνει ένα ικανοποιητικό μισθό. -   He receives a satisfactory salary.

Το ταξίδι με αεροπλάνο από την Αθήνα στην Κρήτη είναι
σύντομο. - The flight from Athens to Crete is short.

Μπορείς να βρεις πολλά καταστήματα με φτηνά ρούχα. -
    You can find many shops with inexpensive clothes.
Τα σημερινά αυτοκίνητα δεν είναι φτηνά. - Today's cars are not cheap.
Το κρέας σήμερα είναι φτηνό - The meat today is inexpensive.
Χτες ήταν πιο ακριβό. Yesterday it was more expensive.

κατευθείαν - straight, without stops
Το αεροπλάνο πετά κατευθείαν από το Λονδίνο στην Αθήνα χωρίς
    σταθμούς. - The airplane flies from London to Athens without stops.

Ήρθα κατευθείαν από τη δουλειά μου στο σχολείο και μετά το
μάθημα θα πάω κατευθείαν σπίτι. - I came straight from my work to
school and after the lesson I will go straight home.

D. Ερωτήσεις - Questions - (Answers on the tape):
  1. Τι είπε ένα βράδι η κυρία Πανοπούλου;
  2. Σε ποιο πράγμα δυσκολεύονταν οι μαθητές;
  3. Ποιος είναι ο καλύτερος τρόπος να εξασκηθεί κάποιος για να
      μάθει να μιλά ελληνικά;
  4. Τι ταξίδι θα κάμει η τάξη της κυρίας Πανοπούλου;
  5. Με τι τρόπο μπορεί κάποιος να πάει στην Ελλάδα;
  6. Ποιο είναι το ταχύτερο μέσο συγκοινωνίας (transportation),
      το πλοίο ή το αεροπλάνο;
  7. Πώς είναι το ταξίδι με το πλοίο;
  8. Πώς είναι το ταξίδι με το αεροπλάνο;
  9. Ποιό είναι πιο φτηνό, το ταξίδι με το πλοίο ή το ταξίδι με
      το αεροπλάνο;
 10. Με τι μέσο αποφασίζει η τάξη να πάει στην Ελλάδα;

ΜΑΘΗΜΑ ΔΩΔΕΚΑΤΟ - LESSON TWELVE

Η προετοιμασία

A. <u>Ανάγνωση</u> - Reading:

Με τις πληροφορίες που πήραμε μπορούμε τώρα να <u>οργανώσουμε</u> το ταξίδι μας.

Πρώτα-πρώτα θα χρειαστούμε διαβατήρια. Όσοι δεν έχουν διαβατήριο πρέπει να φροντίσουν να <u>βγάλουν</u>. Όσοι πάλι έχουν, πρέπει να δουν αν το διαβατήριο <u>ισχύει</u>.

Από πού βγάζουμε ένα διαβατήριο;
Από το <u>Υπουργείο των Εξωτερικών</u>.

Τι χρειαζόμαστε για να βγάλουμε διαβατήριο;
Χρειάζεστε <u>πιστοποιητικό γεννήσεως</u> ή <u>υπηκοό-τητα</u>, (αν δε γεννηθήκατε στην Αμερική, αλλά πήρατε <u>ιθαγένεια</u> αργότερα), δυο φωτογραφίες μικρές και εξήντα δολλάρια.

Χρειάζεται επίσης να <u>συμπληρώσετε</u> μια <u>αίτηση</u> (φόρμα), στην οποία θα γράψετε το όνομά σας, πόσων χρόνων είστε, που γεννηθήκατε, αν είστε παντρεμένος ή <u>ελεύθερος,</u> αν έχετε παιδιά, αν θα ταξιδέψετε με την οικογένειά σας, πότε και πού θα ταξιδέψετε.

Την αίτηση αυτή τη στέλνετε στο τμήμα διαβατηρίων του Υπουργείου Εξωτερικών και σε λίγο καιρό θα πάρετε <u>ταχυδρομικώς</u> το διαβατήριο.

Πρέπει τώρα να <u>εξασφαλίσουμε</u> τα εισιτήριά μας. Ο <u>πράκτορας,</u> μας δίνει ένα κατάλογο με πολλές πτήσεις και πολλές <u>ημερομηνίες</u>. Υπάρχουν πτήσεις με <u>παραμονή</u> δύο εβδομάδων, είκοσι ημερών, ενός μήνα, δύο μηνών, έξι μηνών και ενός χρόνου.

Διαλέγουμε μια πτήση με παραμονή τριών εβδομάδων.

Έχουμε ήδη <u>κανονίσει</u> τα διαβατήρια και τα εισιτήριά μας. <u>Απομένει</u> τώρα να ετοιμάσουμε τις βαλίτσες μας και <u>κατόπιν</u> "<u>καλό ταξίδι</u>".

B. <u>Λεξιλόγιο</u> - Vocabulary:

αίτηση, η ⁻ petition, application
απομένω (1) - I remain
βγάζω (1) ⁻ I have something issued in my name, I take out
ελεύθερος, -η, -ο ⁻ unmarried, free
εξασφαλίζω (1) ⁻ I secure
ημερομηνία, η ⁻ date
ιθαγένεια, η ⁻ nationality, citizenship
ισχύει ⁻ it is valid, it is in force
καθένας ⁻ καθεμιά ⁻ καθένα ⁻ each one, everyone
καλό ταξίδι ⁻ bon voyage, have a good trip
κανονίζω (1) ⁻ I arrange
κατόπιν - then
παραμονή, η - stay
πιστοποιητικό γεννήσεως, το ⁻ birth certificate
πράκτορας, ο ⁻ agent
συμπληρώνω (1) - I complete
ταχυδρομικώς - by mail
οργανώνω (1) ⁻ I organize
υπηκοότητα, η - citizenship
Υπουργείο Εξωτερικών, το ⁻ State Department, Foreign Ministry

C. <u>Γραμματική</u> - Grammar:
   a. <u>Ρήματα</u> - verbs:
   The verbs: βγάζω, συμπληρώνω, εξασφαλίζω, κανονίζω ταξιδεύω, οργανώνω are all verbs of the First Conjugation.

   Their tenses:

P.	βγάζω	συμπληρώνω	κανονίζω
P.C.	έβγαζα	συμπλήρωνα	κανόνιζα
P.S.	έβγαλα	συμπλήρωσα	κανόνισα
F.C.	θα βγάζω	θα συμπληρώνω	θα κανονίζω
F.S.	θα βγάλω	θα συμπληρώσω	θα κανονίσω

Pr.F.	έχω βγάλει	έχω συμπληρώσει	έχω κανονίσει
P.P.	είχα βγάλει	είχα συμπληρώσει	είχα κανονίσει

P.	οργανώνω	ταξιδεύω	εξασφαλίζω
P.C.	οργάνωνα	ταξίδευα	εξασφάλιζα
P.S.	οργάνωσα	ταξίδεψα	εξασφάλισα
F.C.	θα οργανώνω	θα ταξιδεύω	θα εξασφαλίζω
F.S.	θα ορφανώσω	θα ταξιδέψω	θα εξασφαλίσω
Pr.P.	έχω οργανώσει	έχω ταξιδέψει	έχω εξασφαλίσει
P.P.	είχα οργανώσει	είχα ταξιδέψει	είχα εξασφαλίσει

Idiomatic uses of the verb βγάζω

Βγάζω μια εφημερίδα - I publish a newspaper.

Βγάζω τα έξοδά μου - I cover my expenses.

Βγάζω όνομα - I make a reputation (good or bad)

Δε βγάζω το γράψιμό σου - I cannot read your writing.

Βγάζω κάτι στη φόρα - I bring out something - I reveal something.

Βγάζω από τη μέση - I ged rid of

Βγάζω το ψωμί μου - I earn my living

Βγάζω χρήματα - I make money.

Το μωρό βγάζει δόντια - The baby cuts teeth.

Βγάζω το κολλέγιο - I finish college

Βγάζω λόγο - I deliver a speech.

Βγάζω τα ρούχα μου - I take off my clothes.

Το δέντρο βγάζει φύλλα - The tree brings out leaves

Έπεσα κάτω και έβγαλα το πόδι μου - I fell down and dislocated my foot.

Βγάζω το λαιμό μου από τις φωνές - I become hoarse with shouting.

Βγάζω το καπέλο μου στον Γιάννη - I take my hat off to John (I recognize his ability)

Βγάζω τη μάσκα - I take off the mask (I reveal who I am)

b. Adverbs:

In the classical and the puristic language the adverbs end in -ως. In Modern Greek the adverb is the same as the neuter in the nominative of the plural number. Ex.: καθαρός - neuter καθαρό - plural nominative -καθαρά - Μιλώ καθαρά - I speak clearly

καλός (adj.), adverb - καλά. Είμαι καλά = I am well.

Γρήγορος - quick, fast (adj.) - adverb - γρήγορα = fast. I run fast = Τρέχω γρήγορα.

Some adverbs keep their old form, like: επομένως = therefore, κακώς = badly, ταχυδρομικώς = by mail, αμέσως = at once,

ακριβώς = exactly, εντελώς = completely, ίσως = perhaps,
ευτυχώς = fortunately, δυστυχώς = unfortunately

c. Pronouns:

όσος - όση - όσο   is a relative pronoun meaning as much as, as big as.

Πιες όσο νερό θέλεις.
Drink as much water as you want.

Έφαγε όσο ήθελε - He ate as much as he wanted.

Έχω τόσα χρήματα όσα και ο φίλος μου.
I have as much money as my friend.

Το κυπαρίσι είναι ψηλό όσο και το πεύκο.

Many times the pronoun όσος is preceded by the demonstrative
pronoun τόσος - τόση - τόσο.

Έχω τόσα χρήματα όσα και ο φίλος μου -
I have as much money as my friend -

Σήμερα ήταν εδώ τόσοι άνθρωποι, όσοι ήταν
και χτες.
There were as many people here today as there were
yesterday.

Σήμερα έβρεξε τόσο όσο και χτες.
Today it rained as much as yesterday.

Έφαγα τόσο πολύ, όσο καμιά φορά προτήτερα.
I ate so much as never before.

Όσοι μαθητές δεν έχουν βιβλία να σηκώσουν
το χέρι τους.
All students who do not have books let them raise their hands.

Όσες φορές έρχομαι εδώ, πάντοτε βρέχει.
Any time I come here, it always rains.

D. Ερωτήσεις - Questions (based on the lesson - Answers on the tape):

1. Τι χρειάζεται κάποιος που θέλει να ταξιδέψει έξω
   από τη χώρα του;
2. Πού μπορεί να βγάλει κάποιος διαβατήριο;
3. Τι χρειάζεται κανείς για να βγάλει διαβατήριο;
4. Τι πρέπει να έχει κάποιος για να βγάλει διαβατήριο;
5. Πόσες φωτογραφίες χρειάζονται;
6. Πόσο κοστίζει το διαβατήριο;
7. Τι πρέπει να συμπληρώσει αυτός που θέλει να
   βγάλει διαβατήριο;
8. Πού στέλνουμε την αίτηση του διαβατηρίου;
9. Από πού παίρνουμε τα εισιτήρια;
10. Για πόσο χρόνο είναι οι πτήσεις;

ΜΑΘΗΜΑ ΔΕΚΑΤΟ ΤΡΙΤΟ - LESSON THIRTEEN

Το ταξίδι

A. Ανάγνωση - Reading

Το ταξίδι αρχίζει. Το αεροπλάνο απογειώνεται από το αεροδρόμιο και σε λίγα λεπτά βρίσκεται στον αέρα. Σαν μεγάλο πουλί, με σιδερένια φτερά, ανεβαίνει κι όλο ανεβαίνει. Κάτω, τα σπίτια, τα αυτοκίνητα, οι άνθρωποι, όλα φαίνονται μικροσκοπικά. Το αεροπλάνο πετά ανατολικά. Σε λίγο θα αφήσουμε πίσω μας την ξηρά και θα πετάμε πάνω από τον Ατλαντικό Ωκεανό.

Βρισκόμαστε ήδη πάνω από τον ωκεανό. Η θάλασσα κάτω φαίνεται απέραντη. Το αεροπλάνο έχει τώρα ανέβει πολύ ψηλά και το χωρίζει από τον ωκεανό ένα στρώμα από άσπρα σύννεφα, που φαίνονται σαν μπαμπάκι.

Ο πιλότος του αεροπλάνου δίνει πληροφορίες στους επιβάτες σχετικά με την πορεία της πτήσης. Πετάμε τριάντα έξι χιλιάδες πόδια πάνω από τη θάλασσα. Ο καιρός είναι καλός. Άνεμος δε φυσά. Η πτήση είναι ομαλή.

Σιγά-σιγά νυχτώνει. Το αεροπλάνο τώρα πετά μέσα στο σκοτάδι. Σε δυο τρεις ώρες όμως θα δούμε την ανατολή του ήλιου.

Οι αεροσυνοδοί περιποιούνται τον κόσμο. Προσφέρουν διάφορα ποτά και πληροφορούν τους επιβάτες ότι σύντομα θα σερβιρισθεί το φαγητό.

Οι επιβάτες περνούν την ώρα τους διαφοροτρόπως. Άλλοι διαβάζουν, άλλοι ακούουν μουσική, μερικοί παίζουν χαρτιά, μερικοί κοιμούνται, άλλοι κουβεντιάζουν, και άλλοι περνούν την ώρα τους πίνοντας αναψυκτικά ή άλλα ποτά.

Το <u>πλήρωμα</u> <u>μοιράζει</u> στους επιβάτες <u>φυλλάδια</u>, τα οποία περιέχουν πληροφορίες για την Ελλάδα.

B. <u>Δεξιλόγιο - Vocabulary</u>
αεροδρόμιο, το - airport
αεροσυνοδός, η - stewardess
ανατολή, η - east
ανατολικά - east, easterly, eastward
άνεμος, ο - wind
απέραντος, -η, -ο - endless, immense, infinite
απογειώνομαι (4) - I take off
Ατλαντικός Ωκεανός, ο - Atlantic Ocean
διαφοροτρόπως - in different ways
ήδη - already
κοιμούμαι (4) - I sleep
κουβεντιάζω (1) - I converse, I talk
μικροσκοπικός, -ή, -ό - microscopic
μοιράζω (1) - I distribute
μπαμπάκι, το - cotton
νυχτώνει - it gets dark, night is coming
ξηρά, η - land
ομαλός, -ή, -ό - smooth
παίζω χαρτιά - I play cards
περιέχω (1) - I contain
περιποιούμαι (4) - I serve, I take care
περνώ την ώρα μου - I pass my time
πλήρωμα, το - crew
πορεία, η - course
σιδερένιος, -ια, -ιο - iron, made of iron
σκοτάδι, το - darkness
στρώμα, το - layer, bed
φαίνομαι (4) - I seem, I look
φτερό, το - feather, wing
φυλλάδιο, το - brochure
φυσώ (2) - I blow
χωρίζω (1) - I separate

C. Γραμματική - Grammar:
   a. Ρήματα - **Verbs in this lesson:**

1	2	3	4
αρχίζω	πετώ	μπορώ	απογειώνομαι
ανεβαίνω	φυσώ		βρίσκομαι
χωρίζω	περνώ		φαίνομαι
ακούω			περιποιούμαι
κουβεντιάζω			κοιμούμαι
μοιράζω			
περιέχω			

Conjugation of the present tense of the verbs **περιποιούμαι** and **κοιμούμαι**

περιποιούμαι	κοιμούμαι
περιποιείσαι	κοιμάσαι
περιποιείται	κοιμάται
περιποιούμαστε	κοιμόμαστε
περιποιείστε	κοιμάστε
περιποιούνται	κοιμούνται

(For the tenses of all the verbs see the LIST OF THE VERBS pp. 155-171)

b. **Impersonal verbs:**
   Some verbs showing nature action are used only in the third person. Such verbs are:

νυχτώνει - It is getting dark, night is coming
ξημερώνει - It is dawning, the day is breaking
βρέχει - It is raining, it rains
χιονίζει - It is snowing, it snows
βροντά - It thunders
αστράφτει - It is lightning
φυσά - It is blowing
φέγγει - It is dawning

The tenses of these verbs are:

P.	νυχτώνει	ξημερώνει	βρέχει
P.C.	νύχτωνε	ξημέρωνε	έβρεχε
P.S.	νύχτωσε	ξημέρωσε	έβρεξε
F.C.	θα νυχτώνει	θα ξημερώνει	θα βρέχει
F.S.	θα νυχτώσει	θα ξημερώσει	θα βρέξει
Pr.P.	έχει νυχτώσει	έχει ξημερώσει	έχει βρέξει
P.P.	είχε νυχτώσει	είχε ξημερώσει	είχε βρέξει

P.	χιονίζει	φυσά	φέγγει
P.C.	χιόνιζε	φυσούσε	έφεγγε
P.S.	χιόνισε	φύσηξε	έφεξε
F.C.	θα χιονίζει	θα φυσά	θα φέγγει
F.S.	θα χιονίσει	θα φυσήξει	θα φέξει
Pr.P.	έχει χιονίσει	έχει φυσήξει	έχει φέξει
P.P.	είχε χιονίσει	είχε φυσήξει	είχε φέξει

c. Participles:

Verbs have two participles, one in the active voice and one in the passive.

The participle of the active voice is formed from the present tense stem by adding the ending **-οντας,** for verbs of the first conjugation and **-ώντας** for verbs of the second and third conjugations.

πίνω - I drink	πίνοντας - drinking
παίζω - I play	παίζοντας - playing
γράφω - I write	γράφοντας - writing
λέ(γω) - I say	λέγοντας - saying
τρέχω - I run	τρέχοντας - running
αγαπώ - I love	αγαπώντας - loving
μιλώ - I speak, I talk	μιλώντας - speaking, talking
πηδώ - I jump	πηδώντας - jumping
οδηγώ - I guide	οδηγώντας - guiding

Τα σημεία του ορίζοντα -The cardinal points:

η ανατολή - east	ανατολικ-ός, -ή, -ό - eastern
η δύση - west	δυτικ-ός, -ή, -ό - western
ο βορράς - north	βόρειος - βόρεια - βόρειο - northern
ο νότος - south	νότιος - νότια - νότιο - southern

D. Ερωτήσεις - Questions:

1. Από πού απογειώνεται το αεροπλάνο;
2. Πώς φαίνεται το αεροπλάνο;
3. Πώς φαίνονται τα σπίτια, τα αυτοκίνητα και οι άνθρωποι από το αεροπλάνο;
4. Προς ποια κατεύθυνση πετά το αεροπλάνο;
5. Πάνω από ποιον ωκεανό πετούμε;
6. Πώς φαίνεται η θάλασσα κάτω;

7. Σε πόσο ύψος πετά το αεροπλάνο;
8. Τι πληροφορίες δίνει ο πιλότος;
9. Πώς είναι ο καιρός;
10. Πώς είναι η πτήση;
11. Τι κάνουν οι αεροσυνοδοί;
12. Πώς περνούν την ώρα τους οι επιβάτες;
13. Τι μοιράζει το πλήρωμα στους επιβάτες;
14. Τι περιέχει το φυλλάδιο που δίνει το πλήρωμα στους επιβάτες;

E. Συνομιλία - Conversation:
1. Έχετε ποτέ πάει σε ταξίδι;
2. Πού πήγατε;
3. Βγήκατε έξω από τη χώρα σας;
4. Με τι μέσο ταξιδέψατε;
5. Ταξιδέψατε ποτέ με πλοίο;
6. Ταξιδέψατε ποτέ με τρένο;
7. Πόσες μέρες κάνατε στο ταξίδι σας;
8. Πήγατε μόνος (μόνη) σας ή ταξιδέψατε με άλλους μαζί;
9. Αν ταξιδέψατε με άλλους, με ποιους ταξιδέψατε;
10. Τι καιρό ταξιδέψατε, χειμώνα ή καλοκαίρι;
11. Τι μήνας ήταν;
12. Σας άρεσε το μέρος που πήγατε;
13. Κάθε πόσο καιρό πηγαίνετε σε ένα ταξίδι;
14. Τι σας αρέσει πιο πολύ, το βουνό ή η θάλασσα;
15. Αν πήγατε με αεροπλάνο, πόσο διάρκεσε η πτήση;
16. Έχετε πάει ποτέ στην Ελλάδα;
17. Αν πετάξετε από την Αμερική στον Καναδά, προς ποια κατεύθυνση πετάτε;
18. Αν πάτε με το αυτοκίνητο από τη Γαλλία στην Ισπανία προς ποια κατεύθυνση ταξιδεύετε;

ΜΑΘΗΜΑ ΔΕΚΑΤΟ ΤΕΤΑΡΤΟ - LESSON FOURTEEN

Η Ελλάδα

A. <u>Ανάγνωση</u> - Reading:

Το φυλλάδιο που μας έδωσαν στο αεροπλάνο είχε τον <u>τίτλο</u>: "Η Ελλάδα - **Greece**" - Σ ' αυτό διαβάσαμε τα <u>ακόλουθα</u>:

"Η Ελλάδα είναι μια χώρα στο νοτιοανατολικό μέρος της Ευρώπης. Είναι μικρή χώρα, αν τη <u>συγκρίνουμε</u> με άλλες χώρες. Η <u>έκτασή</u> της είναι πενήντα δυο χιλιάδες <u>τετραγωνικά μίλια</u>. Ο <u>πληθυσμός</u> της είναι περίπου δέκα <u>εκατομμύρια</u>.

Η Ελλάδα είναι <u>χερσόνησος,</u> δηλαδή έχει θάλασσα από τρία μέρη: Στο ανατολικό μέρος είναι το <u>Αιγαίο Πέλαγος</u>, στο δυτικό, το <u>Ιόνιο Πέλαγος</u> και στο νότιο η <u>Μεσόγειος Θάλασσα</u>.

Η Ελλάδα, στο βόρειο μέρος <u>συνορεύει</u> με τρεις άλλες χώρες τη <u>Βουλγαρία</u>, την <u>F.Y.R.O.M</u> και την <u>Αλβανία</u>. Σε ένα <u>σημείο</u>, στο βορειο- ανατολικό μέρος, συνορεύει με την Τουρκία.

Η Ελλάδα είναι χώρα <u>ορεινή</u>. Τα τέσσερα πέμπτα (4/5) του <u>εδάφους</u> της σκεπάζονται από βουνά. Είναι τόσο ορεινή χώρα ώστε κάποιος είπε πως ο Θεός, όταν <u>δημιούργησε</u> τον κόσμο, του <u>απέμειναν</u> πολλές πέτρες. Τις πέτρες αυτές τις πέταξε κάτω στη γη και έτσι έγινε η Ελλάδα.

Η θάλασσα <u>εισχωρεί</u> βαθιά στις <u>ακτές</u> και δημιουργεί <u>εκτεταμένα παράλια</u>. Στα πελάγη της Ελλάδας υπάρχουν χιλιάδες νησιά. Τα μεγαλύτερα από αυτά είναι η Κρήτη, στο νότιο μέρος, οι <u>Κυκλάδες</u>, στο μέσο του Αιγαίου, <u>η Εύβοια</u>, κατά μήκος της <u>Αττικής</u>, τα <u>Δωδεκάνησα,</u> η Χίος κοντά στα παράλια της Τουρκίας, και τα Επτάνησα στο Ιόνιο Πέλαγος.   Τα νησιά της Ελλάδας είναι γνωστά σε όλο τον κόσμο για την ομορφιά τους, το ωραίο τους κλίμα και τη γοητεία τους.

Το κλίμα της Ελλάδας είναι ήπιο και γλυκό. Ο ουρανός της είναι πάντοτε γαλανός και η θάλασσά της μαγευτική.

B. Λεξιλόγιο - Vocabulary:
Αιγαίο Πέλαγος, το - Aegean Sea
ακόλουθα, τα - following
ακτή, η - coast, coastline
Αλβανία, η - Albania
απομένω (1) - I remain, I am left
Αττική, η - Attica
Βουλγαρία, η - Bulgaria
Γιουγκοσλαβία, η - Yugoslavia
γοητεία, η - charm
γνωστ-ός, -ή, -ό - known
δημιουργώ (3) - I create
Δωδεκάνησα, τα - the Dodecanese islands (twelve islands)
έδαφος, το - soil, earth, ground
εισχωρώ (3) - I penetrate
εκατομμύριο, το - million
έκταση, η - area
εκτεταμέν-ος, -η, -ο - extended
Εύβοια, η - Euboea
ήπι-ος, -α, -ο - mild
Ιόνιο Πέλαγος, το - Ionian Sea
κλίμα, το - climate
Κυκλάδες, οι - Cyclades
μαγευτικ-ός, -ή, -ό - enchanting
Μεσόγειος Θάλασσα - Mediterranean Sea
μίλι, το - mile
νοτιο ανατολικό - south eastern
ορειν-ός, -ή, -ό - mountainous
παράλια, τα - coast, coastline
πληθυσμός, ο - population

σημείο, το - spot, place
συγκρίνω (1) - I compare
συνορεύω (1) - I border
τετραγωνικός, -ή, -ό - square
τίτλος, ο - title
χερσόνησος, η - peninsula

C. <u>Γραμματική - Grammar</u>:
a. Verbs: 1.   3.
   συγκρίνω - I compare   δημιουργώ - I create
   συνορεύω - I border   εισχωρώ - I penetrate
   απομένω - I am left
(Find the tenses of these verbs in the LIST OF THE VERBS, pp. 155-170)

b. Participles in the passive voice
In the previous lesson we studied the participle in the active voice.
In this lesson we will study the participle in the passive voice.

The passive participle may have the following endings:
If the verb, in the passive past simple tense, ends in -θηκα
the participle ends in -μένος . Ex.:
δένω - I tie , δένομαι - I am tied, δέθηκα (P.S. tense) - I was
tied, the participle is δεμένος - δεμένη - δεμένο - tied

If the verb ends in -φτηκα the participle ends in -μμένος. Ex.:
κρύβω - I hide, κρύβομαι - I am hidden, κρύφτηκα - I was
 hidden, participle: κρυμμένος - κρυμμένη - κρυμμένο - hidden

When the verb ends in -χτηκα, the participle ends in -γμένος.
 Ex.: πλέκω - I knit, πλέκομαι - I am knitted, πλέχτηκα - I was
knitted, participle: πλεγμένος - πλεγμένη - πλεγμένη- knitted

If the verb ends in -στηκα, the participle ends in -σμένος. Ex.:
χτίζω - I build, χτίζομαι - I am built, χτίστηκα - I was built,
participle: χτισμένος - χτισμένη - χτισμένο - built

c. Declension of neuters ending in -ος and -μα:

Singular

Nom.	το	μέρος	το	τμήμα
Poss.	του	μέρους	του	τμήματος
Obj.	το	μέρος	το	τμήμα
Nom. of add.		μέρος		τμήμα

		Plural		
Nom.	τα	μέρη	τα	τμήματα
Poss.	των	μερών	των	τμημάτων
obj.	τα	μέρη	τα	τμήματα
Nom. of add.		μέρη		τμήματα

D. Using the verb βρίσκομαι:

Η Αγγλία, η Γαλλία, η Γερμανία, η Ισπανία, η Ιταλία, η Ρωσσία, η Νορβηγία, η Ελβετία, η Σουηδία, το Βέλγιο, η Ολλανδία, η Ελλάδα βρίσκονται στην Ευρώπη. Είναι χώρες της Ευρώπης.

Οι Ηνωμένες Πολιτείες της Αμερικής, ο Καναδάς και το Μεξικό βρίσκονται στη Βόρειο Αμερική. Είναι χώρες της Βόρειας Αμερικής.

Η Βραζιλία, η Χιλή, η Παραγουάη, το Περού βρίσκονται στη Νότιο Αμερική. Είναι χώρες της Νότιας Αμερικής.

Η Αίγυπτος, η Λιβύη, το Μαρόκο, η Αιθιοπία, το Σουδάν, η Νότια Αφρική, το Κόγγο είναι χώρες της Αφρικής.

Η Κίνα, οι Ινδίες, η Ιαπωνία, η Σιβηρία, η Μαντζουρία, το Βιετνάμ, το Πακιστάν, το Αφγανιστάν, η Σιγκαπούρη, οι Φιλιππίνες νήσοι βρίκονται στην Ασία. Είναι χώρες της Ασίας.

Η Ευρώπη, η Ασία, η Αφρική, η Αυστραλία, η Βόρεια και η Νότια Αμερική και η Ανταρκτική είναι ήπειροι.

E. Ερωτήσεις (based on the lesson):

1. Σε ποια ήπειρο είναι η Ελλάδα;
2. Τι είναι η Ελλάδα, μικρή ή μεγάλη χώρα;
3. Πού βρίσκεται η Ελλάδα;
4. Πόση είναι η έκταση της Ελλάδας;
5. Πόσος είναι ο πληθυσμός της Ελλάδας;
6. Γιατί λέμε πως η Ελλάδα είναι χερσόνησος;
7. Ποια θάλασσα βρίσκεται στο ανατολικό μέρος;
8. Ποια θάλασσα βρίσκεται στο δυτικό;
9. Η Μεσόγειος θάλασσα, σε ποιο μέρος της Ελλάδας βρίσκεται;
10. Ποιες χώρες βρίσκονται στο βόρειο μέρος της Ελλάδας;
11. Συνορεύει η Ελλάδα με την Τουρκία; Σε ποιο σημείο συνορεύει;
12. Είναι η Ελλάδα πεδινή (flat) χώρα ή ορεινή;
13. Τι είπε κάποιος για την Ελλάδα, επειδή είναι ορεινή χώρα;
14. Ποιο είναι το μεγαλύτερο νησί;
15. Πώς είναι το κλίμα της Ελλάδας;

ΜΑΘΗΜΑ ΔΕΚΑΤΟ ΠΕΜΠΤΟ - LESSON FIFTEEN

Μερικές πληροφορίες για την Ελλάδα

A. <u>Ανάγνωση</u> - <u>Reading</u>

Το φυλλάδιο για την Ελλάδα περιέχει ένα σωρό <u>χρήσιμες</u> και <u>πολύτιμες</u> πληροφορίες. Μας πληροφορεί για τα ξενοδοχεία στην Αθήνα και στις άλλες πόλεις, καθώς και για τα τουριστικά ξενοδοχεία που είναι χτισμένα στα νησιά και σε διάφορες παραλίες. Λέει ποια ξενοδοχεία είναι πρώτης (Α'), δεύτερης (Β'), τρίτης (Γ'), (Δ') τέταρτης κατηγορίας, <u>κ.τ.λ.</u>

<u>Περιγράφει</u> με λίγα λόγια τα <u>αρχαιολογικά</u> <u>μνημεία</u> της Αθήνας, των Δελφών, της Ολυμπίας, της Κρήτης, της Ρόδου και άλλων τόπων. Λέει ποια είναι τα <u>αξιοθέατα</u> μέρη της Ελλάδας και πως μπορεί κάποιος να τα επισκεφτεί.

Ο τουρίστας στην Αθήνα πρέπει να δει την <u>Ακρόπολη,</u> την <u>Αγορά</u>, το <u>Θησείο</u>, τις <u>στήλες</u> του <u>Ολύμπιου Δία</u>. Πρέπει να επισκεφτεί το Αρχαιολογικό Μουσείο και το <u>Βυζαντινό</u> Μουσείο.

Το τοπίο των Δελφών είναι από τα <u>μαγευτικότερα</u> στην Ελλάδα. Η <u>αγριότητα</u> των γύρω βουνών <u>προσδίδει</u> μια ξεχωριστή ομορφιά στο αρχαίο <u>ιερό</u>. Εδώ, ο επισκέπτης <u>νιώθει</u> πως ζει στα χρόνια της <u>ακμής</u> του <u>Μαντείου</u>, και έρχεται <u>πλησιέστερα</u> με το <u>παρελθόν</u>. Στους Δελφούς ο επισκέπτης θα δει τον ναό του Απόλλωνα, το <u>Στάδιο</u>, το αρχαίο Θέατρο και το μουσείο. Θα πιεί νερό και θα δροσιστεί στα νερά της Κασταλίας <u>πηγής</u>.

Στην Ολυμπία ο επισκέπτης θα <u>θαυμάσει</u> τον Ναό του <u>Δία</u> και της <u>Ήρας</u>. Αυτού του ναού μόνο τα θεμέλια σώζονται. Θα δει τα γυμναστήρια, τις παλαίστρες και το Στάδιο, όπου στην αρχαία εποχή γίνονταν οι Ολυμπιακοί αγώνες. Θα δει ακόμα τον βωμό από τον οποίο παίρνει το φως η Ολυμπιακή δάδα, που την ανάβουν, όταν αρχίζουν οι σημερινοί Ολυμπιακοί αγώνες. Η δάδα, κατά τη διάρκεια των αγώνων, εξακολουθεί να μένει αναμμένη ψηλά στο στάδιο, όπου γίνονται οι αγώνες.

Στην Επίδαυρο θα δει το θαυμάσιο θέατρο που είναι το ωραιότερο, μεγαλύτερο και τελειότερο θέατρο της αρχαιότητας.

Στην Κρήτη θα επισκεφτεί τα ανάκτορα της Κνωσσού, της Φαιστού, της Αγίας Τριάδας, των Μαλλιών, της Ζάκρου και θα πάρει από αυτά μια ιδέα του πρώτου πολιτισμού που αναπτύχτηκε στον Ελλαδικό χώρο.

B. Λεξιλόγιο - Vocabulary:
Αγορά, η - Market Place
αγριότητα, η - wilderness
ακμή, η - flourishment, acme
Ακρόπολη, η - Acropolis
ανάκτορο, το - palace
αναμμέν-ος, -η, -ο - lighted
αναπτύσσω (1) - I develop
αξιοθέατ-ος, -η, -ο - worth seeing
αρχαιολογικ-ός, -ή, -ό - archeological
αρχαιότητα, η - antiquity
Βυζαντινός - Byzantine
βωμός, ο - altar
γυμναστήριο, το - gymnasium
δάδα, η - torch
δροσίζω (1) - δροσίζομαι (4) - I refresh
εποχή, η - epoch, time
Ελλαδικ-ός, -ή, -ό - Helladic, Grecian
θαυμάζω (1) - I admire, I marvel
θεμέλιο, το - foundation

Θησείο, το - Theseum
ιερό, το - temple, sacred place
κ.τ.λ. = και τα λοιπά - etc.
κατηγορία, η - category, class
μαντείο, το - oracle
μνημείο, το - monument
νιώθω (1) - I feel
Ολύμπιος, ο - Olympic
Ολυμπιακός, -ή, -ό - Olympic
παλαίστρα, η - arena
παρελθόν, το - past
περιγράφω (1) - I describe
πηγή, η - spring
πλησιέστερα - nearer
πολύτιμος, -η, -ο - valuable, precious
προσδίνω - I give, I lend, I add
στάδιο, το - stadium
στήλη, η - stele, pillar, column
τέλειος, -α, -ο - perfect
χρήσιμος, -η, -ο - useful

C. **Explanation on different names and places found in the above reading**:

Η **Ακρόπολη** είναι ένας λόφος (hill) στο κέντρο της Αθήνας πάνω στον οποίο χτίστηκαν, την αρχαία εποχή, ο Παρθενώνας (Parthenon), το Ερέχθειο (Erechtheum), ο Ναός της Απτέρου Νίκης (the Temple of the Unwinged Victory) και άλλα μνημεία.

Η **Αγορά** (Market Place) είναι η Αρχαία Αγορά, όπου μαζεύονταν οι πολίτες της Αθήνας, να συζητήσουν και να μάθουν τα νέα. Βρίσκεται στους πρόποδες της Ακρόπολης. Η αρχαία αγορά έχει αναστηλωθεί από την Αμερικανική Αρχαιολογική Εταιρεία στην Ελλάδα.

Το **Θησείο** είναι Ναός Δωρικού Ρυθμού (Doric Order), που χτίστηκε προς τιμή του Θησέα, του ήρωα της Αθήνας. Μερικοί λένε πως χτίστηκε προς τιμή του Δία. Είναι κοντά στην Αγορά.

Ο **Ζευς** ή **Δίας** ήταν ο σπουδαιότερος θεός των αρχαίων Ελλήνων. Η **Ήρα** ήταν η γυναίκα του. Οι **Δελφοί** είναι αρχαιολογικός τόπος 120 περίπου χιλιόμετρα βορειοδυτικά της Αθήνας. Στην αρχαία εποχή στους Δελφούς υπήρχε το περίφημο μαντείο του Θεού Απόλλωνα.

Στην **Ολυμπία** γίνονταν την αρχαία εποχή κάθε 4 χρόνια οι Ολυμπιακοί αγώνες.

D. Γραμματική - Grammar:

α. Verbs - Ρήματα

δροσίζομαι (4) - I refresh

δροσιζόμουν, δροσίστηκα, θα δροσίζομαι, θα δροσιστώ, έχω δροσιστεί, είχα δροσιστεί, θα έχω δροσιστεί, θα είχα δροσιστεί

Participle - δροσισμένος, Subjunctive -να δροσιστώ

θαυμάζω (1) - I marvel

θαύμαζα, θαύμασα, θα θαυμάζω, θα θαυμάσω, έχω θαυμάσει, είχα θαυμάσει, θα έχω θαυμάσει, θα είχα θαυμάσει

Participle - θαυμάζοντας, subjunctive - να θαυμάσω

νιώθω (1) - I feel

ένιωθα, ένιωσα, θα νιώθω, θα νιώσω, έχω νιώσει, είχα νιώσει, θα έχω νιώσει, θα είχα νιώσει

Participle - νιώθοντας, subjunctive - να νιώσω

περιγράφω - I describe

περιέγραφα, περιέγραψα, θα περιγράφω, θα περιγράψω, έχω περιγράψει, είχα περιγράψει, θα έχω περιγράψει, θα είχα περιγράψει

participle - περιγράφοντας, subjunctive - να περιγράψω

b. Degrees of adjectives:

Positive	Comparative	Superlative
χρήσιμος	χρησιμότερος	χρησιμότατος
	πιο χρήσιμος	πιο χρήσιμος απ' όλους
χρήσιμη	χρησιμότερη	χρησιμότατη
	πιο χρήσιμη	πιο χρήσιμη απ' όλες
χρήσιμο	χρησιμότερο	χρησιμότατο
	πιο χρήσιμο	πιο χρήσιμο απ' όλα

πολύτιμος	πολυτιμότερος	πολυτιμότατος
	πιο πολύτιμος	πιο πολύτιμος απ' όλους
πολύτιμη	πολυτιμότερη	πολυτιμότατη
	πιο πολύτιμη	πιο πολύτιμη απ' όλες
πολύτιμο	πολυτιμότερο	πολυτιμότατο
	πιο πολύτιμο	πιο πολύτιμο απ' όλα
μαγευτικός	μαγευτικότερος	μαγευτικότατος
	πιο μαγευτικός	πιο μαγευτικός απ' όλους
μαγευτική	μαγευτικότερη	μαγευτικότατη
	πιο μαγευτική	πιο μαγευτική απ' όλες
μαγευτικό	μαγευτικότερο	μαγευτικότατο
	πιο μαγευτικό	πιο μαγευτικό απ' όλα
θαυμάσιος	θαυμασιότερος	θαυμασιότατος
	πιο θαυμάσιος	πιο θαυμάσιος απ' όλους
θαυμάσια	θαυμασιότερη	θαυμασιότατη
	πιο θαυμάσια	πιο θαυμάσια απ' όλες
θαυμάσιο	θαυμασιότερο	θαυμασιότατο
	πιο θαυμάσιο	πιο θαυμάσιο απ' όλα

Ε. Ερωτήσεις - Questions based on the reading:

1. Τι πληροφορίες περιέχει το φυλλάδιο για την Ελλάδα;
2. Τι πληροφορίες έχει το φυλλάδιο για τα ξενοδοχεία;
3. Ποια αρχαιολογικά μνημεία περιγράφει το φυλλάδιο;
4. Τι πρέπει να δει ένας επισκέπτης (τουρίστας) στην Αθήνα;
5. Ποια μουσεία πρέπει να δει ο επισκέπτης στην Αθήνα;
6. Πώς είναι το τοπίο των Δελφών;
7. Τι μπορεί να δει ο επισκέπτης στους Δελφούς;
8. Ποια πηγή υπάρχει στους Δελφούς;
9. Ποιος μεγάλος ναός υπήρχε στην αρχαιότητα στην Ολυμπία;
10. Τι μπορεί να δει κανένας στην Ολυμπία;
11. Από πού παίρνουν τη δάδα για τους Ολυμπιακούς αγώνες;
12 Πού ήταν το ωραιότερο και μεγαλύτερο θέατρο της αρχαιότητας;
13. Πού αναπτύχθηκε ο πρώτος πολιτισμός του Ελλαδικού χώρου;
14. Ποια παλάτια μπορούμε να δούμε στην Κρήτη;

ΜΑΘΗΜΑ ΔΕΚΑΤΟ ΕΚΤΟ - LESSON SIXTEEN

Στην Αθήνα

A. <u>Ανάγνωση</u> - Reading:

Ο πιλότος του αεροπλάνου, μας πληροφορεί ότι περάσαμε τον Ατλαντικό ωκεανό και ότι πετούμε τώρα πάνω από την Ευρώπη. Αγγλία, Γαλλία, <u>Ελβετία</u>, Ιταλία ... περνούμε την μια ύστερα από την άλλη τις χώρες αυτές και φτάνουμε πάνω από τη Μεσόγειο Θάλασσα. Πετούμε <u>παράλληλα</u> προς τις ακτές της Γιουγκοσλαβίας και σε λίγο βρισκόμαστε πάνω από το Ιόνιο Πέλαγος. <u>Ξεχωρίζουμε</u> ήδη τα βουνά της <u>Πελοποννήσου</u>.

Πολύ σύντομα φτάνουμε πάνω από την Πελοπόννησο. Από τα παραθυράκια του αεροπλάνου βλέπουμε κάτω τους ποταμούς, <u>τα δάση</u>, τις μικρές <u>λίμνες</u> και τα νησιά. Το αεροπλάνο κάνει μια μεγάλη <u>στροφή</u> και βρίσκεται πάνω από τον <u>Σαρωνικό</u> <u>κόλπο</u>. Σε λίγο προσγειώνεται στο αεροδρόμιο "Ελευθέριος Βενιζέλος".

Με ευκολία και <u>γρηγοράδα</u> γίνεται η <u>αποβίβαση</u> από το αεροπλάνο και ο <u>έλεγχος</u> των διαβατηρίων. Παίρνουμε τις <u>αποσκευές</u> μας και περνούμε από τον έλεγχο του <u>τελωνείου</u>. "Τι έχετε να <u>δηλώσετε</u>," ρωτά ο <u>τελώνης</u>. "Δεν έχουμε τίποτα," απαντούμε. "Μόνο τα ρούχα μας και μερικά μικρά δώρα για μερικούς συγγενείς και φίλους μας." Με <u>ευγένεια</u> μας αφήνει να περάσουμε λέγοντας: "<u>Καλωσορίσατε</u> στην Ελλάδα. Σας εύχομαι ευχάριστη <u>διαμονή</u>."

Βρισκόμαστε τώρα έξω από το αεροδρόμιο. <u>Αντικρίζουμε</u> τον γαλάζιο ουρανό της Αττικής, τα <u>μωβ</u> βουνά που υψώνονται στο ανατολικό, βόρειο και δυτικό μέρος της Αθήνας και το ωραίο, δροσερό πάρκο που απλώνεται μπροστά από το αεροδρόμιο.

Συγκίνηση κατέχει τις καρδιές μας, γιατί το όνειρό μας να επισκεφτούμε την αιώνια Ελλάδα έγινε πραγματικότητα.

'Ενα λεωφορείο περιμένει την ομάδα μας. 'Ετσι αρχίζει το τελευταίο μέρος του ταξιδιού μας, το ταξίδι προς την Αθήνα. 'Υστερα από μισή ώρα φτάνουμε στο κέντρο της πόλης όπου βρίσκεται το ξενοδοχείο μας. Τα δωμάτιά μας είναι έτοιμα. Πλυνόμαστε και ξεκουραζόμαστε λίγο. Αλλά γρήγορα κατεβαίνουμε από τα δωμάτια. Ανυπομονούμε να κάνουμε ένα γύρο στην Αθήνα και να έχουμε την πρώτη γνωριμία μαζί της.

Β. Λεξιλόγιο - Vocabulary:
    αντικρίζω (1) - I face, I see
    ανυπομονώ (3) - I am impatient
    αποβίβαση, η - landing, disembarkation
    αποσκευή, η - baggage, luggage
    αιώνι-ος, -α, -ο - eternal
    γνωριμία, η - acquaintance
    γρηγοράδα, η - fastness
    δάσος, το - forest
    δηλώνω (1) - I declare
    διαμονή, η - stay
    Ελβετία, η - Switzerland
    έλεγχος, ο - checking
    ελεγκτής, ο - checker, controller
    ευγένεια, η - politeness
    καλωσορίσατε - welcome
    κατέχω - I possess, I have
    λίμνη, η - lake
    μωβ - mauve
    ξεκουράζομαι (4) - I rest
    ξεχωρίζω (1) - I distinguish
    όνειρο, το - dream
    παράλληλα - parallel
    Πελοπόννησος, η - Peloponnese
    πλένω (1) - I wash - πλένομαι (4) - I wash myself

πραγματικότητα, η - reality
Σαρωνικός Κόλπος, ο - Saronic Gulf
στροφή, η - turn
συγκίνηση, η - emotion
τελωνείο, το - custom house
τελώνης, ο - custom house official

C. Γραμματική - Grammar:

Verbs: Group 1	2	3	4
αντικρίζω	περνώ	ανυπομονώ	ξεκουράζομαι
κατέχω		πληροφορώ	βρίσκομαι
δηλώνω			γίνομαι
ξεχωρίζω			υψώνομαι
πλένω			επισκέπτομαι
φτάνω			
καλωσορίζω			

Tenses:

αντικρύζω (1) - I look, I face
αντίκριζα, αντίκρισα, θα αντικρίζω, θα αντικρίσω
έχω αντικρίσει, είχα αντικρίσει, θα έχω αντικρίσει
θα είχα αντικρίσει
participle - αντικρίζοντας, **subjunnctive** - να αντικρίσω

πλένω (1) - I wash
έπλενα, έπλυνα, θα πλένω, θα πλύνω,
έχω πλύνει, είχα πλύνει, θα έχω πλύνει, θα είχα πλύνει
participle πλένοντας **subjunctive** - να πλύνω

πλένομαι (4) - I wash myself, I am washed
πλενόμουν, πλύθηκα, θα πλένομαι, θα πλυθώ, έχω
πλυθεί είχα πλυθεί, θα έχω πλυθεί, θα είχα πλυθεί
Participle - πλυμένος, **subjunctive** - να πλυθώ

ανυπομονώ (3) - I am impatient
ανυπομονούσα, ανυπομόνησα, θα ανυπομονώ, θα
ανυπομονήσω, έχω ανυπομονήσει, είχα ανυπομονήσει,
θα έχω ανυπομονήσει, θα είχα ανυπομονήσει
Participle - ανυπομονώντας, **subjunctive** - να ανυπομονήσω

The indicative, present tense of <u>ανυπομονώ</u>

ανυπομονώ, ανυπομονείς, ανυπομονεί
ανυπομονούμε, ανυπομονείτε, ανυπομονούν

Sentences using the verbs <u>πλένω, ανυπομονώ, αντικρίζω,</u>
<u>ξεκουράζομαι</u>

1. Πλένω τα ρούχα μου ⁻ I wash my clothes.
2. Πλένομαι ⁻ I wash myself.
3. Πλύθηκα με ζεστό νερό και σαπούνι ⁻ I washed myself with warm water and soap.
4. Έπλυνα τα ρούχα μου με κρύο νερό και σαπούνι. I washed my clothes with cold water and soap.
5. Ανυπομονούσαμε μέχρις ότου φτάσατε. ⁻ We were anxious until you arrived.
6. Μην ανυπομονείτε ⁻ Do not be impatient.
7. Τον αντίκρισα με θάρρος ⁻ I faced him with courage.
8. Μόλις μας αντίκρισαν άρχισαν να κλαίνε. ⁻ As soon as they saw us, they started crying.
9. Ξεκουραστήκαμε μια ώρα μετά το δείπνο. We rested for one hour after dinner.
10. Κάθε Σάββατο και Κυριακή ξεκουραζόμαστε από τη δουλειά της εβδομάδας. ⁻ Every Saturday and Sunday we rest from the work of the week.

D. <u>Ερωτήσεις</u> - Questions - (based on the lesson. Answers on the tape):

1. Πάνω από ποιες χώρες πετά το αεροπλάνο πριν φτάσει στη Μεσόγειο;
2. Ποιο μέρος της Ελλάδας αντικρίζουμε πρώτα;
3. Τι βλέπουμε από τα παραθυράκια του αεροπλάνου;
4. Πάνω από ποιον κόλπο πετά το αεροπλάνο πριν προσγειωθεί στον αεροδρόμιο "Ελευθέριος Βενιζέλος".
5. Από πού πρέπει να περάσουμε πριν βγούμε έξω από το αεροδρόμιο;
6. Πώς μας χαιρετά ο τελώνης;
7. Τι αντικρίζουμε, όταν βγαίνουμε έξω από το αεροδρόμιο;
8. Γιατί κατέχει συγκίνηση τις καρδιές μας;
9. Τι μας περιμένει έξω από το αεροδρόμιο;
10. Πόση ώρα παίρνει το ταξίδι μας από το αεροδρόμιο στο ξενοδοχείο;
11. Πού είναι το ξενοδοχείο;

ΜΕΡΟΣ ΔΕΥΤΕΡΟ

SECTION TWO

ΜΑΘΗΜΑ ΔΕΚΑΤΟ ΕΒΔΟΜΟ - LESSON SEVENTEEN

Ο κύριος Σμιθ

Α. Ανάγνωση - Reading

Στην παρέα μας είναι κι ένας Αμερικανός, ο κύριος Σμιθ. Ο κύριος Σμιθ έχει <u>παντρευτεί</u> μια ελληνο-αμερικανίδα και είναι ένας από τους πρώτους που γράφτηκαν στην τάξη των ελληνικών.

Ο κύριος Σμιθ είναι <u>θαυμαστής</u> της ελληνικής γλώσσας. Μιλά ελληνικά με <u>θάρρος</u> και, μπορούμε να πούμε, και με <u>γούστο</u>. Πολλές φορές όμως <u>συγχίζει</u> τα <u>γένη</u>, το <u>αρσενικό</u>, με το <u>θηλυκό</u> και το <u>ουδέτερο</u>. <u>Παραδείγματος χάρη</u> (π.χ.) λέει: " Το πόρτα είναι μεγάλο". Η δασκάλα τον <u>διορθώνει</u> και του λέει:" Η πόρτα, όχι το πόρτα." "Μα δεν μπορώ να καταλάβω," λέει ο κύριος Σμιθ, "γιατί λέμε η πόρτα κι όχι το πόρτα, αφού η πόρτα είναι κάτι το <u>άψυχο</u> και όλα τα άψυχα πράγματα είναι ουδέτερα. Όπως δεν μπορώ να καταλάβω γιατί η λέξη κορίτσι είναι ουδέτερο, αφού στην <u>πραγματικότητα</u> είναι θηλυκό. "

Ο κύριος Σμιθ <u>έχει</u> κάποιο <u>δίκαιο</u>, όλα αυτά όμως τα λέει για <u>αστείο</u> και <u>γελά</u>. "Πάντως η ελληνική γλώσσα μου αρέσει πολύ," λέει. "Είναι <u>μελωδική</u>, <u>ποιητική</u> και πλούσια γλώσσα. <u>Εξάλλου</u>, αφού τη μιλάει η γυναίκα μου, πρέπει να τη μάθω κι εγώ."

Ο κύριος Σμιθ ήρθε μαζί με την ομάδα στην Αθήνα. "Όλες τις μέρες που θα μείνω στην Αθήνα θα μιλώ ελληνικά," λέει. "Θα <u>προσπαθήσω</u> να καταλαβαίνω τι λένε, όταν μιλούν, και θα απαντώ κι εγώ στα ελληνικά."

"<u>Μπράβο</u>, κύριε Σμιθ," του λέει η παρέα. "Σε <u>συγχαίρουμε</u> που έχεις τόση <u>αποφασιστικότητα</u> να μάθεις ελληνικά."

B. <u>Λεξιλόγιο</u> - <u>Vocabulary</u>:

αποφασιστικότητα, η - determination
αρσενικό, το - masculine
αστείο, το - joke
άψυχ-ος, -η, -ο - inanimate, lifeless
γελώ (2) - I laugh
γούστο, το - gusto, taste
έχω δίκαιο - I am right
διορθώνω (1) - I correct
εξάλλου - on the other hand
θάρρος, το - courage
θαυμαστής, ο - admirer
θηλυκό, το - feminine
μελωδικ-ός, -ή, -ό - melodious
μπράβο - bravo, well done
ουδέτερο, το - neuter
παντρεύομαι (4) - I marry, I get married
παραδείγματος χάρη - (π.χ.) for example
ποιητικ-ός, -ή, -ό - poetic
πραγματικότητα, η - reality
προσπαθώ (3) - I try
συγχαίρω (1) - I congratulate
συγχίζω (1) - I confuse

C. <u>Συγγενικές λέξεις</u> - <u>Related words</u>:

αποφασίζω - I decide,   η απόφαση - decision,
αποφασισμένος -decided   αποφασιστικός - decisive, resolute
η αποφασιστικότητα - decisiveness, resolution

θαυμάζω - I admire, I wonder   ο θαυμασμός - admiration
ο θαυμαστής, η θαυμάστρια - admirer
θαυμάσιος - wonderful

η ποίηση - poetry   ο ποιητής - poet
ποιητικός - poetic   το ποίημα - poem

προσπαθώ - I try, I endeavor   η προσπάθεια - endeavor

γελώ - I laugh   το γέλιο - laughter
γελοίος - funny   γελαστός - smiling
παντρεύομαι - I get married   η παντρειά - marriage

- 78 -

παντρεμένος - married
Another word for marriage is γάμος

In Greek we say έχω δίκαιο ⁻ In English ⁻ I am right

D. Tenses of the new verbs:

παντρεύομαι	διορθώνω	γελώ	προσπαθώ
παντρευόμουν	διόρθωνα	γελούσα	προσπαθούσα
παντρεύτηκα	διόρθωσα	γέλασα	προσπάθησα
θα παντρεύομαι	θα διορθώνω	θα γελώ	θα προσπαθώ
θα παντρευτώ	θα διορθώσω	θα γελάσω	θα προσπαθήσω
έχω παντρευτεί	έχω διορθώσει	έχω γελάσει	έχω προσπαθήσει
είχα παντρευτεί	είχα διορθώσει	είχα γελάσει	είχα προσπαθήσει

Sentences with the above verbs:

Ο φίλος μου παντρεύτηκε χτες. ⁻ My friend was married
    yesterday.
Πότε θα παντρευτείς; ⁻ When are you going to get married?
Η αδελφή μου θα παντρευτεί τον Ιούνιο.
    My sister will get married in June.
Έχουν παντρευτεί πριν λίγο καιρό.
    They were married a little while ago.

Ο δάσκαλος διορθώνει τους διαγωνισμούς των μαθητών.
    The teacher corrects the students' tests.
Έκαμα ένα λάθος, μα ύστερα το διόρθωσα.
    I made a mistake, but then I corrected it.
Ποιος θα διορθώσει το σπασμένο ρολόι;
    Who is going to repair the broken watch (clock)?

Το παιδί έχει δίκαιο. - The child is right.
Ξέραμε ότι είχαμε δίκαιο. - We knew that we were right.

Σε συγχαίρω για τον γάμο σου.
    I congratulate you on your wedding
Συγχαρητήρια - Congratulations

E. Ερωτήσεις - Questions (Based on the reading. Answers on the tape):
1. Ποιος είναι ο κύριος Σμιθ;
2. Ποιαν έχει παντρευτεί ο κύριος Σμιθ;
3. Πώς βλέπει την ελληνική γλώσσα ο κύριος Σμιθ;
4. Τι λέει για την ελληνική γλώσσα;
5. Πού πήγε ο κύριος Σμιθ με την άλλη ομάδα;
6. Γιατί η παρέα συγχαίρει τον κύριο Σμιθ;

ΜΑΘΗΜΑ ΔΕΚΑΤΟ ΟΓΔΟΟ - LESSON EIGHTEEN

Πρόγευμα στο ξενοδοχείο

A. <u>Ανάγνωση - Reading</u>:

H παρέα κατεβαίνει στην τραπεζαρία του ξενοδοχείου για πρόγευμα.

— Καλημέρα σας κύριοι! <u>Χαιρετά</u> το γκαρσόνι.
— Καλημέρα, <u>απαντούμε</u> εμείς.
— Θα πάρετε <u>πρόγευμα</u> (<u>πρωινό</u>);
— Βέβαια.
— Καθείστε, παρακαλώ.
— Ευχαριστούμε.
— Τι πρόγευμα θέλετε;
— Τί έχετε;
— Συνήθως έχουμε κοντινένταλ μπρέκφαστ. Αλλά, αν θέλετε κάτι άλλο, ευχαρίστως μπορούμε να το ετοιμάσουμε.
— Σαν τι άλλο;
— Μπορείτε να έχετε αυγά τηγανιτά, <u>βραστά</u>, <u>μελάτα</u>, <u>ομελέτα</u>, με <u>ζαμπόν</u> ή με λουκάνικο.
— Ας πάρουμε ο καθένας δυο αυγά τηγανιτά με ζαμπόν.
O κύριος Σμιθ <u>πετιέται</u> εκείνη τη <u>στιγμή</u> και λέει:
" Εμένα θέλει αυγά βραστά."
— Α, κύριε Σμιθ, πάλι μας τα <u>μπέρδεψες</u>. Δε λέμε 'εμένα θέλει', αλλά εγώ θέλω.
— Με συγχωρείτε, κυρίες και κύριοι, έκαμα <u>λάθος</u>.
— Δεν <u>πειράζει</u>, σε συγχωρούμε, αγαπητέ κύριε Σμιθ.

Το γκαρσόνι <u>παρακολούθησε</u> τη <u>σκηνή</u> και <u>χαμογέλασε</u>. <u>Μακάρι να μπορούσα</u> κι εγώ να μιλώ αγγλικά, όπως ο κύριος Σμιθ μιλά ελληνικά, είπε.   Ύστερα ρώτησε:
— Τι θέλετε να <u>πιείτε</u>;
— Τι έχετε;
— Έχουμε αμερικανικό καφέ, ελληνικό καφέ, νεσκαφέ, τσάι, και φρέσκια <u>πορτοκαλάδα</u>.
— Δώστε μας πορτοκαλάδες και αμερικανικό καφέ.

— Ευχαρίστως. Η <u>παραγγελία</u> σας θα είναι <u>έτοιμη</u> σε μερικά λεπτά.

Το γκαρσόνι γύρισε σε λίγο με τα <u>προγεύματα.</u> Φάγαμε με μεγάλη <u>όρεξη</u> και ήπιαμε αρκετό καφέ.

Όταν ετοιμαζόμαστε να φύγουμε ρωτήσαμε:
— Τι ώρα σερβίρετε το <u>γεύμα;</u>
— Από τη μια μέχρι τις τρεις.
— Και το <u>δείπνο;</u>
— Από τις εφτά μέχρι τις έντεκα το βράδι.
— Ευχαριστούμε πολύ για τις πληροφορίες. Πιθανόν να μη μπορέσουμε να πάρουμε ούτε το μεσημεριανό μας φαγητό ούτε το δείπνο εδώ, γιατί θα πάμε ένα ταξίδι <u>μέχρι</u> το Σούνιο και θα γυρίσουμε <u>αργά.</u> Αν γυρίσουμε <u>ενωρίς</u> θα φάμε εδώ.
— <u>Εντάξει.</u> Δεν υπάρχει <u>πρόβλημα.</u> Σας εύχομαι καλό ταξίδι και καλή <u>διασκέδαση.</u>

B. <u>Λεξιλόγιο</u> - Vocabulary:
    απαντώ (2) - I answer
    αργά - late
    βραστός, -ή, -ό - boiled
    γεύμα, το - lunch
    δείπνο, το - dinner
    διασκέδαση, η - entertainment, party
    εντάξει - fine, O.K., all right
    ενωρίς - early
    έτοιμος, -η, -ο - ready
    ζαμπόν, το - ham
    λάθος, το - mistake, error
    μακάρι να μπορούσα - I wish I could
    μακάρι - I wish that (a word indicating wish)
    μελάτος, -η, -ο - soft boiled
    μέχρι - as far as
    μπερδεύω (1) - I confuse
    ομελέτα, η - omelet
    όρεξη, η - appetite
    παραγγελία, η - order
    παρακολουθώ (3) - I follow
    πειράζει - it matters

πετιέμαι (4) - I jump up
πίνω (1) - I drink
πορτοκαλάδα, η - orange juice
πρόβλημα, το - problem
πρόγευμα, το - breakfast
πρωινό, το - breakfast, morning
σκηνή, η - scene
στιγμή, η - moment
χαμογελώ (2) - I smile

C. Study the following antonyms (opposite words):

ανεβαίνω - I go up, I ascend	κατεβαίνω - I descend, I go down
στέκομαι - I stand	κάθομαι - I sit
έρχομαι - I come	φεύγω - I leave
μπορώ - I can	αδυνατώ - I cannot
μιλώ - I speak	σιωπώ - I keep silent
αρχίζω - I begin	τελειώνω - I finish
πλησιάζω - I come near	απομακρύνομαι - I go away
φτιάχνω, διορθώνω - I repair	χαλώ (χαλνώ) - I ruin, I destroy
ψηλός - tall, high	χαμηλός, κοντός - low, short
μεγάλος - big, large, great	μικρός - small
καλός - good	κακός - bad
ευτυχισμένος - happy	δυστυχισμένος - unhappy
πλούσιος - rich	φτωχός - poor
ένδοξος - famous	άδοξος - unknown

D. Study these groups of words:

καλημέρα - good morning	το πρωί - πρωινό - morning
καλησπέρα - good evening	η αυγή - dawn
καληνύχτα - good night	το μεσημέρι - noon
χαίρετε - hello, good-bye	το απόγευμα - απόγεμα - afternoon
γεια χαρά - good-bye	το δείλι - το δειλινό - afternoon
γεια - hello	το βράδι - evening
γεια σας - hello	η νύχτα - night
αντίο - good-bye	τα μεσάνυχτα - midnight

το πρόγευμα - το πρωινό - breakfast
το μεσημεριανό - το γεύμα - lunch
το βραδινό - το δείπνο - dinner

σήμερα - today   χτες - yesterday
αύριο - tomorrow   προχτές - the day before yesterday
μεθαύριο - the day after tomorrow

τηγανιτός - fried   βραστός - boiled
ψητός - roasted   στα κάρβουνα - on the charcoal
στη σχάρα - on the grill

το σπίτι - the house   ο διάδρομος - the hall
το δωμάτιο - the room   το υπόγειο - the basement
η σάλα - the living room   η αυλή - the yard
η τραπεζαρία - the dining room   το μπαλκόνι - the balcony
η κουζίνα - the kitchen   το μπάνιο, η τουαλέτα - the bath room

E. Masculine, feminine and neuter words:

masculine	feminine	neuter
ο κύριος	η διασκέδαση	το αυγό
ο καφές	η όρεξη	τα αγγλικά
ο αγαπητός	η παραγγελία	το βράδι
ο τηγανιτός	η παρέα	το γέλιο
ο βραστός	η πληροφορία	το γεύμα
	η πορτοκαλάδα	το γκαρσόνι
	η σκηνή	το δείπνο
	η στιγμή	το λάθος
	η συγγνώμη	το λεπτό
	η τραπεζαρία	μεσημεριανό

F. Ερωτήσεις - Questions:

1. Γιατί η παρέα κατεβαίνει στην τραπεζαρία του ξενοδοχείου;
2. Πώς χαιρετά την παρέα το γκαρσόνι;
3. Με ποιο χαιρετισμό απαντούμε εμείς;
4. Τι πρόγευμα προσφέρει (offers) το ξενοδοχείο;
5. Τι πρόγευμα έχετε εσείς κάθε μέρα στο σπίτι σας;
6. Πώς θέλει η παρέα τα αυγά;
7. Πώς τρώτε εσείς τα αυγά, τηγανιτά, βραστά ή μελάτα;
8. Τι είπε ο κύριος Σμιθ, όταν έδωσε την παραγγελία του;
9. Πώς διόρθωσε η παρέα τον κύριο Σμιθ;
10. Τι μπορούσε να πει η παρέα;
11. Έχετε ποτέ πει ελληνικό καφέ;
12. Εκτός από τον αμερικανικό καφέ, τι άλλο μπορούσαν να πιουν;
13. Τι ώρα σερβίρεται το γεύμα στο ξενοδοχείο; Το δείπνο;
14. Πού θα πήγαινε η παρέα εκδρομή;

Μια εκδρομή στο Σούνιο

A. <u>Ανάγνωση</u> - Reading:

Στις δέκα το πρωί ένα λεωφορείο <u>σταμάτησε</u> μπροστά στο ξενοδοχείο. " Όλοι έτοιμοι; " ρωτήσαμε.

" Έτοιμοι, έτοιμοι", φώναξαν όλοι.

Πήραμε τις <u>φωτογραφικές</u> μας <u>μηχανές</u>, τα καπέλα για τον ήλιο και τα <u>μπανεριά</u> μας (<u>μαγιό</u>). Όλοι <u>φορούσαμε</u> <u>κοντά</u>, καλοκαιρινά <u>πανταλονάκια</u>.

" Λοιπόν φεύγουμε", φώναξε ο <u>σωφέρ</u> (ο <u>οδηγός</u>).

Το λεωφορείο ξεκίνησε και πήγαινε <u>αργά-αργά</u> μέσα στον <u>συνωστισμό</u>, που <u>προξενούν</u> χιλιάδες αυτοκίνητα, τα οποία <u>κυκλοφορούν</u> στους δρόμους της Αθήνας. Πήραμε τον <u>παραλιακό</u> δρόμο. Περάσαμε από τα ωραία προάστεια της Αθήνας, το Φάληρο, το Καλαμάκι, τη Γλυφάδα, και φτάσαμε στη Βουλιαγμένη.

" Εδώ είναι μια θαυμάσια παραλία για <u>κολύμπι</u>", είπε ο σωφέρ. "Μπορείτε να <u>κολυμπήσετε</u> για μια ώρα και ύστερα εξακολουθούμε το ταξίδι μας", <u>πρόσθεσε</u>.

Η ιδέα του οδηγού μάς άρεσε πολύ. Κατεβήκαμε από το λεωφορείο και πήγαμε στην ωραία <u>πλαζ</u>. Η θάλασσα ήταν <u>καταγάλανη</u> και πολύ <u>ήσυχη</u>. Φορέσαμε τα μπανιερά μας και <u>ριχτήκαμε</u> στο δροσερό νερό. Τι όμορφα που ήταν! Το νερό καθαρό, καταγάλανο και <u>ολόδροσο</u>. Και πόσο ήσυχη ήταν η θάλασσα! Σαν <u>λάδι</u>. Ούτε ένα <u>κυματάκι</u>. <u>Δε σου κάνει όρεξη</u> να βγεις από το νερό.

Μετά το κολύμπι <u>ξαπλώσαμε</u> στον ήλιο για <u>ηλιοθεραπεία</u>. <u>Ταυτόχρονα</u> κυτάζαμε τα ρολόγια μας, γιατί δεν είχαμε πολλή ώρα στη <u>διάθεσή</u> μας. Ώρα να πηγαίνουμε. Ο σωφέρ μας περίμενε. <u>Ντυθήκαμε</u> στις <u>καμπίνες</u>, που ήταν στην πλαζ και μετά εξακολουθήσαμε το ταξίδι μας.

Το Σούνιο <u>απέχει</u> από την Αθήνα περίπου εβδομήντα <u>χιλιόμετρα</u>. Είναι ένα <u>ύψωμα</u> στο <u>ακρότατο</u> σημείο της Αττικής. Απ' εκεί και πέρα <u>απλώνεται</u> το Αιγαίο Πέλαγος. Στην αρχαία εποχή, πάνω στο ύψωμα αυτό, ήταν χτισμένος ένας από τους πιο όμορφους δωρικούς <u>ναούς</u> της αρχαιότητας. Ο ναός αυτός ήταν <u>αφιερωμένος</u> στον θεό της θάλασσας, τον Ποσειδώνα. Από το σημείο αυτό, μας λέει η <u>παράδοση</u>, ρίχτηκε στη θάλασσα και <u>πνίγηκε</u> ο Αιγέας, ο βασιλιάς της Αθήνας, όταν είδε ότι το πλοίο του γιού του, που γύριζε από την Κρήτη, είχε μαύρα πανιά.

Στο Σούνιο φτάσαμε σε μια ώρα. Επισκεφτήκαμε τα <u>ερείπια</u> του Ναού του Ποσειδώνα και μετά καθίσαμε σε μια <u>ταβέρνα</u> για το μεσημεριανό φαγητό. Κάναμε ένα περίπατο στο <u>πευκόφυτο</u> δάσος, που βρίσκεται εκεί κοντά, και αργά το βράδι γυρίσαμε πίσω στο ξενοδοχείο.

B. <u>Λεξιλόγιο - Vocabulary</u>:

ακρότατο, το - the outermost point
απέχω (1) - I am far from
αργά - αργά - slowly
αφιερωμένος, -η, -ο - dedicated
διάθεση, η - disposal
δωρικός ρυθμός - doric order (one of the Greek orders of columns)
ερείπια, τα - ruins
ηλιοθεραπεία, η - sunbathing
ήσυχος, -η, -ο - quiet
καμπίνα, η - cabin
καταγάλανος, -η, -ο - very blue
κοντά - close, near
κολύμπι, το - swimming
κολυμπώ (2) - I swim
κυκλοφορία, η - circulation
κυκλοφορώ (3) - I circulate
κυματάκι, το - small wave
λάδι, το - oil

μαγιό, το - bathing suit
μπανιερό, το - bathing suit
ναός, ο - temple
ντύνω (1) - I dress, ντύνομαι (4) - I dress myself
ξαπλώνω (1) - I lie down
οδηγός, ο - driver
ολόδροσος, -η, -ο - fresh and cool
όρεξη - δε μου κάνει όρεξη - I do not feel like
πανταλονάκι, το - shorts, short trousers
παράδοση, η - tradition
παραλιακός, -ή, -ό - coastal
πευκόφυτο, το - area covered with pine trees
πλαζ, η - beach
πνίγω (1) - πνίγομαι (4) - I drown
προξενώ (3) - I cause
Ποσειδώνας, ο - Poseidon
ρίχνω (1) - I throw, ρίχνομαι (4) - I throw myself
σταματώ (2) - I stop
συνωστισμός, ο - crowding together, traffic
σωφέρ, ο - car driver
ταβέρνα, η - tavern
ταυτόχρονα - at the same time
ύψωμα, το - height, hill
φορώ (3) - I wear
φωτογραφική μηχανή, η - camera
χιλιόμετρο, το - kilometer

C. Γραμματική - Grammar :

Ρήματα - Verbs:

1st Conjugation	Second	Third	Fourth
φωνάζω	σταματώ	φορώ	ρίχνομαι
παίρνω	ρωτώ	προξενώ	ντύνομαι
φεύγω	ξεκινώ	κυκλοφορώ	απλώνομαι
πηγαίνω	περνώ	μπορώ	πνίγομαι
φτάνω	κολυμπώ	εξακολουθώ	επισκέπτομαι
προσθέτω			βρίσκομαι
κατεβαίνω			
ρίχνω			
βγαίνω			
ξαπλώνω			

(For the tenses of these verbs see section LIST OF THE VERBS PP. 155-171)

Active Voice	Passive Voice
ρίχνω - I throw	ρίχνομαι - I am thrown
βρίσκω - I find	βρίσκομαι - I am found
ντύνω - I dress	ντύνομαι - I am dressed, I dress myself
απλώνω - I spread	απλώνομαι - I am spread
πνίγω - I drown	πνίγομαι - I drown, I am drowned

Examples:

Το μικρό παιδί **έριξε** μια πέτρα. - The little boy threw a stone.

Η πέτρα **ρίχτηκε** από το μικρό παιδί. - The stone was thrown by the little boy.

Ένας νέος **βρήκε** τα λεφτά στον δρόμο - A young man found the money in the street.

Τα λεφτά **βρέθηκαν** στον δρόμο από έναν νέο. - The money was found in the street by a young man.

Η μητέρα **έχει ντύσει** το μικρό παιδί. - The mother has dressed the small child.

Το μικρό παιδί **έχει ντυθεί** από τη μητέρα. - The small child has been dressed by the mother.

Άπλωσαν τα χέρια τους για βοήθεια. - They stretched their hands for help.

Τα χέρια τους **απλώθηκαν** για βοήθεια. - Their hands were stretched for help.

Με **πνίγει** ο βήχας - Cough is choking me.

Πνίγομαι από τον βήχα - I am choked by the cough.

D. How we tell time:

To express minutes after the hour we use the conjucttion και:

Μια και πέντε - Five after one.

Δυο και δέκα - Ten after two.

Τρείς και τέταρτο *or* Τρεις και δεκαπέντε - Three fifteen

Τέσσερις και είκοσι - Twenty after four.

Πέντε και εικοσιπέντε - Twenty five after five.

Πέντε και τριάντα *or* πεντέμιση - Five thirty

Έξι και τέταρτο *or* Έξι και δεκαπέντε - Six fifteen

Εφτάμιση - Seven thirty

Δώδεκα μεσημέρι - Twelve noon

Δώδεκα μεσάνυχτα - Twelve midnight

To express minutes before the hour we use the preposition παρά

Έξι παρά είκοσι πέντε - Twenty five to six

Εφτά παρά τέταρτο - Quarter to seven

Οχτώ παρά είκοσι - Twenty to eight

Εννιά παρά δέκα - Ten to nine
Ακριβώς εννιά η ώρα - Exactly nine o'clock
Έντεκα παρά δέκα - Ten to eleven
Τι ώρα είναι   - Είναι δώδεκα και μισή
                   Είναι έντεκα παρά είκοσι
                   Είναι οχτώ και τέταρτο

8:00 μ.μ.* = 8:00 p.m.   9:30 π.μ. = 9:30 a.m.
10:15 π.μ.** = 10:15 a.m.   6:25 μ.μ. = 6:25 p.m.

* μ.μ. = μετά το μεσημέρι = p.m.
** π.μ. = πριν το μεσημέρι = a.m.

E. Diminutives:

One way to form a diminitive is to use the ending -άκι:

άνθρωπος - man   ανθρωπάκι - small man
κορίτσι - girl   κοριτσάκι - small girl
αγόρι - boy   αγοράκι - small boy
τυρί - cheese   τυράκι - small cheese, little cheese
Ελένη - Helen   Ελενάκι - little Helen
ποτήρι - glass   ποτηράκι - small glass
άντρας - man   αντράκι - small man
γυναίκα - woman   γυναικάκι - small woman

Some times the diminutive form reveals contempt, as: γυναικάκι - worthless woman, ανθρωπάκι - small man (man to be ignored)

Other times the diminutive shows tenderness:

Ελενάκι - sweet Helen, αγοράκι - cute boy, κοριτσάκι - small, sweet girl

F. Ερωτήσεις - Questions:

1. Τι ώρα ήρθε το λεωφορείο στο ξενοδοχείο;
2. Πού θα πήγαινε εκδρομή η παρέα;
3. Τι πήραν μαζί τους αυτοί που θα πήγαιναν στην εκδρομή;
4. Πώς ήταν η κυκλοφορία στην Αθήνα;
5. Ποιο δρόμο ακολούθησε το λεωφορείο;
6. Σε ποια πλαζ σταμάτησαν για κολύμπι;
7. Πώς ήταν η θάλασσα στην παραλία αυτή;
8. Πόσο απέχει το Σούνιο από την Αθήνα;
9. Πού είναι το Σούνιο;
10. Ποιος ναός χτίστηκε στο Σούνιο την αρχαία εποχή;
11. Τι ήταν ο Αιγέας;
12. Γιατί έπεσε στη θάλασσα και πνίγηκε;

ΜΑΘΗΜΑ ΕΙΚΟΣΤΟ - LESSON TWENTY
Θησέας, ένας μυθικός ήρωας

A. <u>Ανάγνωση</u> - Reading:

Στο νότιο μέρος της Ελλάδας βρίσκεται ένα μεγάλο και <u>ξακουστό</u> νησί, η Κρήτη. Στην αρχαία εποχή, πριν ακόμα οι άλλες πόλεις της Ελλάδας αρχίσουν να προοδεύουν, η Κρήτη ανέπτυξε <u>εξαιρετικό</u> πολιτισμό. Οι <u>βασιλιάδες</u> της Κρήτης λέγονταν Μίνωες.

Κάποτε, ο γιος του Μίνωα πήγε στην Αθήνα και πήρε μέρος στους αγώνες που γίνονταν εκεί. Στους αγώνες <u>νίκησε</u> τους άλλους νέους και πήρε το πρώτο <u>βραβείο</u>. Μα ένας νέος, Αθηναίος, τον <u>ζήλεψε</u> και τον σκότωσε.

Ο Μίνωας τότε <u>θύμωσε</u> πολύ και αποφάσισε να <u>τιμωρήσει</u> τους Αθηναίους για το <u>έγκλημα</u> που έκαμε ένας απ᾽ αυτούς. <u>Πολέμησε</u> εναντίον των Αθηναίων, τους νίκησε και τους <u>ανάγκασε</u> να <u>στέλνουν</u> στην Κρήτη, κάθε χρόνο, εφτά νέους και εφτά νέες για <u>τροφή</u> ενός <u>θηρίου</u>, του Μινώταυρου, που έμενε σε μια <u>σπηλιά</u>. Η σπηλιά αυτή λεγόταν <u>Λαβύρινθος</u> και είχε τόσους πολλούς διαδρόμους, ώστε όποιος έμπαινε μέσα <u>χανόταν</u> και δεν μπορούσε να βγει έξω.

Μια <u>χρονιά</u>, αποφάσισε να πάει στην Κρήτη μαζί με τους άλλους νέους, ο γιος του βασιλιά Αιγέα, ο Θησέας. Ο Θησέας ήθελε να σκοτώσει τον Μινώταυρο και έτσι να <u>γλυτώσει</u> τους νέους της Αθήνας από τη <u>φοβερή</u> <u>τιμωρία.</u>
Ο Θησέας έβαλε στο πλοίο του μαύρα πανιά και είπε στον πατέρα του. "Αν σκοτώσω τον Μινώταυρο θα βγάλω τα μαύρα πανιά και θα βάλω άσπρα".

Ο Θησέας με τη <u>βοήθεια</u> της Αριάδνης, της κόρης του Μίνωα, σκότωσε τον Μινώταυρο. Η Αριάδνη του είχε δώσει ένα <u>κουβάρι</u> <u>κλωστή</u>. Ο Θησέας <u>έδεσε</u> την <u>άκρη</u> της κλωστής στην είσοδο του Λαβύρινθου και, <u>ξετυλίγοντας</u> την, έφτασε στο μέρος που ήταν ο Μινώταυρος. Αφού τον <u>σκότωσε</u>, <u>τύλιξε</u> την κλωστή και βγήκε έξω.

Ο Θησέας μπήκε με τους <u>συντρόφους</u> του στο καράβι του για να γυρίσει πίσω στην Αθήνα. Από τη <u>χαρά</u> του όμως, <u>ξέχασε</u> να <u>αλλάξει</u> τα μαύρα πανιά και να βάλει άσπρα, όπως είχε πει στον πατέρα του.

Ο Αιγέας, που καθόταν στο Σούνιο και κύταζε να δει το πλοίο του Θησέα, όταν το είδε να γυρίζει με μαύρα πανιά, νόμισε πώς ο Θησέας είχε σκοτωθεί από τον Μινώταυρο. Έπεσε τότε στη θάλασσα και πνίγηκε. Από τότε η θάλασσα αυτή πήρε το όνομα Αιγαίο Πέλαγος.

B. <u>Λεξιλόγιο - Vocabulary</u>:
   άκρη, η - end
   αλλάζω (1) - I change
   αναγκάζω - I compel, I force
   βασιλιάς, ο - king
   βοήθεια, η - help
   βραβείο, το - prize
   γλυτώνω (1) - I save
   δένω (1) - I tie
   έγκλημα, το - crime
   εξαιρετικός, ή, ό - exceptional
   ζηλεύω (1) - I am jealous
   θηρίο, το - beast
   θυμώνω (1) - I get angry
   κλωστή, η - thread
   Λαβύρινθος, ο - Labyrinth
   νικώ (2) - I defeat
   ξακουστός, ή, ό - renowned
   ξετυλίγω (1) - I rewind
   ξεχνώ (2) - I forget
   πολεμώ (2) - I fight
   σκοτώνω (1) - I kill
   στέλνω (1) - I send
   σύντροφος, ο, η - companion, comrade
   τιμωρία, η - punishment
   τιμωρώ (3) - I punish
   τροφή, η - food
   τυλίγω (1) - I wind up

φοβερ-ός, -ή, -ό - terrible
χάνομαι (4) - I am lost
χαρά, η - joy
χρονιά, η - year

C. Γραμματική - Grammar:

Adjectives:

ξακουστ-ός, -ή, -ό   φοβερ-ός, -ή, -ό
εξαιρετικ-ός, -ή, -ό   μαύρ-ος, -η, -ο

Verbs:

1st conjugation

αλλάζω, αναγκάζω, γλυτώνω, δένω, θυμώνω, ξετυλίγω, σκοτώνω, στέλνω, τυλίγω

2nd conjugation	3rd conjugation	4th conjugation
νικώ, ξεχνώ, πολεμώ	τιμωρώ	χάνομαι

Look up the tenses of these verbs in the section LIST OF THE VERBS, pp. 155-171

Examples of uses of the above verbs:

Άλλαξα τα ρούχα μου, γιατί ήταν βρεμένα.
    I changed my clothes because they were wet.
Ο καιρός αλλάζει από τη μια μέρα στην άλλη.
    The weather changes from one day to the other.

Με ανάγκασε να πάω μαζί του - He forced me to go with him.
Έχασε τα λεφτά του και αναγκάστηκε να φύγει.
He lost his money and he was obliged to leave.

Με γλύτωσε από τον άγριο σκύλο.
He saved me from the wild dog.
Οι ναύτες γλύτωσαν από βέβαιο πνιγμό.
The sailors were saved from sure drowning.

Έδεσα τα πακέτα με σχοινί. - I tied the packages with rope.
Ο Οδυσσέας δέθηκε πάνω στο κατάρτι του καραβιού κι έτσι μπόρεσε να ακούσει τις Σειρήνες.
Odysseus (Ulysses) tied himself on the mast of the boat and thus was able to hear the Sirens.
Αυτός ο άνθρωπος θυμώνει πολύ εύκολα.
    This man gets angry very easily.
Ο δάσκαλος θύμωσε με τα παιδιά, γιατί ήταν άταχτα.
    The teacher got angry with the children because they were unruly.

Χτες στείλαμε δώρα στους φίλους μας.
Yesterday we sent gifts to our friends.
Τα Χριστούγεννα στέλνουμε χριστουγεννιάτικες κάρτες.
At Christmas we send Christmas cards.

Στον πόλεμο μεταξύ των Τρώων και των Ελλήνων, νίκησαν οι Έλληνες
In the war between the Trojans and the Greeks, the Greeks won.
Σήμερα ξέχασα τα βιβλία μου σπίτι. - I forgot my books home today.

Το πλοίο χάθηκε μέσα στην τρικυμία. -
The boat was lost in the storm.
Η εταιρεία πέρσι έχασε πολλά λεφτά.
The company last year lost much money.

D. Ερωτήσεις - Questions:

1. Σε ποιο μέρος της Ελλάδας είναι η Κρήτη;
2. Τι είναι η Κρήτη;
3. Πού πήγε ο γιός του Μίνωα;
4. Γιατί ο γιος του Μίνωα πήγε στην Αθήνα;
5. Πώς τιμώρησε ο Μίνωας τους Αθηναίους;
6. Τι ήταν ο Μινώταυρος;
7. Πού ζούσε ο Μινώταυρος;
8. Τι ήταν ο Λαβύρινθος;
9. Γιατί ήταν δύσκολο να βγει κάποιος από τον Λαβύρινθο;
10. Ποιος αποφάσισε να πάει στην Κρήτη με τους άλλους νέους και νέες;
11. Τι πανιά έβαλε ο Θησέας στο πλοίο του;
12. Τι πανιά θα έβαζε, αν σκότωνε τον Μινώταυρο;
13. Ποια βοήθησε τον Θησέα να σκοτώσει τον Μινώταυρο;
14. Ποια ήταν η Αριάδνη;
15. Γιατί ο Θησέας δεν άλλαξε τα πανιά γυρίζοντας στην Αθήνα;
16. Από πού ο Αιγέας κύταζε να δει το πλοίο του γιού του;
17. Τι έκαμε ο Αιγέας, όταν είδε το πλοίο του γιου του να γυρίζει με μαύρα πανιά;
18. Γιατί πνίγηκε ο Αιγέας;
19. Τι όνομα πήρε η θάλασσα μέσα στην οποία έπεσε ο Αιγέας;

ΜΑΘΗΜΑ ΕΙΚΟΣΤΟ ΠΡΩΤΟ - LESSON TWENTY ONE
Εκδρομή στην εξοχή

A.   Ανάγνωση - Reading:

Επεστρέψαμε από το Σούνιο κατα τις 9 το βράδι. Έτσι είχαμε ώρα να πάρουμε το βραδινό μας φαγητό στο ξενοδοχείο.

- Καλησπέρα σας, κυρίες και κύριοι, μας χαιρέτησαν οι άνθρωποι του ξενοδοχείου. Πώς περάσατε στη σημερινή σας εκδρομή;

- Εξαιρετική και ενδιαφέρουσα η εκδρομή μας. Μας άρεσαν πολύ το Σούνιο και τα άλλα μέρη που είδαμε κατά τη διάρκεια της διαδρομής.   Μα, ύστερα από τέτιο ταξίδι, είναι φυσικό να πεινάμε. Πεινάμε πολύ.   Τι έχετε να φάμε;

- Έχουμε ωραίο δείπνο, εξαιρετικό. Συνήθως το βράδι έχουμε ένα είδος φαγητού. Απόψε είναι σουβλάκι με ρύζι, και σαλάτα με αγγούρι, τομάτα, κρεμμύδι, πιπεριά και φέτα τυρί.   Για επιδόρπιο έχουμε φρούτα της εποχής και γλυκίσματα.

Ενώ τρώγαμε είχαμε μια μικρή συζήτηση σχετικά με το τι θα κάναμε την άλλη μέρα. Μερικοί από μας είπαν να πάμε στην Ακρόπολη, άλλοι στους Δελφούς, άλλοι πάλι ήθελαν να επισκεφτούν τον Μαραθώνα.   Το γκαρσόνι, που ήταν μορφωμένο παιδί, άκουε τη συζήτησή μας με ενδιαφέρον.

- Επιτρέπεται να πω κι εγώ τη γνώμη μου; είπε. Καθώς βλέπετε, τώρα στην Ελλάδα είναι άνοιξη, η πιο όμορφη εποχή του χρόνου. Όλη η φύση είναι ανθισμένη.   Τα χωράφια είναι καταπράσινα.   Τα δέντρα ολάνθιστα.   Χιλιάδες λουλούδια στολίζουν την εξοχή.   Οι μέρες είναι ηλιόλουστες.   Δεν περνά μέρα χωρίς <u>λιακάδα</u>.   Θα ήταν λοιπόν καλά να πηγαίνατε μια εκδρομή στην εξοχή.   Και μπορείτε να την <u>συνδυάσετε</u> με μια <u>επίσκεψη</u> στον Μαραθώνα.

   "Ο Μαραθώνας βρίσκεται σ' ένα εκτεταμένο <u>κάμπο,</u> που τώρα είναι ολοπράσινος και <u>λουλουδιασμένος</u>. Θα δείτε το μέρος όπου έγινε η <u>περίφημη</u> <u>μάχη</u> μεταξύ των Ελλήνων και των Περσών και θα <u>απολαύσετε</u> ταυτόχρονα την ομορφιά της φύσης.

   "Εμείς, εδώ στο ξενοδοχείο, θα ετοιμάσουμε το γεύμα σας, που θα το πάρετε μαζί σας. Έτσι δε θα είστε <u>αναγκασμένοι</u> να τρέχετε στις ταβέρνες για φαγητό.   Θα <u>στρώσετε</u> το τραπέζι σας έξω στην εξοχή, πάνω στο χορτάρι.   Με λίγα λόγια θα έχετε ένα πικνίκ. Συμφωνείτε;"
   - Πολύ καλή ιδέα," συμφωνήσαμε όλοι.
   - Λοιπόν, αφήστε την προετοιμασία και τις <u>λεπτομέρειες</u> σε μας.   Το πρωί θα είναι όλα έτοιμα.   <u>Εκκίνηση</u> στις 9. <u>Σύμφωνοι</u>;
   - Σύμφωνοι.
   - Λοιπόν, καληνύχτα σας και <u>όνειρα</u> γλυκά.

B.   <u>Λεξιλόγιο - Vocabulary</u>:
       αναγκασμέν-ος, -η, -ο - obliged
       ανθισμέν-ος, -η, -ο - blossoming, flowering
       απολαύω ή απολαμβάνω (1) - I enjoy
       διάρκεια, η - duration - κατά τη διάρκεια - during
       εκκίνηση, η - departure
       ενδιαφέρον, το - interest
       ενδιαφέρουσα - interesting
       επίσκεψη, η - visit
       επιστρέφω (1) - I return
       επιτρέπω (1) - I allow
       ηλιόλουστ-ος, -η, -ο - sun bathed
       κάμπος, ο - plain, field, flat land
       λεπτομέρεια, η - detail

λιακάδα, η - sunshine
λουλουδιασμένος, -η, -ο - flowering, blossoming
Μαραθώνας, ο - Marathon
Πέρσης, ο - Persian
μάχη, η - battle
μορφωμένος, -η, -ο - educated
ολάνθιστος, -η, -ο - in full blossoms
όνειρο, το - dream
περίφημος, -η, -ο - famous
προετοιμασία, η - preparation
στολίζω (1) - I decorate
στρώνω (1) - I spread, I lay out
συζήτηση, η - discussion
συνδυάζω (1) I combine
φρούτα της εποχής - fruit in season
φύση, η - nature
φυσικός, -ή, -ό - natural
χρόνος, ο - year, time
χωράφι, το - field

C. <u>Συνώνυμα</u> - Synonyms:

Επιστρέφω - γυρίζω - έρχομαι πίσω - I come back, I return
Παίρνω το βραδινό μου φαγητό - Τρώω το δείπνο - I eat my dinner
Ανθισμένος - λουλουδιασμένος- full of flowers, blossoming
Περίφημος - ξακουστός - famous, renowned
Απολαύω - απολαμβάνω - απολαβαίνω - I enjoy
Εκκίνηση - ξεκίνημα - departure, starting out
Το έτος - ο χρόνος - η χρονιά - year
Χρόνος - means also 'time'

<u>Verbs:</u>
επιστρέφω (1) - I return
        επέστρεφα, επέστρεψα, θα επιστρέφω, θα επιστρέψω, έχω
        επιστρέψει, είχα επιστρέψει, θα έχω επιστρέψει, θα είχα
        επιστρέψει
επιτρέπω (1) - I allow
        επέτρεπα, επέτρεψα, θα επιτρέπω, θα επιτρέψω, έχω
        επιτρέψει, είχα επιτρέψει, θα έχω επιτρέψει, θα είχα
        επιτρέψει
στολίζω (1) - I decorate
        στόλιζα, στόλισα, θα στολίζω, θα στολίσω, έχω στολίσει,

είχα στολίσει, θα έχω στολίσει, θα είχα στολίσει

στρώνω (1) - I spread out, I lay out

έστρωνα, έστρωσα, θα στρώνω, θα στρώσω, έχω στρώσει, είχα στρώσει, θα έχω στρώσει, θα είχα στρώσει

Επέστρεψα από την Αγγλία χτες.
I returned from England yesterday.
Πότε θα επιστρέψετε από το ταξίδι σας;
When will you return from your trip?

Τα παιδιά δεν έχουν ακόμα επιστρέψει από την εκδρομή τους.
The children have not yet returned from their excursion.

Τα Χριστούγεννα στολίζουμε το χριστουγεννιάτικο δέντρο.
At Christmas we decorate the Christmas tree.
Την άνοιξη τα δέντρα είναι στολισμένα με ανθούς.
In the spring the trees are dressed in blossoms.
Αύριο έχουμε ένα πάρτυ. Η Μαρία θα στολίσει το σπίτι με πολύχρωμες κορδέλλες.
Tomorrow we have a party. Maria will decorate the house with multi-colored ribbons.

Θα συνδυάσουμε το ταξίδι μας στη Γαλλία με δουλειές και αναψυχή. We will combine our trip to France with work and recreation.
Το άσπρο συνδυάζεται με όλα τα χρώματα.
White goes with all the colors.

Συμφωνείς με όσα σου λέω;
Do you agree with all I say?
Δε συμφωνήσαμε, γιατί ήθελε πολλά λεφτά.
We did not agree, because he was asking too much money.
Έχουμε συμφωνήσει να πάμε μια εκδρομή την Κυριακή.
We have agreed to go on an excursion on Sunday.

Sentences with words found in this lesson:
Ενδιαφέρουσα ειδοποίηση - Interesting notice
Ενδιαφέροντα νέα - Interesting news
Τα ενδιαφέροντα μου - My interests (Things I am interested in)

Ο ενδιαφερόμενος - the interested
Οι ενδιαφερόμενοι - the interested
Οι ενδιαφερόμενοι ας γράψουν για περισσότερες πληροφορίες.
Those interested may write for more information.

<u>Διάρκεια</u>

Η διάρκεια της πτήσης είναι οχτώ ώρες - The flight is
        eight hours (The flight lasts eight hours)
Κατά τη διάρκεια της απεργίας, δεν υπήρχε ψωμί.
During the strike there was no bread.

<u>Συζήτηση</u>

Έχομε πολιτική συζήτηση - We have a political discussion.

Έγινε συζήτηση σχετικά με τα έξοδα - There was a discussion about
the expenses.

Συζήτηση στρογγυλής τραπέζης - A round table discussion

<u>Επιτρέπεται</u> - It is permitted - <u>Απαγορεύεται</u> - It is forbidden

Επιτρέπεται να περάσουμε απ' εδώ; - Is it allowed to pass through
here?

Δεν επιτρέπεται η είσοδος - Entrance is prohibited (No entrance).

Απαγορεύεται η είσοδος - Entrance is prohibited.

Απαγορεύεται το κάπνισμα - No smoking

Adding the prefix <u>ολο-</u> or <u>κατα</u> to a word showing color we
increase the property of the color to the highest degree:

πράσινος - green   ολοπράσινος, καταπράσινος - very green
άσπρος - white -   ολόασπρος - κάτασπρος - very white
μαύρος - black   κατάμαυρος - ολόμαυρος - very black
κόκκινος - red   κατακόκκινος - ολοκόκκινος - very red
γαλανός - blue   καταγάλανος - very blue

D. <u>Ερωτήσεις - Questions:</u>

1. Τι ώρα επεστρέψαμε από το Σούνιο;
2. Πώς μας χαιρέτησαν οι άνθρωποι του ξενοδοχείου;
3. Τι ήταν το φαγητό της βραδιάς στο ξενοδοχείο;
4. Τι συζήτηση είχαμε στο τραπέζι;
5. Τι ιδέα μας έδωσε το γκαρσόνι;
6. Τι εποχή ήταν τότε στην Ελλάδα;
7. Πώς ήταν η φύση;
8. Πώς ήταν τα δέντρα;
9. Ποιοι πολέμησαν στον Μαραθώνα;
10. Ποιοι θα ετοίμαζαν το φαγητό για την εκδρομή μας;
11. Ποια ώρα ήταν η εκκίνηση;
12. Πώς μας καληνύχτισε το γκαρσόνι;

ΜΑΘΗΜΑ ΕΙΚΟΣΤΟ ΔΕΥΤΕΡΟ - LESSON TWENTY TWO

Στον Μαραθώνα

A. <u>Ανάγνωση</u> - <u>Reading</u>:

Είναι το πρωί της επόμενης μέρας. Στις 9 είμαστε έτοιμοι για την εκδρομή μας στον Μαραθώνα. Το λεωφορείο που θα μας πάρει, έχει ήδη έρθει. Είκοσι πέντε μικρά <u>καλαθάκια</u> είναι επίσης έτοιμα να <u>τοποθετηθούν</u> στο λεωφορείο. Περιέχουν το μεσημεριανό φαγητό: Τυρί, ζαμπόν, ψωμάκια, ελιές, τομάτα, αγγουράκι, μήλο, πορτοκάλι, <u>μπισκότα</u>, ένα <u>αναψυκτικό</u>, αλάτι, πιπέρι και <u>χαρτοπετσέτες</u>.

Ύστερα από ένα γρήγορο πρόγευμα ανεβαίνουμε στο λεωφορείο και ξεκινούμε.

Το λεωφορείο στην αρχή πηγαίνει σιγά. Βγαίνουμε από την Αθήνα και προχωρούμε με κατεύθυνση βόρειο ανατολική. Δεξιά <u>υψώνεται</u> ο Υμηττός και αριστερά η Πεντέλη, τα δυο όμορφα και <u>χιλιοτραγουδισμένα</u> βουνά της Αττικής.

Το ταξίδι είναι <u>απολαυστικό</u>. Η φύση είναι καταπράσινη. Η ορεινή <u>περιοχή</u> είναι σκεπασμένη με δροσερά πεύκα και <u>έλατα</u>.

Ύστερα από ταξίδι λίγων χιλιομέτρων προβάλλει μακριά η θάλασσα. Ένας <u>απέραντος</u> κάμπος απλώνεται μπροστά μας, <u>περιτριγυρισμένος</u> από <u>λόφους</u> και βουνά. Είναι η <u>πεδιάδα</u> του Μαραθώνα.

Σ' αυτή την πεδιάδα, την αρχαία εποχή, 490 χρόνια πριν τον ερχομό του Χριστού στη γη, έγινε μια από τις σπουδαιότερες μάχες στην ιστορία της <u>ανθρωπότητας</u>. Στη μάχη αυτή δέκα χιλιάδες Αθηναίοι πολέμησαν ενάντια σε εκατό χιλιάδες Πέρσες, που ήρθαν να <u>υποδουλώσουν</u> την Ελλάδα. Με την <u>ανδρεία</u> τους οι Αθηναίοι νίκησαν τους Πέρσες και <u>έσωσαν ολόκληρη</u> την Ελλάδα.

Δεν μπορεί κανένας να φαντασθεί σε τι σημείο θα βρισκόταν ο πολιτισμός μας σήμερα, αν οι Πέρσες νικούσαν τους Έλληνες και <u>καταχτούσαν</u> την Ελλάδα. Η Αθήνα δε θα <u>δημιουργούσε</u> τον <u>υπέροχο</u> και θαυμάσιο πολιτισμό, που δημιούργησε αμέσως ύστερα από τους Περσικούς πολέμους. Αυτός ο πολιτισμός είναι η <u>βάση</u> του Δυτικού Πολιτισμού, που έχουμε εμείς σήμερα.

B.   <u>Λεξιλόγιο - Vocabulary:</u>
      αναψυκτικό - refreshment, soft drink
      ανδρεία, η - bravery
      ανθρωπότητα, η - mankind
      απέραντ-ος, -η, -ο - vast, immense
      βάση, η - basis, foundation
      δημιουργώ (3) - I create
      έλατο, το - fir tree
      καλαθάκι, το - small basket
      καταχτώ (2) - I conquer
      λόφος, ο - hill
      μπισκότα, τα - biscuits
      ολόκληρ-ος, -η, -ο - whole
      πεδιάδα, η - plain, flat land
      περιοχή, η - area
      περιτριγυρισμέν-ος, -η, -ο - surrounded
      σώζω (1) - I save
      τοποθετώ (3) - I place
      υποδουλώνω (1) - I enslave
      υψώνομαι (4) - I rise
      υπέροχ-ος, -η, -ο - magnificent
      χαρτοπετσέτα, η - paper napkin
      χιλιοτραγουδισμέν-ος, -η, -ο - glorified in song
                              (sung thousand times)

C   <u>Γραμματική - Grammar:</u>
     Verbs:
     τοποθετώ (3) - I place, I put
            τοποθετούσα, τοποθέτησα, θα τοποθετώ, θα τοποθετήσω, έχω τοποθετήσει, είχα τοποθετήσει, θα έχω τοποθετήσει

περιέχω (1) ‑ I contain
  περιείχα, θα περιέχω (only tenses)
υψώνομαι (4) ‑ I am raised, I rise
  υψωνόμουν, υψώθηκα, θα υψώνομαι, θα υψωθώ, έχω υψωθεί,
  είχα υψωθεί, θα έχω υψωθεί, θα είχα υψωθεί
σώζω (1) ‑ I save
  έσωζα, έσωσα, θα σώζω, θα σώσω, έχω σώσει, είχα σώσει,
  θα έχω σώσει, θα είχα σώσει
καταχτώ (2) ‑ I conquer
  καταχτούσα, κατέχτησα, θα καταχτώ, θα καταχτήσω, έχω
  καταχτήσει, είχα καταχτήσει, θα έχω καταχτήσει

Conjugation of the present tense of the above verbs:

τοποθετώ	περιέχω	υψώνομαι	σώζω	καταχτώ
τοποθετείς	περιέχεις	υψώνεσαι	σώζεις	καταχτάς
τοποθετεί	περιέχει	υψώνεται	σώζει	καταχτά
τοποθετούμε	περιέχουμε	υψωνόμαστε	σώζουμε	καταχτούμε
τοποθετείτε	περιέχετε	υψώνεστε	σώζετε	καταχτάτε
τοποθετούν	περιέχουν	υψώνονται	σώζουν	καταχτούν

Related words:

τοποθετώ ‑ I place	η τοποθέτηση ‑ placement
τοποθεσία ‑ area, place	τόπος ‑ place
τοπικός ‑ local	τοπογραφία ‑ topography
σώζω ‑ I save	ο σωτήρας ‑ savior, deliverer
το σώσιμο ‑ saving	σωτηρία ‑ salvation, rescue

More diminutives:

το καλάθι ‑ basket	το καλαθάκι ‑ small basket
το ποτήρι ‑ glass	το ποτηράκι ‑ small glass
το τραπέζι ‑ table	το τραπεζάκι ‑ small table
το μολύβι ‑ pencil	το μολυβάκι ‑ little pencil
το ταξίδι ‑ trip	το ταξιδάκι ‑ small trip
το βουνό ‑ mountain	το βουναλάκι ‑ small mountain
η πατάτα ‑ potato‑	η πατατίτσα ‑ small potato
η τομάτα ‑ tomato	η τοματίτσα ‑ small tomato
η κουζίνα ‑ kitchen	η κουζινίτσα ‑ small kitchen
η θέση ‑ seat, place	η θεσούλα ‑ little seat
η βροχή ‑ rain	η βροχούλα ‑ little rain
η μικρή ‑ small	η μικρούλα ‑ the small one

D. Figurative speech:

άσπρο σαν το γάλα	white as milk
άσπρο σαν το χιόνι	white as snow
πικρό σαν φαρμάκι	bitter as poison
μαύρο σαν κοράκι	black as a crow
τρυφερό σαν αγγούρι	fresh as a cucumber
πράσινο σαν το φύλλο	green as a leaf
κίτρινο σαν το λεμόνι	pale as a lemon
γρήγορος σαν λαγός	fast as a hare
αργός σαν χελώνα	slow as a turtle
πονηρός σαν αλεπού	cunning as a fox
πλούσιος σαν τον Κροίσο	rich like Croesus
αγαθός σαν αρνάκι	kind as a lamb
καλός σαν αρνάκι	good as a lamb
δυνατός σαν τον ταύρο	strong as a bull
πιστός σαν τον σκύλο	faithful as a dog
δειλός σαν τον λαγό	timid as a rabbit
ανδρείος σαν λιοντάρι	brave as a lion

E. Ερωτήσεις - Questions:

1. Τι ώρα φύγαμε από το ξενοδοχείο;
2. Τι περιείχε το κάθε καλαθάκι;
3. Ποια κατεύθυνση πήρε το λεωφορείο, όταν βγήκε από την Αθήνα;
4. Πώς λέγονται τα δυο βουνά της Αττικής που συναντήσαμε στο δρόμο;
5. Τι δέντρα είχαν τα δυο βουνά;
6. Τι βρίσκονται γύρω-γύρω στην πεδιάδα του Μαραθώνα;
7. Πότε έγινε η μάχη του Μαραθώνα;
8. Ποιοι πολέμησαν στη μάχη αυτή;
9. Πόσοι ήταν οι Έλληνες που πολέμησαν στη μάχη;
10. Πόσοι ήταν οι Πέρσες;
11. Ποιοι νίκησαν στη μάχη αυτή;
12. Γιατί έχει μεγάλη σημασία η νίκη των Ελλήνων στον Μαραθώνα;
13. Πάνω σε ποιον αρχαίο πολιτισμό στηρίζεται ο σημερινός Δυτικός πολιτισμός;

ΜΑΘΗΜΑ ΕΙΚΟΣΤΟ ΤΡΙΤΟ - LESSON TWENTY THREE

Αθηναίοι και Πέρσες στον Μαραθώνα

A. Ανάγνωση - Reading:

Το λεωφορείο σε λίγα λεπτά έφτασε στην πεδιάδα. Κατεβήκαμε και αφού περπατήσαμε λίγο φτάσαμε μπροστά σ' ένα τύμβο. Κάτω από τον τύμβο αυτόν είναι θαμμένοι οι εκατόν ενενήντα δυο Αθηναίοι, που έπεσαν στη μάχη. Είναι ένας απλός, χωματένιος και χορταριασμένος τύμβος. Δίπλα είναι μια απλή μαρμάρινη πλάκα που παριστάνει Αθηναίο οπλίτη. Και πάνω στην πλάκα είναι γραμμένη σε αρχαία ποιητική γλώσσα η επιγραφή: " Στον Μαραθώνα, οι Αθηναίοι πολεμώντας για όλους τους Έλληνες, κατετρόπωσαν τη δύναμη των Περσών.

Πιο πέρα, περίπου δυο χιλιόμετρα μακριά, στα ανατολικά, βρίσκεται η θάλασσα. Εκεί αγκυροβόλησαν τα πλοία των Περσών. Οι Πέρσες, αφού βγήκαν από τα πλοία τους στρατοπέδευσαν στην πεδιάδα. Οι Έλληνες στρατοπέδευσαν στα δυτικά, κοντά στους πρόποδες του βουνού.

Ο αρχηγός των Ελλήνων Μιλτιάδης παρόλο ότι είχε πιο λίγες δυνάμεις από τους Πέρσες διέταξε τους Έλληνες να επιτεθούν πρώτοι.

Οι Πέρσες, όταν είδαν τους Έλληνες να έρχονται εναντίον τους δεν μπορούσαν να πιστέψουν τα μάτια τους. Τους νόμισαν για τρελλούς. Πώς μπορούσαν οι Έλληνες να επιτεθούν με τόσο λίγες δυνάμεις;

Ο Μιλτιάδης, με ένα στρατηγικό κόλπο, περικύκλωσε τους Πέρσες. Στη φονική μάχη που ακολούθησε, οι Έλληνες πολέμησαν με μεγάλη ανδρεία και νίκησαν αποφασιστικά τους Πέρσες.

Ένας Αθηναίος δρομέας, ο Φειδιππίδης, έφυγε αμέσως

τρέχοντας, να αναγγείλει τη νίκη στους Αθηναίους, οι οποίοι με <u>αγωνία</u> περίμεναν την <u>έκβαση</u> της μάχης. Μόλις έφτασε φώναξε: "νικήσαμε" και έπεσε κάτω νεκρός.

Η <u>απόσταση</u> από τον Μαραθώνα στην Αθήνα είναι σαράντα χιλιόμετρα. Ένα από τα αγωνίσματα στους σημερινούς Ολυμπιακούς αγώνες, είναι ο Μαραθώνιος δρόμος, που πήρε το όνομα του από τον Μαραθώνα. Οι <u>αθλητές</u>, στο αγώνισμα αυτό, τρέχουν 26 μίλια, όση είναι και η απόσταση από την Αθήνα στον Μαραθώνα. Το αγώνισμα έχει γίνει προς τιμή αυτών που <u>έπεσαν</u> στον Μαραθώνα και του δρομέα Φειδιππίδη.

Φεύγουμε από τον τύμβο με συγκίνηση. Νιώθουμε πώς οι <u>ψυχές</u> μας <u>ενώθηκαν</u> με το <u>παρελθόν</u> και είδαμε μπροστά μας τη φονική μάχη του Μαραθώνα.

Προχωρήσαμε προς τη θάλασσα, που ήσυχη και ολογάλανη, μας προσκαλούσε να πέσουμε στα δροσερά νερά της, να <u>ξεκουραστούμε</u>. Δεχτήκαμε την <u>πρόσκληση</u> και σε λίγα λεπτά κολυμπούσαμε. Όταν τελειώσαμε το κολύμπι, διαλέξαμε ένα δροσερό μέρος κοντά στή θάλασσα, σκεπασμένο με χορτάρι, κι εκεί καθίσαμε να φάμε το μεσημεριανό μας.

Ο ήλιος ήδη <u>έγερνε</u> στη δύση του. Ήταν ώρα για την επιστροφή στην Αθήνα. Μπήκαμε στο λεωφορείο, που περίμενε εκεί κοντά, και πήραμε τον δρόμο για τον <u>γυρισμό</u>.

Β. <u>Λεξιλόγιο</u> - Vocabulary:
   αγκυροβολώ (3) - I anchor
   αγωνία, η - agony
   αθλητής, ο - athlete
   ανδρεία, η - bravery
   απλ-ός, -ή, -ό - plain
   απόσταση, η - distance
   γέρνω (1) - I lean, I bend
   γυρισμός, ο - return

δίπλα - by the side, next to
δρομέας, ο - runner
δύναμη, η - power, strength
έκβαση, η - outcome
ενώνω (1) - I join, I unite
επιγραφή, η - inscription
επιτίθεμαι (4) - I attack
θαμμένος, -η, -ο - buried
κατατροπώνω (1) - I vanguish, I defeat utterly
κόλπο, το - trick
νεκρός - dead
νομίζω (1) - I think
ξεκουράζομαι (4) - I rest
οπλίτης, ο - hoplite
παρελθόν, το - past
παριστάνω (1) - I present, I portray
περικυκλώνω (1) - I surround
πέφτω (1) - I fall
πλάκα, η - plaque, flat stone
πρόποδες, οι - foot of a mountain
πρόσκληση, η - invitation
στρατηγικός, -ή, -ό - strategic
στρατηγός, ο - general
στρατοπεδεύω (1) - I camp
τρελλός, -ή, -ό - foolish
τύμβος, ο - mound
φονικός, -ή, -ό - bloody
χορταριασμένος, -η, -ο - covered with weeds
χωματένιος, -α, -ο - earthen
ψυχή, η - soul

C. <u>Γραμματική</u> - Grammar:
   Feminines:
   Some feminines end in -η. A number of them comes from the third
   declension of the classical language. These words have kept their plural
   declension which ends in - εις, instead of -ες.

Examples:

Regular declension		irregular	
η νίκη	η πόλη	η τάξη	η απόσταση
της νίκης	της πόλης	της τάξης	της απόστασης
τη νίκη	την πόλη	την τάξη	την απόσταση
οι νίκες	οι πόλεις	οι τάξεις	οι αποστάσεις
των νικών	των πόλεων	των τάξεων	των αποστάσεων
τις νίκες	τις πόλεις	τις τάξεις	τις αποστάσεις

(See page 137 for a more complete list of words declined the same way.)

το παρόν - the present   τα παρόντα - present events
το παρελθόν - the past   τα παρελθόντα - past events
το μέλλον - the future   τα μέλλοντα - future events

Declension of neuters ending in -μα, -ος and -ον

Singular number - Ενικός αριθμός			
Nom.	το αγώνισμα	το δάσος	το παρελθόν
Poss.	του αγωνίσματος	του δάσους	του παρελθόντος
Obj.	το αγώνισμα	το δάσος	το παρελθόν

Plural number - Πληθυντικός αριθμός			
Nom.	τα αγωνίσματα	τα δάση	τα παρελθόντα
Poss.	των αγωνισμάτων	των δασών	των παρελθόντων
Obj.	τα αγωνίσματα	τα δάση	τα παρελθόντα

ΜΑΘΗΜΑ ΕΙΚΟΣΤΟ ΤΕΤΑΡΤΟ - LESSON TWENTY FOUR

Στην Πλάκα

Α. Ανάγνωση - Reading:

Στο ξενοδοχείο φτάσαμε νωρίς το βράδι. Ξεκουραστήκαμε μια ώρα περίπου και μετά κατεβήκαμε στην τραπεζαρία για το βραδινό μας φαγητό.

Το γκαρσόνι, ο φίλος μας, μας περίμενε. Όπως <u>πάντα</u> ήταν <u>περιποιητικός</u> και <u>ευγενικός</u>. Μετά το δείπνο αποφασίσαμε να <u>γευτούμε</u> λίγο τη νυχτερινή ζωή της Αθήνας. Γιαυτό πήγαμε στη <u>ρισεψιόν</u> να πάρουμε πληροφορίες για ένα καλό <u>κέντρο</u>.

- Θέλουμε να επισκεφτούμε ένα καλό νυχτερινό κέντρο της Αθήνας, είπαμε στον <u>υπάλληλο</u> της ρισεψιόν.

- Θα σας <u>συμβούλευα</u> να πάτε στην Πλάκα.
- Είναι μακριά η Πλάκα από εδώ;
- Όχι, είναι πολύ κοντά.
- Μπορούμε να πάμε με τα πόδια;
- Βέβαια, μπορείτε. Το βράδι είναι δροσερό. Δεν κάνει καθόλου ζέστη. Μπορείτε να περπατήσετε πολύ <u>άνετα</u>.
- Νομίζετε πως θα βρέξει;
- Όχι, δεν το <u>πιστεύω</u>. Ο ουρανός έχει λίγα σύννεφα, μα αυτά δεν είναι σύννεφα βροχής. Εξάλλου στην Ελλάδα, τέτια εποχή, ποτέ δε βρέχει.

- Λοιπόν, σε ποιο κέντρο, νομίζετε, πώς θα είναι καλό να πάμε;
- Υπάρχουν πολλά καλά κέντρα που είναι και <u>οικονομικά</u>. Έχουν <u>λαϊκή</u> μουσική και <u>μπουζούκια</u>. Θα ήταν καλά να περπατήσετε λίγο στα δρομάκια της Πλάκας. Είναι πολύ <u>γραφικά</u>. Πάνω από την Πλάκα είναι η Ακρόπολη, με τα μνημεία της <u>φωταγωγημένα</u>. Τα περισσότερα κέντρα είναι <u>υπαίθρια</u>, πάνω στις <u>ταράτσες</u>.

- Λοιπόν, αποφασίζουμε να πάμε στην Πλάκα. Από ποιο δρόμο θα πάμε;
- Θα πάρετε αυτή τη λεωφόρο. Όταν φτάσετε στο τέλος θα <u>στρίψετε</u> δεξιά. Θα ακολουθήσετε τον δρόμο αυτόν

- Ευχαριστούμε πολύ. Χαίρετε.
- Χαίρετε. Καλή διασκέδαση.

Ακολουθήσαμε τις οδηγίες που μας έδωσε ο υπάλληλος του ξενοδοχείου, περάσαμε τη λεωφόρο και φτάσαμε στον άλλο δρόμο. Στο τέλος του δρόμου αυτού ήταν ένας _ανηφορικός_ δρόμος. Τον ακολουθήσαμε και μας έβγαλε στην Πλάκα.

Η Πλάκα ήταν όλη φωταγωγημένη. Από όλες τις κατευθύνσεις ακουόταν μουσική: Μπουζούκια απ' εδώ, μπουζούκια απ' εκεί, τραγούδια, φωνές, γέλια, χοροί, διασκέδαση. Διαλέξαμε μια _ταβέρνα_ και καθίσαμε να απολαύσομε τη βραδιά.

Αφού ήπιαμε μερικά ποτά κι ήρθαμε στο _κέφι_, αρχίσαμε τον χορό. Αν και δεν ξέραμε να χορέψουμε ελληνικούς χορούς, _μολοταύτα_ πιάσαμε κι εμείς τα χέρια μ' αυτούς που χόρευαν και τα _καταφέραμε_ αρκετά καλά. Μάθαμε λίγο _καλαματινό_ και _συρτό_.

Εξαιρετικά μας άρεσε το συρτάκι. Μερικοί νεαροί σηκώθηκαν και το χόρεψαν θαυμάσια. _Καταχειροκροτήθηκαν_ από όλους.

Το γλέντι στην ταβέρνα κράτησε μέχρι τις δυο μετά τα μεσάνυχτα. Μείναμε κι εμείς μέχρι το _τέλος_. Όταν έκλεισε το κέντρο γυρίσαμε πάλι με τα πόδια στο ξενοδοχείο μας. Αυτή η βραδιά θα μας μείνει _αξέχαστη_.

B. <u>Λεξιλόγιο - Vocabulary</u>:
   ανηφορικ‾ός, ‾ή, ‾ό - uphill, ascending
   αξέχαστ‾ος, ‾η, ‾ο - unforgettable
   γεύομαι (4) - I taste
   γλέντι, το - feast, entertainment
   γραφικ‾ός, ‾ή, ‾ό - picturesque
   έρχομαι στο κέφι - I become cheerful, jovial
   ευγενικ‾ός, ‾ή, ‾ό - gentle, polite
   καλαματιανός, ο - a Greek dance
   καταφέρνω (1) - I do well
   κέντρο, το - a tavern or restaurant with music

κέφι, το - cheerfulness, disposition
λαϊκός, -ή, -ό - popular
μολαταύτα - however
μπουζούκι, το - a musical instrument, bouzouki
οικονομικός, -ή, -ό - economical, inexpensive
πάντα = πάντοτε - always
περιποιητικός, -ή, -ό - obliging, amiabale, giving good service
πιστεύω (1) - I believe
ρισεψιόν, η - the desk of a hotel, registration counter
στρίβω (1) - I turn
συμβουλεύω (1) - I advise
συρτός, ο - a Greek dance
ταράτσα, η - roof, terrace
υπαίθριος, -α, -ο - outdoor, open air
υπάλληλος, ο, η - employee
φωταγωγημένος, -η, -ο - lighted
χειροκροτώ (2,3) - I applaud
χορεύω (1) - I dance

C. Γραμματική - Grammar:
  Verbs:
  <u>γεύομαι</u> (4) - I taste
        γευόμουν, γεύτηκα, θα γεύομαι, θα γευτώ, έχω γευτεί, είχα
        γευτεί, θα έχω γευτεί

        Γεύομαι το φαγητό να δω αν έχει αλάτι.
        I taste the food to see if it has salt.
        Στη ζωή μου γεύτηκα πολλές στενοχώριες.
        In my life I have tasted (I had) many misfortunes.

  <u>συμβουλεύω</u> (1) - I advise
        συμβούλευα, συμβούλεψα, θα συμβουλεύω, θα συμβουλέψω,
        έχω συμβουλέψει, είχα συμβουλέψει, θα έχω συμβουλέψει

        Ο πατέρας συμβουλεύει τα παιδιά του.
        The father advises his children.
        Μας συμβούλεψε να μην φύγουμε με τέτιο καιρό.
        He advised us (suggested) not to leave in such weather.

  <u>πιστεύω</u> (1) - I believe
        πίστευα, πίστεψα, θα πιστεύω, θα πιστέψω, έχω πιστέψει,
        είχα πιστέψει, θα έχω πιστέψει

Οι *άνθρωποι πιστεύουν στον* Θεό.   Men believe in God.

Οι αρχαίοι Έλληνες πίστευαν σε πολλούς θεούς.
The ancient Greeks believed in many Gods.

Πιστεύω ό,τι μου λες. - I believe all you tell me.

<u>καταφέρνω</u> (1) - I do well, I succeed

    κατάφερνα, κατάφερα, θα καταφέρνω, θα καταφέρω, έχω καταφέρει, είχα καταφέρει

    Πώς τα κατάφερες με τις εξετάσεις σου;
How did you do with your tests?

    Τα κατάφερε να διοριστεί υπουργός.
He succeeded in being appointed minister.

    Τα καταφέρνει πολύ καλά. - He is doing very well.

<u>χειροκροτώ</u> (2, 3) - I applaud

    χειροκροτούσα, χειροκρότησα, θα χειροκροτώ, θα χειροκροτήσω, έχω χειροκροτήσει, είχα χειροκροτήσει, θα έχω χειροκροτήσει

    Το ακροατήριο χειροκρότησε θερμά τον πιανίστα.
The audience applauded the pianist warmly.

<u>καταχειροκροτώ</u> - I applaud intensely

Some antonyms:

νωρίς - early	αργά - late
φίλος - friend	εχθρός - enemy
μακριά - far	κοντά - near
οικονομικός - economical	ακριβός - expensive
φωταγωγημένος - lighted	σκοτεινός - dark
ανηφορικός - uphill	κατηφορικός - downhill
αρχίζω - I begin	τελειώνω - I finish

η αρχή - the beginning   το τέλος - the end
αξέχαστος - unforgetable   ξεχασμένος - forgotten

Relative words:
ο ξενοδόχος - hotel owner
το ξενοδοχείο - hotel

περιποιούμαι - I serve someone well
η περιποίηση - serving
ο περιποιητικός - obliging, one who gives good service

η ευγένεια - politeness
ο ευγενής - polite, gentle, noble
ο ευγενικός - polite, gentle

συμβουλεύω - I advise
ο σύμβουλος - adviser, counselor
η συμβουλή - the advice
το συμβούλιο - council
το διοικητικό συμβούλιο - board of directors

η οικονομία - economy, thrift
τα οικονομικά - economics
οικονομικός - economic, not expensive
οικονόμος - economical, thrifty
οικονομώ - I save, economize

D. Ερωτήσεις - Questions:
1. Πού αποφασίσαμε να περάσουμε το βράδι μας ύστερα από τη επιστροφή μας από τον Μαραθώνα;
2. Πού μας συμβούλεψαν να πάμε;
3. Ήταν η Πλάκα μακριά από το ξενοδοχείο που μέναμε;
4. Πώς θα πηγαίναμε στην Πλάκα;
5. Πώς ήταν το βράδι;
6. Βρέχει στην Ελλάδα το καλοκαίρι;
7. Πώς είναι τα δρομάκια της Πλάκας;
8. Τι μπορεί να δει κανένας από την Πλάκα;
9. Πώς ήταν η Πλάκα;
10. Τι ακουόταν στην Πλάκα;
11. Τι χορούς χορέψαμε;

ΜΑΘΗΜΑ ΕΙΚΟΣΤΟ ΠΕΜΠΤΟ - LESSON TWENTY FIVE

Μερικά ψώνια

A. <u>Ανάγνωση</u> - <u>Reading</u>:

Η *άλλη μέρα ξημέρωσε* <u>*λαμπρή*</u> *και* <u>*ηλιόλουστη*</u>. *Η τραπεζαρία του ξενοδοχείου είναι στον πρώτο* <u>*όροφο*</u> *και από εκεί μπορούμε να δούμε την* <u>*κίνηση*</u> *στον δρόμο.* ΄Αντρες *και γυναίκες* <u>*πηγαινοέρχονται,*</u> *άλλοι* <u>*βιαστικοί,*</u> *και άλλοι με την ησυχία τους. Είναι πρωί* κι ο κόσμος **πηγαίνει στη δουλειά** *του.*

Σύμφωνα με το <u>*πρόχειρο*</u> <u>*πρόγραμμα*</u> *που* <u>*καταρτίσαμε,*</u> *όταν φτάσαμε στο ξενοδοχείο, σήμερα είναι η μέρα που θα επισκεφτούμε την Ακρόπολη.*

- *Πόσο μακριά είναι η Ακρόπολη απ' εδώ; ρωτούμε τη ρισεψιόν.*
- ΄Οχι *πολύ μακριά, περίπου τρία χιλιόμετρα.*
- *Μπορούμε να περπατήσουμε ή πρέπει να πάρουμε ταξί;*

- *Μπορείτε να πάρετε ταξί ή το λεωφορείο. Μπορείτε ακόμα, αν θέλετε, να περπατήσετε. Ο δρόμος που πηγαίνει στην Ακρόπολη είναι ο ίδιος που βγάζει στην Πλάκα.* ΄Οταν *φτάσετε στην Πλάκα θα δείτε δεξιά σας την αρχαία Αγορά, που βρίσκεται στους πρόποδες της Ακρόπολης. Από την Αγορά βλέπετε να υψώνεται μπροστά σας ο* <u>*βράχος*</u> *της Ακρόπολης.* ΄Ενας *ανηφορικός,* <u>*κυκλοτερής*</u> *δρόμος οδηγεί στην Ακρόπολη.*

Μετά το πρωινό προχωρούμε προς την κατεύθυνση της Ακρόπολης. Στον δρόμο <u>*χαζεύουμε*</u> *λίγο μπροστά στις βιτρίνες που είναι γεμάτες από* <u>*ντόπια εμπορεύματα.*</u> ΄Ολα *τα μαγαζιά έχουν* <u>*σουβενίρ.*</u>

Μπαίνουμε σ' ένα μαγαζί που έχει <u>*αγαλματάκια,*</u> *μικρά αγαλματάκια καμωμένα από μάρμαρο.*

- *Καλώς τους, λέει ο καταστηματάρχης. Σε τι μπορούμε να σας εξυπηρετήσουμε;*
- *Θέλουμε να αγοράσουμε μερικά αγαλματάκια για σουβενίρ.*

- Θα σας εξυπηρετήσω με χαρά. Διαλέξετε ό,τι θέλετε. Οι τιμές είναι γραμμένες πάνω στο κάθε αντικείμενο. Θα σας κάνουμε και μια έκπτωση δέκα τα εκατό.
- Ευχαριστούμε πολύ.
- Εγώ θα πάρω αυτά τα τρία αγαλματάκια. Πόσο κάνουν όλα μαζί;
- Μια στιγμή, θα κάνω τον λογαριασμό. Το ένα κάνει χίλιες πεντακόσιες δραχμές, το άλλο δυο χιλιάδες τριακόσιες και το άλλο τρεις χιλιάδες τετρακόσιες. Ολικό είναι εφτά χιλιάδες διακόσιες δραχμές. Με δέκα τα εκατό έκπτωση, δηλαδή εφτακόσιες είκοσι δραχμές, θα πληρώσετε έξι χιλιάδες, τετρακόσιες ογδόντα δραχμές.

- Ορίστε δέκα χιλιάδες δραχμές.
- Έχετε ρέστα τρεις χιλιάδες πεντακόσιες είκοσι δραχμές. Ευχαριστώ.
- Τα τυλίγετε παρακαλώ.
- Βεβαίως.

'Ολοι αγοράσαμε διάφορα σουβενίρ και μετά εξακολουθήσαμε τον δρόμο μας προς την Ακρόπολη.

Στα Προπύλαια της Ακρόπολης πήραμε ένα οδηγό. Αυτός θα μας εξηγήσει την ιστορία των μνημείων, πότε χτίστηκαν, σε ποιους θεούς ήταν αφιερωμένα, πότε καταστράφηκαν και τις προσπάθειες που γίνονται για την αναστήλωσή τους.

B.   Λεξιλόγιο - Vocabulary:
άγαλμα, το - statue, αγαλματάκι, το - small statue
αναστήλωση, η - restoration
αντικείμενο, το - object
βιαστικ-ός, -ή, -ό - hasty, hurried
βράχος, ο - rock
εκατό(ν) - hundred, τα εκατό - percent
έκπτωση, η - discount
ηλιόλουστ-ος, -η, -ο - sun-bathed
καταρτίζω (1) - I arrange, I put in order, I organize
κίνηση, η - motion, movement, traffic
κυκλοτερ-ής, -ής, -ή - round, circular
λαμπρ-ός, -ή, -ό - bright
λογαριασμός, ο - bill, account

ντόπιος, -α, -ο - local, native
ολικός, -ή, -ό - total
πηγαινοέρχομαι - I come to and fro
πρόγραμμα, το - program
πρόχειρος, -η, -ο - improvised, handy
ρέστα, τα - change
τιμή, η - price, cost
τυλίγω (1) - I wrap
χαζεύω (1) - I loiter about, I gape idly

C. <u>Αριθμητικά επίθετα, τακτικά και απόλυτα</u> -The cardinal and
<u>ordinal numbers</u>:

Cardinal - Απόλυτα	Ordinal - Τακτικά
ένας, μία (μια), ένα - one	πρώτος, -η, -ο - first
δύο (δυο) - two	δεύτερος, -η, -ο - second
τρεις - τρία - three	τρίτος, -η, -ο - third
τέσσερις - τέσσερα - four	τέταρτος, -η, -ο - fourth
πέντε - five	πέμπτος, -η, -ο - fifth
έξι - six	έκτος, -η, -ο - sixth
εφτά (επτά) - seven	έβδομος, -η, -ο - seventh
οχτώ (οκτώ) - eight	όγδοος, -η, -ο - eighth
εννιά (εννέα) - nine	ένατος, -η, -ο - ninth
δέκα - ten	δέκατος, -η, -ο - tenth
έντεκα (ένδεκα) - eleven	εντέκατος, -η, -ο - eleventh
δώδεκα - twelve	δωδέκατος, -η, -ο - twelfth
δεκατρία - thirteen	δέκατος τρίτος - thirteenth
δεκατέσσερα - fourteen	δέκατος τέταρτος - fourteenth
....	......
είκοσι - twenty	εικοστός, -ή, -ό - twentieth
είκοσι ένας, είκοσι μία	εικοστός πρώτος, εικοστή πρώτη
είκοσι ένα - twenty-one	εικοστό πρώτο - twentieth
τριάντα - thirty	τριακοστός - thirtieth
σαράντα - forty	τεσσαρακοστός - fortieth
πενήντα - fifty	πεντηκοστός - fiftieth
εξήντα - sixty	εξηκοστός - sixtieth
εβδομήντα - seventy	εβδομηκοστός - seventieth
ογδόντα - eighty	ογδοηκοστός - eightieth
ενενήντα - ninety	ενενηκοστός - ninetieth
εκατό - one hundred	εκατοστός, -ή, -ό - (one) hundredth

εκατόν ένας, εκατό μία εκατόν ένα - one hundred and one	εκατοστός πρώτος , εκατοστή πρώτη, εκατοστό πρώτο - one hundredth and one
....	......
διακόσι-οι, -ες, -α - two hundred	διακοσιοστ-ός, -ή, -ό - two hundredth
τριακόσι-οι, -ες, -α- three hundred	τριακοσιοστ-ός, -ή, -ό - three hundredth
τετρακόσι-οι,-ες, -α -four hundred	τετρακοσιοστ-ός, -ή, -ό - four hundredth
πεντακόσι-οι, -ες,-α- five hundred	πεντακοσιοστ-ός, -ή, -ό - five hundredth
εξακόσι-οι, -ες, -α - six hundred	εξακοσιοστ-ός, -ή, -ό - six hundredth
εφτακόσι-οι,-ες, -α - seven hundred	εφτακοσιοστ-ός, -ή, -ό - seven hundredth
οχτακόσι-οι , -ες, -α eight hundred	οχτακοσιοστ-ός, -ή, -ό eight hundredth
εννιακόσι-οι-, ες, -α nine hundred	εννιακοσιοστ-ός, -ή, -ό nine hundredth
χίλιοι - χίλιες - χίλια - one thoudand	χιλιοστ-ός, -ή, -ό one thousandth
δύο χιλιάδες - two thousand	δισχιλιοστ-ός, -ή, -ό two thousandth
δέκα χιλιάδες - ten thousand	δεκακισχιλιοστ-ός, -ή, -ό ten thousandth
ένα εκατομμύριο - one million	εκατομμυριοστ-ός, -ή, -ό one millionth
ένα δισεκατομμύριο one billion	δισεκατομμυριοστ-ός, -ή , -ό one billionth

D. Επίθετα - Adjectives and relative words in this lesson:

βιαστικός - hasty
βιάζομαι   (4) - I am in a hurry, I haste
βιάζω (1) - I force, I compel
η βία - haste (also) force, violence

- Γιάννη, έλα να πιούμε ένα καφέ. - John, come and have a coffee.
- Ευχαριστώ,   είμαι βιαστικός (βιάζομαι) - Thank you, I am in a hurry.
- Τον βίασε να δεχτεί την συμφωνία. - He forced him to accept the agreement.
- Κατόρθωσε   να πάρει τα λεφτά με τη βία - He succeeded to get the money by force.

<u>ντόπιος - ντόπια, ντόπιο</u>

Το τυρί είναι ντόπιο - The cheese is produced locally. (a local cheese)

Οι ντόπιοι άνθρωποι ξέρουν καλά τα βουνά. - The local people (the natives) know the mountains well.

<u>Λογαριασμός</u> - bill

Όταν αγοράζουμε κάτι παίρνουμε ένα λογαριασμό - When we buy something we receive a bill.

Στο εστιατόριο παίρνουμε ένα λογαριασμό - At the restaurant we receive a bill.

Η τηλεφωνική εταιρεία μας στέλνει λογαριασμό για το τηλέφωνο.
The telephone company sends us a telephone bill.

Ο γιατρός μας στέλνει λογαριασμό.
The doctor sends us a bill.

E. <u>Ερωτήσεις</u> - Questions:

1. Πώς ήταν η σημερινή μέρα;
2. Σε ποιο όροφο είναι η τραπεζαρία του ξενοδοχείου;
3. Τι μπορούσαμε να δούμε από την τραπεζαρία;
4. Σύμφωνα με το πρόγραμμα που καταρτίσαμε, τι θα κάναμε σήμερα;
5. Πόσο μακριά είναι η Ακρόπολη από το ξενοδοχείο που μέναμε;
6. Ποιος δρόμος οδηγεί στην Ακρόπολη;
7. Τι είναι στους πρόποδες της Ακρόπολης;
8. Πηγαίνοντας προς την Ακρόπολη, τι βρήκαμε στον δρόμο;
9. Σε τι μαγαζί μπήκαμε;
10. Τι ήθελε μια κυρία να αγοράσει;
11. Πόσο στοίχιζαν τα αγαλματάκια;
12. Πόση έκπτωση έδωσε ο καταστηματάρχης;
13. Πόσο πλήρωσε τελικά η κυρία;
14. Τι πήραμε στην είσοδο της Ακρόπολης;   Γιατί;

ΜΑΘΗΜΑ ΕΙΚΟΣΤΟ ΕΚΤΟ - LESSON TWENTY SIX

Γευόμαστε τα ελληνικά γλυκίσματα

A. <u>Ανάγνωση</u> - <u>Reading</u>:

Για να <u>περιγράψουμε</u> τα μνημεία της Ακρόπολης θα θέλαμε πολλές <u>σελίδες</u>. Αυτό θα το κάνουμε κάποια άλλη φορά. Θέλουμε μόνο να πούμε πως θαυμάσαμε την <u>τέχνη</u>, την ομορφιά, την <u>απλότητα</u> και το <u>μεγαλείο</u> όλων των μνημείων που βρίσκονται πάνω στην Ακρόπολη. Παρόλο ότι χτίστηκαν πριν τόσους αιώνες, <u>προκαλούν</u> και σήμερα ακόμα τον θαυμασμό όλου του κόσμου.

Πώς μπόρεσαν, αυτοί που έχτισαν τον Παρθενώνα, να ανεβάσουν τα τεράστια αυτά μάρμαρα τόσο ψηλά παρόλο που δεν είχαν τα <u>μηχανήματα</u> και τα <u>εργαλεία</u> που έχουμε εμείς σήμερα στη διάθεσή μας; Και με πόση <u>τελειότητα</u> είναι όλα χτισμένα ! Πόσο λεπτές γραμμές έχουν τα αγάλματα και τι ομορφιά και μεγαλείο οι <u>κίονες</u> !

Γυρίζοντας πίσω σταματήσαμε σε ένα ζαχαροπλαστείο.

- Τρελλαίνομαι για τα ελληνικά γλυκίσματα, το κανταΐφι, τον μπακλαβά και το γαλακτομπούρεκο Είναι τόσο νόστιμα μα και τόσο <u>παχυντικά</u> είπε κάποια από την παρέα μας.
- Δεν <u>πειράζει</u>, με ένα γλύκισμα που θα φάτε δε χάλασε ο κόσμος! Δεν καθόμαστε να πάρουμε κάτι; είπε η κυρία Πανοπούλου.

- Και γιατί όχι; Ας μη φάμε μεσημεριανό σήμερα. Θα πάρουμε μόνο γλυκίσματα. Και το βράδι τρώμε το <u>κανονικό</u> μας δείπνο. Εξάλλου έχουμε περπατήσει τόσο πολύ ώστε έχουμε <u>κάψει</u> αρκετές <u>θερμίδες</u>.

- Εμπρός λοιπόν, ας μπούμε στο ζαχαροπλαστείο.

Καθίσαμε στα τραπεζάκια που ήταν <u>αραδιασμένα</u> έξω απο το ζαχαροπλαστείο. Το γκαρσόνι πήρε τις <u>παραγγελίες</u> μας.

Ένας από την παρέα, ο κύριος Φρανκ, που ήταν λίγο <u>παχουλός</u>, <u>απέφυγε</u> να πάρει γλύκισμα. <u>Αρκέστηκε</u> να διατάξει ένα μαύρο καφέ, χωρίς γάλα ή ζάχαρη. " Να τι __παθαίνουν__ όσοι τρώνε πολύ," είπε." Τι να κάνω όμως αφού μ' αρέσει να τρώω Όση __δίαιτα__ και να κάνω δεν μπορώ να χάσω __βάρος__."

- Αυτά είναι __δικαιολογίες__, είπε ο κύριος Σμιθ. Πάψε να τρως πολύ ψωμί, πολλά κρέατα, πατάτες τηγανιτές και φρουτόπιτες και θα δεις πόσο γρήγορα θα χάσεις βάρος. Και να __κινιέσαι__ λιγάκι. Εσύ όλη τη μέρα κάθεσαι στην καρέκλα. Αν κάνεις λίγη δίαιτα κι αρχίζεις να περπατάς λίγα λεπτά κάθε μέρα, θα μπορείς κάποτε-κάποτε να τρως και κανένα μπακλαβά. Δεν είναι έτσι;

- Έτσι είναι, κύριε Σμιθ, είπε ο κύριος Φρανκ. Έχεις δίκαιο. Μα έλα που μ' αρέσει να τρώω;

B. __Δεξιλόγιο - Vocabulary:__
αποφεύγω (1) - I avoid
απλότητα, -η - simplicity
αραδιασμέν-ος, -η, -ο - arranged in a line, arranged in order
αρκούμαι, αρκιέμαι (4) - I am satisfied, I have enough
βάρος, το - weight
δίαιτα, η - diet
δικαιολογία, η - excuse
εργαλείο, το - tool
θερμίδα, η - calory
καίω (1) - I burn
κινιέμαι (4) - I move
κίονας, ο - column
μεγαλείο, το - grandeur
μηχάνημα, το - machine
παθαίνω (1) - I suffer, something happens to me
παραγγελία, η - order
παχουλ-ός, -ή, -ό - fat
παχυντικ-ός, -ή, -ό - fattening
πειράζει - it matters
περιγράφω (1) - I describe
προκαλώ (3) - I cause, I challenge
σελίδα, η - page
τελειότητα, η - perfection
τέχνη, η - art
χαλά ο κόσμος - the world comes to an end

C. Γραμματική - Grammar:
Verbs - Ρήματα

αποφεύγω (1) - I avoid
>α...απέφευγα, απέφυγα, θα αποφεύγω, θα αποφύγω, έχω
>αποφύγει, είχα αποφύγει, θα έχω αποφύγει

>Ο φίλος μου τον τελευταίο καιρό με αποφεύγει -
>My friend avoids me lately.
>Τα παιδιά πρέπει να αποφεύγουν τις άσχημες παρέες -
>Children must avoid bad companionships.

καίω (1) - I burn , καίομαι - I am burnt
>έκαια, έκαψα, θα καίω, θα κάψω, έχω κάψει, είχα κάψει, θα
>έχω κάψει, θα είχα κάψει

>καίομαι, καιόμουν, κάηκα, θα καίομαι, θα καώ, έχω καεί, είχα
>καεί, θα έχω καεί, θα είχα καεί

Conjugation of the present tense which is irregular:
καίω, καις, καίει, καίμε, καίτε, καίουν or καίνε

>Η φωτιά έκαιε για δυο μέρες - The fire was burning for two
>   days.
>Το σπίτι κάηκε ολότελα - The house burnt completely.
>Η φωτιά έκαψε ένα μεγάλο μέρος του δάσους. -
>The fire burnt a large part of the forest.

παθαίνω (1) - I suffer, something happens to me
>πάθαινα, έπαθα, θα παθαίνω, θα πάθω, έχω πάθει, είχα πάθει,
>θα έχω πάθει, θα είχα πάθει

>Τι έπαθες; - What happened to you?
>Το σπίτι έπαθε μεγάλες ζημιές - The house suffered much
>   damage.
>Αυτά παθαίνουν όσοι είναι λαίμαργοι. -
>That what happens to those who are greedy.

Conjugation of the verb τρώγω

Present tense I eat - I am eating	Past Continuous I was eating	Past Simple I ate
τρώγω - τρώω	έτρωγα	έφαγα
τρώγεις - τρως	έτρωγες	έφαγες
τρώγει - τρώει	έτρωγε	έφαγε
τρώγομε- τρώγουμε - τρώμε	τρώγαμε	φάγαμε
τρώγετε - τρώτε	τρώγατε	φάγατε
τρώγουν - τρώνε	έτρωγαν	έφαγαν

Future Continuous	Future Simple	Present Perfect
I shall be eating	*I shall eat*	*I have eaten*
θα τρώγω	θα φάγω- φάω	έχω φάει
θα τρώγεις - τρως	θα φάγεις - φας	έχεις φάει
θα τρώγει - τρώει	θα φάγει - φάει	έχει φάει
θα τρώγουμε - τρώμε	θα φάγομε - φάμε	έχουμε φάει
θα τρώγετε - τρώτε	θα φάγετε - φάτε	έχετε φάει
θα τρώγουν - τρώνε	θα φάγουν - φάνε	έχουν φάει

Past Continuous	Future Perfect	Conditional
I had eaten	*I shall have eaten*	*I would eat*
είχα φάει	θα έχω φάει	θα έτρωγα
είχες φάει	θα έχεις φάει	θα έτρωγες
είχε φάει	θα έχει φάει	θα έτρωγε
είχαμε φάει	θα έχουμε φάει	θα τρώγαμε
είχατε φάει	θα έχετε φάει	θα τρώγατε
είχαν φάει	θα έχουν φάει	θα έτρωγαν

The impersonal verb

πειράζει - it matters - δεν πειράζει - it does not matter

πειράζω (1) - I bother

πείραζα, πείραξα, θα πειράζω, θα πειράξω, έχω πειράξει,
είχα πειράξει, θα έχω πειράξει, θα είχα πειράξει

D. Related words:

το πάχος - fat (noun)

παχύς- παχειά - παχύ - fat (adj.)

παχουλός - παχουλή, παχουλό - fat

παχαίνω (1) - I get fat, I fatten

Ένας παχύς άντρας - A fat man

Μια παχειά γυναίκα - A fat woman

Ένα παχουλό παιδί - A fat child

Αυτό το κρέας έχει πολύ πάχος - This piece of meat has too much fat.

Ο γεωργός παχαίνει την αγελάδα πριν τη σφάξει -
The farmer fattens the cow before slaughtering it.

Ταξίδι στο νησί του Μίνωα

A. Ανάγνωση - Reading:

Ήταν καιρός τώρα να κάνουμε μια εκδρομή στα νησιά. Έχουμε μπροστά μας τον χάρτη της Ελλάδας και κυτάζουμε τα νησιά. Το μεγαλύτερο είναι η Κρήτη. Μας είπαν πως είναι ωραίο νησί, με πλούσια βλάστηση και πολλούς αξιοθέατους τόπους. Έχουμε καιρό για επίσκεψη σ' ένα μόνο νησί, γι' αυτό αποφασίζουμε να πάμε στην Κρήτη.

Πώς πηγαίνει κανένας στην Κρήτη; Μπορεί να πάει αεροπορικώς ή με πλοίο. Το πλοίο φεύγει κάθε βράδυ από τον Πειραιά και φτάνει στην Κρήτη τα ξημερώματα. Το ατμοπλοϊκό αυτό ταξίδι διαρκεί δώδεκα ώρες. Το αεροπορικό ταξίδι διαρκεί μόνο τριάντα πέντε λεπτά. Έτσι αποφασίζουμε να πάμε με το αεροπλάνο.

- Από πού μπορούμε να πάρουμε εισιτήρια; ρωτούμε στη ρισεψιόν.
- Στα γραφεία της Ολυμπιακής ή σε οποιοδήποτε πρακτορείο.
- Υπάρχει κανένα πρακτορείο εδώ κοντά;
- Μάλιστα, υπάρχει ένα στη γωνία πάνω. Είναι πρακτορείο που θα σας εξυπηρετήσει με ευχαρίστηση.

....

(Στο πρακτορείο)

- Θέλουμε να πάμε αεροπορικώς στην Κρήτη. Νομίζετε πως μπορείτε να μας εξυπηρετήσετε;
- Πόσα άτομα είστε;
- Είμαστε μια ομάδα από είκοσι πέντε άτομα.
- Δεν ξέρω αν μπορούμε να βρούμε είκοσι πέντε θέσεις. Θα προσπαθήσουμε όμως. Πότε θέλετε να ταξιδέψετε;
- Αύριο, Σάββατο. Πόσες πτήσεις υπάρχουν για την Κρήτη αύριο;
- Πέντε πτήσεις.
- Ποιες ώρες;

- Στις εννιά το πρωί, στις δώδεκα το μεσημέρι, στις τέσσερις το απόγευμα, στις εφτά το βράδι και στις δέκα το βράδι. Ποια πτήση προτιμάτε;
- Την πρωινή πτήση, στις εννιά.
- Θα προσπαθήσω τώρα να δω αν υπάρχουν θέσεις στην πτήση αυτή. Θα κυτάξω στο <u>κομπιούτερ</u>..........
- Μάλιστα, υπάρχουν αρκετές θέσεις. Μπορούμε να σας εξυπηρετήσουμε όλους.
- Πολύ ωραία. Πέστε μου τώρα, πόσο είναι το εισιτήριο;
- Θέλετε εισιτήριο με επιστροφή;
- Μάλιστα, με επιστροφή.
- Το εισιτήριο με επιστροφή είναι εκατό πέντε δολλάρια.
- Μας λέτε πόσο διαρκεί η πτήση;
- Μόνο τριάντα πέντε λεπτά. Πρέπει όμως να βρίσκεστε στο αεροδρόμιο τουλάχιστο μισή ώρα νωρίτερα.
- Αυτό δεν είναι πρόβλημα. Έχουμε αρκετό καιρό στη διάθεσή μας.

- Λοιπόν, εμείς τώρα θα ετοιμάσουμε τα εισιτήρια. Παρακαλώ δώστε μας τα διαβατήρια για να πάρουμε τα ονόματα. Και κάτι άλλο, πώς θα πληρώσετε;

- Με <u>πιστωτική κάρτα.</u> Θα βάλετε όλο το ποσό σε μια κάρτα. Εντάξει;
- Εντάξει. Περάστε σε μισή ώρα να πάρετε τα εισιτήρια και τα διαβατήριά σας.

- Ευχαριστούμε πολύ για την εξυπηρέτηση.
- Παρακαλώ.
....
Την άλλη μέρα το πρωί βρισκόμαστε στο αεροδρόμιο στις οχτώ. Το αεροπλάνο έφυγε ακριβώς στις εννιά και ύστερα από πτήση τριάντα πέντε λεπτών φτάσαμε στην Κρήτη.

B. <u>Λεξιλόγιο</u> - <u>Vocabulary</u>:
   αξιοθέατ·ος, ·η, ·ο - worth seeing, interesting
   ατμοπλοϊκ·ός, ·ή, ·ό - of steam navigation
   γωνία, η - corner
   κομπιούτερ, το - computer
   οποιοσδήποτε, οποιαδήποτε, οποιοδήποτε - whoever, whichever, any
   πρακτορείο, το - agency

C. <u>Γραμματική</u> - Grammar:
   ### Relative pronouns:
   The relative pronouns are:
   The indeclineable <u>που.</u>

   Ο άνθρωπος <u>που</u> είναι εδώ. - The man who is here.
   Οι γυναίκες, <u>που</u> δουλεύουν στο εργοστάσιο. - The women who
          work in the factory.
   Τα παιδιά <u>που</u> είναι άταχτα. - The children who are unruly.

   ο οποίος, η οποία, το οποίο - who, which, what
   It is used in place of **που,** to avoid uncertainty in the sentence.E.g.
   Το παιδί του καθηγητή, <u>που</u> ήταν εδώ, περιέγραψε τη σκηνή.
   The professor's child, who was here, described the incident.
   Here **που** may refer to either the child **παιδί,** or the word <u>καθηγητή</u>
   (professor).   Who was here, the child or the professor?
   To make the sentence clear we can write:
   Το παιδί του καθηγητή, ο οποίος ήταν εδώ ..(the professor was
                   here)

   or Το παιδί του καθηγητή, το οποίο ήταν εδώ... - The child was here.

   We also use ο οποίος, η οποία, το οποίο to avoid repeating <u>που</u> in the
   same sentence many times:
   Το ανέκδοτο αυτό το διάβασα σ' ένα ημερολόγιο, <u>που</u> το είχε
   γράψει ένας φίλος μου, <u>που</u> το είχε ακούσει, όπως είπε, από τον
   πατέρα του, <u>που</u> το είχε μάθει από τον παππού του, <u>που</u> κι
   εκείνος το είχε ακούσει από τον παππού του.

   To avoid the use of <u>που</u> we can rewrite the sentence as follows:
   Το ανέκδοτο αυτό το διάβασα σ' ένα ημερολόγιο, το οποίο είχε
   γράψει ένας φίλος μου, που το είχε ακούσει, όπως είπε, από τον
   πατέρα του, ο οποίος το είχε μάθει από τον παππού του, που κι
   εκείνος το είχε ακούσει από τον παππού του.

   όσος, όση, όσο - as much as, (in the plural) as many as
   Πιες νερό, όσο θέλεις - Drink as much water as you want.

   όποιος - όποια - όποιο - whoever, whichever
   Όποιος βρει το νόμισμα είναι τυχερός - Whoever finds the coin is
   lucky.

   ό,τι - what, the thing which
   Θα κάμω ό,τι μου πεις. - I will do whatever you tell me.

Many times the pronouns όποι-ος, -α, -ο, όσ-ος, -η, -ο, and ό,τι take as a suffix the indeclineable δήποτε to form a new relative pronoun: οποιοσδήποτε - whoever, οσοδήποτε - as much as, οτιδήποτε- whatever

D. Ερωτήσεις - Questions:

1. Πού θα πάμε στην επόμενη εκδρομή μας;
2. Τι βλέπουμε στον χάρτη της Ελλάδας;
3. Ποιο είναι το μεγαλύτερο νησί της Ελλάδας;
4. Πόσο διαρκεί το αεροπορικό ταξίδι από την Αθήνα στην Κρήτη;
5. Πόσο διαρκεί το ατμοπλοϊκό ταξίδι από την Αθήνα στην Κρήτη;
6. Μπορούμε να πάμε στην Κρήτη από την Αθήνα με σιδηρόδρομο;
7. Πόσο κάνει το εισιτήριο με επιστροφή;
8. Πού πηγαίνουμε για να πάρουμε πληροφορίες και εισιτήρια;
9. Πού είναι το πρακτορείο;
10. Πόσες θέσεις χρειαζόμαστε στο αεροπλάνο;
11. Με ποια πτήση κρατούμε θέσεις;
12. Τι ώρα πηγαίνουμε στο αεροδρόμιο την άλλη μέρα;
13. Τι ώρα φεύγει το αεροπλάνο;
14. Ποια κατεύθυνση παίρνει το αεροπλάνο για να πάει στην Κρήτη;

Λίγη γεύση Μινωϊκού πολιτισμού

A. <u>Ανάγνωση</u> - <u>Reading</u>:

Μόλις μπήκαμε στην αίθουσα του αεροδρομίου, μας πλησίασε κάποια <u>δεσποινίς</u> και μας είπε:
- Είμαι από το πρακτορείο Ζευς και περιμένω μια ομάδα από την Αθήνα. <u>Ασφαλώς</u> θα είστε εσείς.
- Μάλιστα, εμείς είμαστε απαντήσαμε.
- Θα είμαι η <u>ξεναγός</u> σας. Το λεωφορείο σάς περιμένει. Μόλις πάρουμε τις βαλίτσες θα φύγουμε.
- Είχατε καλό ταξίδι;
- Υπέροχο. Ήταν γρήγορο και αναπαυτικό.
- Πόσο χρόνο θα μείνετε στην Κρήτη;
- Μόνο τρεις μέρες. Σε πέντε μέρες γυρίζουμε στην Αμερική.
- Τι <u>κρίμα</u> ! Η Κρήτη είναι τόσο όμορφη. Θα μπορούσατε να μείνετε ένα ολόκληρο μήνα εδώ. Υπάρχουν τόσα πολλά αξιοθέατα να δείτε.

- Θα το θέλαμε κι εμείς, αλλά δυστυχώς ο χρόνος δεν το <u>επιτρέπει</u>. Πρέπει να γυρίσουμε στις δουλειές μας. Ίσως, στο επόμενό μας ταξίδι στην Ελλάδα, να έχουμε περισσότερο καιρό και να μπορέσουμε να δούμε πιο πολλά μέρη.

Οι βαλίτσες έχουν ήδη <u>φορτωθεί</u> και το λεωφορείο φεύγει για το ξενοδοχείο.

Σύμφωνα με το πρόγραμμα που έχουμε, σήμερα θα επισκεφτούμε το αρχαιολογικό μουσείο και την Κνωσσό.

Η μέρα είναι λαμπρή και ηλιόλουστη. Φυσά ένα δροσερό <u>αεράκι</u>. Είναι μια μέρα που δίνει στον άνθρωπο φτερά και τον κάνει να <u>αισθάνεται</u> πολύ όμορφα.

Σε λίγα λεπτά είμαστε στο μουσείο. Για δυο ώρες γυρίζουμε από αίθουσα σε αίθουσα, κυτάζουμε και <u>μελετούμε</u> τα διάφορα <u>εκθέματα, αγγεία,</u> αγάλματα, <u>σφραγίδες</u>. Το μουσείο είναι ένα από τα πιο πλούσια σε <u>προϊστορικά</u> <u>ευρήματα</u>. Εξαιρετικές είναι οι <u>τοιχογραφίες</u> από τα <u>ανάκτορα</u> της Κνωσσού, των Μαλλιών και της Ζάκρου.

Στη _συνέχεια_ επισκεφτήκαμε το παλάτι της Κνωσσού, που βρίσκεται 5 χιλιόμετρα ανατολικά από το Ηράκλειο. Το παλάτι αναστήλωσε ο Άγγλος _αρχαιολόγος_ Έβανς. Χρειαστήκαμε περίπου δυο ώρες να γυρίσουμε το τεράστιο σε έκταση παλάτι με τις _πολυάριθμες_ αίθουσες. Η ξεναγός, μας μίλησε για τον Μινωικό πολιτισμό και τα _επιτεύγματά_ του.

Αφού τελειώσαμε την _περιήγηση_ καθίσαμε σε ένα από τα πολλά τουριστικά κέντρα, που είναι εκεί κοντά, και ήπιαμε ελληνικό καφέ. Μερικοί από μας για πρώτη φορά _δοκίμαζαν_ τον ελληνικό καφέ, που γίνεται με καφέ αλεσμένο πολύ _ψιλά_, σαν _σκόνη_. Ο καφές αυτός _ανακατεύεται_ με ζάχαρη σε ζεστό νερό και σερβίρεται σε μικρά _φλιτζανάκια_.

B.   Λεξιλόγιο - Vocabulary:
αγγείο, το - vase, vessel, pottery
αεράκι, το - breeze
αισθάνομαι (4) - I feel
ανακατεύω (1) - I stir, I mix
ανάκτορο, το - palace
αρχαιολόγος, ο - archeologist
ασφαλώς - certainly
δεσποινίς, δεσποινίδα, η - Miss
δοκιμάζω (1) - I try
επιτρέπω (1) - I allow, I permit
επίτευγμα, το - achievement
εύρημα, το - finding
κρίμα, το - pity
ξεναγός, ο - η - tour guide
περιήγηση, η - tour
πολυάριθμ-ος, -η, -ο - numerous
προϊστορικ-ός, -ή, -ό - prehistoric
σκόνη, η - powder, dust
συνέχεια, η - continuation
σφραγίδα, η - seal
τοιχογραφία, η - frescoe
φλιτζανάκια - small cup
φλιτζάνι, το - cup
φορτώνω (1) - I load, φορτώνομαι (4) - I am loaded
ψιλά - thin, fine (ground to powder)

C. Γραμματική - Grammar:

The deponent verb αισθάνομαι (4) - I feel

Tenses: αισθάνομαι, αισθανόμουν, αισθάνθηκα, θα αισθάνομαι
θα αισθανθώ, έχω αισθανθεί, είχα αισθανθεί

Conjugation of the present tense:

αισθάνομαι, αισθάνεσαι, αισθάνεται
αισθανόμαστε, αισθάνεστε, αισθάνονται

D. Ερωτήσεις - Questions:

1. Ποιος περίμενε την ομάδα στο αεροδρόμιο;
2. Τι ρώτησε η ξεναγός την ομάδα;
3. Πόσες μέρες θα έμενε η ομάδα στην Κρήτη;
4. Γιατί η ξεναγός ήθελε να μείνει η ομάδα περισσότερο στην Κρήτη;
5. Γιατί η ομάδα βιαζόταν να γυρίσει στην Αμερική;
6. Πού θα πήγαινε η ομάδα την πρώτη μέρα της επίσκεψης στην Κρήτη;
7. Πώς ήταν η μέρα;
8. Τι είδε η ομάδα στο αρχαιολογικό μουσείο;
9. Σε ποια εποχή ανήκουν τα εκθέματα του αρχαιολογικού μουσείου;
10. Πού βρίσκεται το ανάκτορο της Κνωσσού;
11. Ποιος αναστήλωσε το παλάτι της Κνωσσού;
12. Τι ήταν ο Έβανς;
13. Ποια ήταν η πατρίδα του;
14. Πώς γίνεται ο ελληνικός καφές;
15. Πού σερβίρουμε τον ελληνικό καφέ;

ΜΑΘΗΜΑ ΕΙΚΟΣΤΟ ΕΝΑΤΟ - LESSON TWENTY NINE

Τελευταίες μέρες

A. <u>Ανάγνωση</u> - Reading:

Ο καιρός της επιστροφής μας στην Αμερική πλησιάζει. Η διαμονή μας στην Κρήτη ήταν κάτι το <u>αφάνταστο</u>. Απολαύσαμε τη μαγευτική θάλασσα, τον λαμπρό ήλιο, τις όμορφες παραλίες, την πλούσια βλάστηση, τα <u>ώριμα</u> φρούτα, τα φρέσκα λαχανικά.

Την τελευταία βραδιά, πριν από την αναχώρησή μας, <u>συγκεντρωθήκαμε</u> σε μια κρητική ταβέρνα. Για πρώτη φορά ακούσαμε κρητική μουσική και για πρώτη φορά βλέπαμε να χορεύουν κρητικό χορό. Στην κρητική μουσική την πρώτη θέση <u>κατέχει</u> ένα μουσικό όργανο, που λέγεται <u>λύρα</u>. Η λύρα <u>μοιάζει</u> με μικρό <u>μαντολίνο</u>, αλλά ο ήχος της είναι σαν του <u>βιολιού</u>. Ο μουσικός που την παίζει, την <u>ακουμπά</u> στο <u>γόνατό</u> του.

Οι κρητικοί χοροί είναι πολύ γραφικοί και οι νέοι και νέες τους χορεύουν με πολύ γούστο. Στο κέντρο που πήγαμε, χαρήκαμε τους χορούς, καθώς και το υπέροχο κρητικό κρασί, που είναι ένα από τα καλύτερα του κόσμου.

"Εις υγείαν", μας φώναζαν όλοι και <u>τσουγκρίσαμε</u> τα ποτήρια. "Στην υγειά σας", απαντούσαμε κι εμείς. Και το κρασί έτρεχε <u>άφθονο</u> από τα <u>μπουκάλια</u>.

"Γιατί τσουγκρίζουμε τα ποτήρια, όταν πίνουμε κρασί;" ρώτησε κάποιος.
"Υπάρχει μια ιστορία σχετική με το τσούγκρισμα των ποτηριών," είπε κάποιος άλλος. " Οι αρχαίοι Έλληνες έλεγαν πως, όταν πίνουμε πρέπει να ευχαριστούμε και τις πέντε <u>αισθήσεις</u>. Η <u>όραση</u> ευχαριστιέται γιατί με τα μάτια βλέπουμε το κρασί. Η <u>αφή</u> γιατί με το χέρι κρατούμε το ποτήρι. Η <u>όσφρηση</u> <u>ικανοποιείται</u>, γιατί όταν πίνουμε, <u>μυριζόμαστε</u> το κρασί. Η <u>γεύση</u> μένει πιο πολύ από όλες τις αισθήσεις ικανοποιημένη, γιατί αυτή νιώθει το κρασί. Η μόνη που δεν ικανοποιείται είναι η <u>ακοή</u>. Γι αυτό τσουγκρίζουμε τα ποτήρια και έτσι ευχαριστιέται κι αυτή ακούοντας τον ήχο.

Κάθε τι όμως που κάνουμε έχει και κάποιο τέλος. Έτσι και οι ευχάριστες ώρες και στιγμές κάποτε τελειώνουν. Την άλλη μέρα φύγαμε για την Αθήνα και από εκεί σε δυο μέρες για την Αμερική. Αποκομίζαμε τις πιο ευχάριστες εντυπώσεις από το ταξίδι στην Ελλάδα. Πόσα πράγματα έχουμε να διηγηθούμε στους φίλους και συγγενείς μας! Ασφαλώς, μόλις ακούσουν τις εντυπώσεις και εμπειρίες μας θα θέλουν κι αυτοί να κάμουν ένα ταξίδι στην Ελλάδα.

B. <u>Λεξιλόγιο - Vocabulary</u>:

αίσθηση, η - sense
ακοή, η - hearing
ακουμπώ (2) - I lean
αφάνταστος, η, ο - unimaginable
άφθονος, η, ο - plentiful
αφή, η - touch
βιολί, το - violin
γεια σου - γεια σας - to your health
γεύση, η - taste
γόνατο, το - knee
εμπειρία, η - experience
ήχος, ο - sound
ικανοποιούμαι - I get satisfaction, I am satisfied
κατέχω (1) - I occupy
λύρα, η - lyre
μαντολίνο, το - mandolin
μοιάζω (1) - I look like
μπουκάλι, το - bottle
μυρίζομαι (4) - I smell
όραση, η - sight
όσφρηση η - smell
συγκεντρώνω (1) - συγκεντρώνομαι (4) - I gather, I concentrate
τσουγκρίζω (1) - I clink (glasses)
τσούγκρισμα, το - clinking
υγεία, η - health, hygeia
ώριμος, η, ο - ripe

C. Γραμματική - Grammar:
   a. Ρήματα - Verbs:

ακουμπώ	μυρίζομαι	ικανοποιούμαι
ακουμπάς	μυρίζεσαι	ικανοποιείσαι
ακουμπά	μυρίζεται	ικανοποιείται
ακουμπούμε	μυριζόμαστε	ικανοποιούμαστε
ακουμπάτε	μυρίζεστε	ικανοποιείστε
ακουμπούν	μυρίζονται	ικανοποιούνται

Tenses of the above verbs:

ακουμπώ - I lean

   ακουμπούσα, ακούμπησα, θα ακουμπώ, θα ακουμπήσω, έχω ακουμπήσει, είχα ακουμπήσει, θα έχω ακουμπήσει, θα είχα ακουμπήσει

μυρίζομαι (4) - I smell

   μυριζόμουν, μυρίστηκα, θα μυρίζομαι, θα μυριστώ έχω μυριστεί, είχα μυριστεί, θα έχω μυριστεί

ικανοποιούμαι (4) - I am satisfied

   ικανοποιόμουν, ικανοποιήθηκα, θα ικανοποιούμαι, θα ικανοποιηθώ, έχω ικανοποιηθεί, είχα ικανοποιηθεί

b. Επίθετα - Adjectives:

αφάνταστ-ος, -η, -ο - unimaginable
μαγευτικ-ός, -ή, -ό - enchanting
λαμπρ-ός, -ή, -ό - bright
πλούσι-ος, α, -ο - rich
ώριμ-ος, -η, -ο - ripe
γραφικ-ός, -ή, -ό - pictureque
ευχάριστ-ος, -η, -ο - pleasant

D. The five senses - Οι πέντε αισθήσεις:

η ακοή - hearing
η αφή - touching
η γεύση - taste
η όραση - sight
η όσφρηση - smelling

Το ταξίδι τελειώνει

A. <u>Ανάγνωση</u> - Reading:

Όσο πιο γρήγορο μας φάνηκε το ταξίδι του <u>πηγεμού</u>, τόσο πιο αργό ήταν το ταξίδι του γυρισμού. Η επιστροφή πήρε δέκα ώρες. Στο αεροπλάνο, όμως, περάσαμε πολύ ωραία. Άφθονα ποτά, φαγητό νόστιμο, περιποίηση εξαιρετική, <u>προβολή</u> <u>ταινίας</u> και τα <u>συνηθισμένα</u> παιχνίδια μεταξύ των επιβατών βοήθησαν να περάσουν οι δέκα ώρες του ταξιδιού χωρίς να το καταλάβουμε.

Όλοι φέρναμε στο νου μας τις ωραίες μέρες που περάσαμε στην Ελλάδα. Τα νόστιμα φαγητά, το αρνί στη σούβλα, τη ρετσίνα, την ελληνική σαλάτα, τον ελληνικό καφέ και τα ταξίδια που κάναμε στα νησιά και σε άλλα μέρη.

<u>Θυμόμαστε</u> ακόμα την Πλάκα με τη νυχτερινή ζωή και τους ελληνικούς χορούς, και την Κρήτη με τη λύρα και τους κρητικούς χορούς. Τη γαλανή θάλασσα και το κολύμπι, τα μουσεία και τα αρχαία μνημεία. "Αύριο, δουλειά πάλι," ακούστηκε κάποιος να λέει. Κι ένας άλλος ψιθύρισε: "Ωραιότερο ταξίδι, δεν έχω κάνει στη ζωή μου."

Ήταν αργά το απόγευμα, όταν το αεροπλάνο, σαν ένα μεγάλο πουλί, <u>άγγιξε</u> τούς <u>τροχούς</u> του στον διάδρομο του αεροδρομίου. Αφού περάσαμε από το τελωνείο, επιβιβαστήκαμε σε άλλο αεροπλάνο για το τελικό ταξίδι στην πόλη μας.

B. <u>Λεξιλόγιο</u> - Vocabulary:
 αγγίζω - I touch
 θυμούμαι (4) - I remember
 πηγεμός, ο - going
 προβολή, η - showing
 συνηθισμένος, η, ο - customary
 ταινία, η - movie
 τροχός, ο - wheel

C. <u>Γραμματική</u> - Grammar:

θυμούμαι (4) - I remember

θυμόμουν, θυμήθηκα, θα θυμούμαι, θα θυμηθώ, έχω θυμηθεί, είχα θυμηθεί, θα έχω θυμηθεί, θα είχα θυμηθεί

Conjugation of the present tense:

θυμούμαι
θυμάσαι
θυμάται
θυμόμαστε
θυμάστε
θυμούνται

Θυμάσαι τι μου είπες; - Do you remember what you told me?

Χτες σε θυμήθηκα. - Yesterday I remembered you.

Επιτέλους ο φίλος μου με έχει θυμηθεί. - At last my friend has remembered me.

αγγίζω (1) - I touch

άγγιζα, άγγιξα, θα αγγίζω, θα αγγίξω, έχω αγγίξει, είχα αγγίξει, θα έχω αγγίξει, θα είχα αγγίξει

D. <u>Ερωτήσεις</u> - Questions:

1. Πώς ήταν το ταξίδι του πηγεμού;
2. Πώς ήταν το ταξίδι του ερχομού;
3. Πόσες ώρες διάρκεσε το ταξίδι της επιστροφής;
4. Πώς περνούσαν οι ώρες στο αεροπλάνο;
5. Ποια πράγματα έκαμαν το ταξίδι του γυρισμού ευχάριστο;
6. Τι θυμόμαστε από το ταξίδι μας στην Ελλάδα;

A SHORT GRAMMAR * - ΣΥΝΤΟΜΗ ΓΡΑΜΜΑΤΙΚΗ

The Greek Language has three genders: masculine, feminine and neuter. For each one of these three genders there is a definite and an indefinite article.

Articles:

Definite articles			Indefinite Articles
Masc.	o	pl. οι	ένας
Fem.	η	pl. οι	μία, μια
Neu.	το	pl. τα	ένα

(The indefinite articles have no plural)

Accent: Modern Greek uses, according to the monotonic system, only one accent (´) placed on the accented syllable. Monosyllabic words do not take an accent. There are very few exceptions: που - *that* and πού; - *where?*, πως - *that* and πώς; - how?

Genders: Nouns, adjectives and pronouns have gender, which is decided by the article preceding the word. Ex.:

ο άνθρωπος	man	noun, masculine
η γυναίκα	woman	noun, feminine
το παιδί	child	noun, neuter
ο καλός	good	adjective, masculine
η καλή	good	adjective, feminine
το καλό	good	adjective, neuter
αυτός	this	pronoun, masculine
αυτή	this	pronoun, feminine
αυτό	this	pronoun, neuter

For a complete Grammar see: A GRAMMAR OF MODERN GREEK, bilingual Edition, by the author of this book.

Nouns are classified, according to their endings, into three groups called declensions:

a. First declension - <u>Masculines</u> which are divided into five groups according to these endings:

- ας	e.g.	ο πατέρας	father
- ης		ο μαθητής	pupil
- ος		ο ουρανός	sky
- ους		ο παππούς	grandfather
- ες		ο καναπές	sofa

b. Second declension - <u>Feminines</u> are also divided into five groups according to these endings:

- α	e.g.	η μητέρα	mother
- η		η γραμμή	line
- ος		η έρημος	desert
- ου		η αλεπού	fox
- ω		η Φρόσω	Froso (name)

c. Third declension - <u>Neuters</u> - Divided into four groups according to these endings:

- ο	e.g.	το βιβλίο	book
- ι		το τραπέζι	table
- α (μα)		το όνομα	name
- ος		το μέρος	place

DECLENSION OF MASCULINES
a. Masculines ending is -ας

Singular number

Nominative	ο γίγαντας -giant	ο Έλληνας -Greek	ο πατέρας - father
Possessive	του γίγαντα	του Έλληνα	του πατέρα
Objective	τον γίγαντα	τον Έλληνα	τον πατέρα
Nom. of add.	γίγαντα	Έλληνα	πατέρα

Plural number

Nominative	οι γίγαντες	οι Έλληνες	οι πατέρες
Possessive	των γιγάντων	των Ελλήνων	των πατέρων
Objective	τους γίγαντες	τους Έλληνες	τους πατέρες
Nom. of add.	γίγαντες	Έλληνες	πατέρες

	Singular number		
Nom.	ο παπάς – priest	ο ψαράς –	fisherman
Poss.	του παπά	του ψαρά	
Obj.	τον παπά	τον ψαρά	
Nom. of Add.	παπά	ψαρά	

	Plural number	
Nom.	οι παπάδες	οι ψαράδες
Poss.	των παπάδων	των ψαράδων
Obj.	τους παπάδες	τους ψαράδες
Nom. of Add.	παπάδες	ψαράδες

Note: Some nouns ending in -ας form their plural by adding -άδες instead of -ες

b. Masculines ending in -ος

	Singular number		
Nom.	ο ποταμός – river	ο λόγος – speech	ο άνθρωπος – man
Poss.	του ποταμού	του λόγου	του ανθρώπου
Obj.	τον ποταμό	τον λόγο	τον άνθρωπο
Nom. of Add	ποταμέ	λόγε	άνθρωπε

	Plural number		
Nom.	οι ποταμοί	οι λόγοι	οι άνθρωποι
Poss.	των ποταμών	των λόγων	των ανθρώπων
Obj.	τους ποταμούς	τους λόγους	τους ανθρώπους
Nom. of add.	ποταμοί	λόγοι	άνθρωποι

c. Masculines ending in -ης

	Singular number		
Nom.	ο μαθητής –pupil	ο ναύτης – sailor	ο παπουτσής–shoemaker
Poss.	του μαθητή	του ναύτη	του παπουτσή
Obj.	τον μαθητή	τον ναύτη	τον παπουτσή
Nom. of Add.	μαθητή	ναύτη	παπουτσή

	Plural number		
Nom.	οι μαθητές	οι ναύτες	οι παπουτσήδες
Poss.	των μαθητών	των ναυτών	των παπουτσήδων
Obj.	τους μαθητές	τους ναύτες	τους παπουτσήδες
Nom. of Add.	μαθητές	ναύτες	παπουτσήδες

Note: Some masculines ending in -ης in the plural take -ήδες instead of -ες

d. Masculines ending in -ους and -ες

Singular number

Nominative	ο παππούς - grandfather	ο καφές	:offee
Possessive	του παππού	του καφέ	
Objective	τον παππού	τον καφέ	
Nom. of add.	παππού	καφέ	

Plural number

Nominative	οι παππούδες	οι καφέδες
Possessive	των παππούδων	των καφέδων
Objective	τους παππούδες	τους καφέδες
Nom. of address	παππούδες	καφέδες

DECLENSION OF FEMININES
a. Feminines ending in -α

Singular number

Nom.	η χαρά - joy	η μητέρα -mother	η θάλασσα - sea
Poss.	της χαράς	της μητέρας	της θάλασσας
Obj.	τη χαρά	τη μητέρα	τη θάλασσα
Nom. of Add.	χαρά	μητέρα	θάλασσα

Plural number

Nom.	οι χαρές	οι μητέρες	οι θάλασσες
Poss.	των χαρών	των μητέρων	των θαλασσών
Obj.	τις χαρές	τις μητέρες	τις θάλασσες
Nom. of add.	χαρές	μητέρες	θάλασσες

b. Feminines ending in -η

Singular number

Nom.	η νίκη - vicrory	η γραμμή - line	
Poss.	της νίκης	της γραμμής	
Obj.	τη νίκη	τη γραμμή	
Nom. of Add.	νίκη	γραμμή	

Plural number

Nom.	οι νίκες	οι γραμμές
Poss.	των νικών	των γραμμών
Obj.	τις νίκες	τις γραμμές
Nom. of Add.	νίκες	γραμμές

Some feminines ending in -η are declined slightly differently. This group of feminines in classical Greek ended in -ις. They have kept the nominative and objective cases of the plural number.

Nom.	η πόλη⁻ city	η τάξη ⁻ class, classroom
Poss.	της πόλης	της τάξης
Obj.	την πόλη	την τάξη
Nom. of Add.	πόλη	τάξη

Plural number

Nom.	οι πόλεις	οι τάξεις
Poss.	των πόλεων	των τάξεων
Obj.	τις πόλεις	τις τάξεις
Nom. of Add.	πόλεις	τάξεις

Other feminines declined in he same way are:

η άσκηση ⁻ exercise	η γνώση ⁻ knowledge
η δύση ⁻ sunset	η εξέταση ⁻ examination
η θέση ⁻ place, position	η κλίση - declension
η πίστη - faith	η πράξη ⁻ action, act
η πρόταση - sentence	η στάση - position, stop
η φράση - phrase	η χρήση - use

c. Feminines ending in ⁻ος

Singular number

Nom.	η έρημος ⁻ desert	η νήσος ⁻ ilsland
Poss.	της ερήμου	της νήσου
Obj.	την έρημο	τη νήσο
Nom. of add.	έρημος	νήσος

Plural number

Nom.	οι έρημοι	οι νήσοι
Poss.	των ερήμων	των νήσων
Obj.	τις ερήμους	τις νήσους
Nom. of add.	έρημοι	νήσοι

d. Feminines ending in -ου and ⁻ω

Singular number

Nom.	η αλεπού ⁻ fox	η Φρόσω Froso (name)
Poss.	της αλεπούς	της Φρόσως ⁻
Obj.	την αλεπού	τη Φρόσω
Nom. of Add.	αλεπού	Φρόσω

Plural number

Nom.	οι αλεπούδες	(This group contains only proper nouns.
Poss.	των αλεπούδων	Proper nouns have no plural)
Obj.	τις αλεπούδες	
Nom. of add.	αλεπούδες	

DECLENSION OF NEUTERS
a. Neuters ending in -o

Singular number

Nom.	το νερό - water	το φρούτο - fruit	το άλογο - horse
Poss.	του νερού	του φρούτου	του αλόγου
Obj.	το νερό	το φρούτο	το άλογο
Nom. of add.	νερό	φρούτο	άλογο

Plural number

Nom.	τα νερά	τα φρούτα	τα άλογα
Poss.	των νερών	των φρούτων	των αλόγων
Obj.	τα νερά	τα φρούτα	τα άλογα
Nom. of add.	νερά	φρούτα	άλογα

b. Neuters ending in -ι

Singular number

Nom.	το παιδί - child	το ψάρι - fish
Poss.	του παιδιού	του ψαριού
Obj.	το παιδί	το ψάρι
Nom. of add.	παιδί	ψάρι

Plural number

Nom.	τα παιδιά	τα ψάρια
Poss.	των παιδιών	των ψαριών
Obj.	τα παιδιά	τα ψάρια
Nom. of add.	παιδιά	ψάρια

In this group belong some nouns ending in -ψιμο, -ξιμο, -σιμο. They are declined as follows:

Singular number

Nom.	το γράψιμο - writing	το τρέξιμο - running	το ξύσιμο - scratching
Poss.	του γραψίματος	του τρεξίματος	του ξυσίματος
Obj.	το γράψιμο	το τρέξιμο	το ξύσιμο
Nom. of add.	γράψιμο	τρέξιμο	ξύσιμο

Plural number

Nom.	τα γραψίματα	τα τρεξίματα	τα ξυσίματα
Poss.	των γραψιμάτων	των τρεξιμάτων	των ξυσιμάτων
Obj.	τα γραψίματα	τα τρεξίματα	τα ξυσίματα
Nom. of add.	γραψίματα	τρεξίματα	ξυσίματα

c. Neuters ending in -α (μα)

Singular number

Nom.	το δέμα - package		το άγαλμα - statue	
Poss.	του δέματος		του αγάλματος	
Obj.	το δέμα		το άγαλμα	
Nom. of add.	δέμα		άγαλμα	

Plural number

Nom.	τα δέματα	τα αγάλματα
Poss.	των δεμάτων	των αγαλμάτων
Obj.	τα δέματα	τα αγάλματα
Nom. of add.	δέματα	αγάλματα

d. Neuters ending in -ος

Singular number

Nom.	το δάσος - forest	το έδαφος - soil, ground
Poss.	του δάσους	του εδάφους
Obj.	το δάσος	το έδαφος
Nom. of add.	δάσος	έδαφος

Plural number

Nom.	τα δάση	τα εδάφη
Poss.	των δασών	των εδαφών
Obj.	τα δάση	τα εδάφη
Nom. of add.	δάση	εδάφη

ADJECTIVES - ΕΠΙΘΕΤΑ

a. Adjectives ending in -ος, -η, -ο

Singular number

Nom.	ο καλός - good	η καλή - good	το καλό - good
Poss.	του καλού	της καλής	του καλού
Obj.	τον καλό	την καλή	το καλό
Nom. of add.	καλέ	καλή	καλό

Plural number

Nom.	οι καλοί	οι καλές	τα καλά
Poss.	των καλών	των καλών	των καλών
Obj.	τους καλούς	τις καλές	τα καλά
Nom. of add.	καλοί	καλές	καλά

Singular number

Nom.	ο	όμορφος – beautiful	η	όμορφη	το	όμορφο
Poss.	του	όμορφου	της	όμορφης	του	όμορφου
Obj.	τον	όμορφο	την	όμορφη	το	όμορφο
Nom. of add.		όμορφε		όμορφη		όμορφο

Plural number

Nom.	οι	όμορφοι	οι	όμορφες	τα	όμορφα
Poss.	των	όμορφων	των	όμορφων	των	όμορφων
Obj.	τους	όμορφους	τις	όμορφες	τα	όμορφα
Nom. of Add.		όμορφοι		όμορφες		όμορφα

b. Adjectives ending in ‑ος, ‑α, ‑ο

Singular number

Nom.	ο	ωραίος – beautiful	η	ωραία	το	ωραίο
Poss.	του	ωραίου	της	ωραίας	του	ωραίου
Obj.	τον	ωραίο	την	ωραία	το	ωραίο
Nom. of add.		ωραίε		ωραία		ωραίο

Plural number

Nom.	οι	ωραίοι	οι	ωραίες	τα	ωραία
Poss.	των	ωραίων	των	ωραίων	των	ωραίων
Obj.	τους	ωραίους	τις	ωραίες	τα	ωραία
Nom. of add.		ωραίοι		ωραίες		ωραία

c. Adjectives ending in ‑υς, ‑ιά, ‑ύ

Singular number

Nom.	ο	βαθύς – deep	η	βαθιά	το	βαθύ
Poss.	του	βαθιού	της	βαθιάς	του	βαθιού
Obj.	τον	βαθύ	τη	βαθιά	το	βαθύ
Nom. of add.		βαθύ		βαθιά		βαθύ

Plural number

Nom.	οι	βαθιοί	οι	βαθιές	τα	βαθιά
Poss.	των	βαθιών	των	βαθιών	των	βαθιών
Obj.	τους	βαθιούς	τις	βαθιές	τα	βαθιά
Nom. of add.		βαθιοί		βαθιές		βαθιά

VERBS

We classify verbs, according to their endings and conjugation, into four groups known as *conjugations*:

Conjugation 1 - Verbs ending in -ω . **γράφω, παίζω, βλέπω**
Conjugation 2 - Verbs ending in -ώ - **αγαπώ, χτυπώ, πηδώ**
Conjugation 3 - Verbs ending in -ώ (as the verbs in the second
      conjugation but conjugated slightly differently.) **μπορώ, οδηγώ, ευχαριστώ**
Conjugation 4 - Verbs ending in -ομαι - **κάθομαι, ντύνομαι, έρχομαι**

FIRST CONJUGATION	SECOND CONJUGATION
Present tense Ενεστώτας	
γράφω - I write, I am writing	αγαπώ - I love
γράφεις	αγαπάς
γράφει	αγαπά
γράφουμε - γράφομε	αγαπούμε - αγαπάμε
γράφετε	αγαπάτε
γράφουν	αγαπούν
Past Continuous tense Παρατατικός	
έγραφα - I was writing	αγαπούσα I was loving
έγραφες	αγαπούσες
έγραφε	αγαπούσε
γράφαμε	αγαπούσαμε
γράφατε	αγαπούσατε
έγραφαν	αγαπούσαν
Past Simple tense Αόριστος	
έγραψα - I wrote	αγάπησα - I loved
έγραψες	αγάπησες
έγραψε	αγάπησε
γράψαμε	αγαπήσαμε
γράψατε	αγαπήσατε
έγραψαν	αγάπησαν
Future Continuous tense Μέλλοντας Εξακολουθητικός	
θα γράφω - I shall be writing	θα αγαπώ - I shall be loving
θα γράφεις	θα αγαπάς
θα γράφει	θα αγαπά

θα γράφουμε   θα αγαπούμε
θα γράφετε   θα αγαπάτε
θα γράφουν   θα αγαπούν

Future Simple tense
Μέλλοντας Στιγμιαίος

θα γράψω – I shall write   θα αγαπήσω – I shall love
θα γραψεις   θα αγαπήσεις
θα γράψει   θα αγαπήσει
θα γράψουμε   θα αγαπήσουμε
θα γράψετε   θα αγαπήσετε
θα γράψουν   θα αγαπήσουν

Present Perfect tense
Παρακείμενος

έχω γράψει – I have written   έχω αγαπήσει – I have loved
έχεις γράψει   έχεις αγαπήσει
έχει γράψει   έχει αγαπήσει
έχουμε γράψει   έχουμε αγαπήσει
έχετε γράψει   έχετε αγαπήσει
έχουν γράψει   έχουν αγαπήσει

Past Perfect tense
Υπερσυντέλικος

είχα γράψει – I had written   είχα αγαπήσει – I had loved
είχες γράψει   είχες αγαπήσει
είχε γράψει   είχε αγαπήσει
είχαμε γράψει   είχαμε αγαπήσει
είχατε γράψει   είχατε αγαπήσει
είχαν γράψει   είχαν αγαπήσει

Future Present Perfect
Συντελεσμένος Μέλλοντας

θα έχω γράψει – I shall have written   θα έχω αγαπήσει – I shall have loved
θα έχεις γραψει   θα έχεις αγαπήσει
θα έχει γράψει   θα έχει αγαπήσει
θα έχουμε γράψει   θα έχουμε αγαπήσει
θα έχετε γράψει   θα έχετε αγαπήσει
θα έχουν γράψει   θα έχουν αγαπήσει

Future Past Perfect - Conditional
Υποθετική

θα είχα γράψει – I would have written   θα είχα αγαπήσει – I would have loved
θα είχες γράψει   θα είχες αγαπήσει
θα είχε γράψει   θα είχε αγαπήσει
θα είχαμε γράψει   θα είχαμε αγαπήσει
θα είχατε γράψει   θα είχατε αγαπήσει
θα είχαν γράψει   θα είχαν αγαπήαει

THIRD CONJUGATION
FOURTH CONJUGATION

Present tense - Ενεστώτας

μπορώ – I can, I am able   κάθομαι – I sit
μπορείς   κάθεσαι
μπορεί   κάθεται
μπορούμε   καθόμαστε
μπορείτε   κάθεστε
μπορούν   κάθονται

Past Continuous tense - Παρατατικός

μπορούσα – I could   καθόμουν – I was sitting
μπορούσες   καθόσουν
μπορούσε   καθόταν
μπορούσαμε   καθόμαστε
μπορούσατε   καθόσαστε
μπορούσαν   κάθονταν

Past Simple tense - Αόριστος

μπόρεσα – I could   κάθισα – I sat
μπόρεσες   κάθισες
μπόρεσε   κάθισε
μπορέσαμε   καθίσαμε
μπορέσατε   καθίσατε
μπόρεσαν   κάθισαν

Future Continuous tense - Μέλλοντας   Εξακολουθητικός

θα μπορώ – I shall be able   θα κάθομαι – I shall be sitting
θα μπορείς   θα κάθεσαι
θα μπορεί   θα κάθεται
θα μπορούμε   θα καθόμαστε
θα μπορείτε   θα κάθεστε
θα μπορούν   θα κάθονται

Future Simple tense - Μέλοντας Στιγμιαίος

θα μπορέσω – I shall be able   θα καθίσω – I shall sit
θα μπορέσεις   θα καθίσεις
θα μπορέσει   θα καθίσει
θα μπορέσουμε   θα καθίσουμε
θα μπορέσετε   θα καθίσετε
θα μπορέσουν   θα καθίσουν

Present Perfect tense
Παρακείμενος

έχω μπορέσει - I have been able   έχω καθίσει - I have sat
έχεις μπορέσει   έχεις καθίσει
έχει μπορέσει   έχει καθίσει
έχουμε μπορέσει   έχουμε καθίσει
έχετε μπορέσει   έχετε καθίσει
έχουν μπορέσει   έχουν καθίσει

Past Perfect tense
Υπερσυντέλικος

είχα μπορέσει - I had been able   είχα καθίσει - I had sat
είχες μπορέσει   είχες καθίσει
είχε μπορέσει   είχε καθίσει
είχαμε μπορέσει   είχαμε καθίσει
είχατε μπορέσει   είχατε καθίσει
είχαν μπορέσει   είχαν καθίσει

Future Perfect
Συντελεσμένος Μέλλοντας

θα έχω μπορέσει - I will have been able   θα έχω καθίσει - I will have sat
θα έχεις μπορέσει   θα έχεις καθίσει
θα έχει μπορέσει   θα έχει καθίσει
θα έχουμε μπορέσει   θα έχουμε καθίσει
θα έχετε μπορέσει   θα έχετε καθίσει
θα έχουν μπορέσει   θα έχουν καθίσει

Future Past Perfect - Conditional
Υποθετική

θα είχα μπορέσει - I would have been able θα είχα καθίσει - I would have sat
θα είχες μπορέσει   θα είχες καθίσει
θα είχε μπορέσει   θα είχε καθίσει

θα είχαμε μπορέσει   θα είχαμε καθίσει
θα είχατε μπορέσει   θα είχατε καθίσει
θα είχαν μπορέσει   θα είχαν καθίσει

Conjugation of ντύνω and ντύνομαι

Active Voice Active Mood	Passive Voice - Passive Mood Middle Mood

Present Tense

ντύνω - I dress	ντύνομαι - I am dressed, I dress myself
ντύνεις	ντύνεσαι
ντύνει	ντύνεται
ντύνουμε	ντυνόμαστε
ντύνετε	ντύνεστε
ντύνουν	ντύνονται

Past Continuous

έντυνα - I was dressing	ντυνόμουν - I was being dressed
έντυνες	ντυνόσουν I was dressing myself
έντυνε	ντυνόταν
ντύναμε	ντυνόμαστε
ντύνατε	ντυνόσαστε
έντυναν	ντύνονταν

Past Simple tense

έντυσα - I dressed	ντύθηκα - I was dressed, I dressed myself
έντυσες	ντύθηκες
έντυσε	ντύθηκε
ντύσαμε	ντυθήκαμε
ντύσατε	ντυθήκατε
έντυσαν	ντύθηκαν

Future Continuous tense

θα ντύνω - I shall be dressing	θα ντύνομαι - I shall be dressed
θα ντύνεις	θα ντύνεσαι
θα ντύνει	θα ντύνεται
θα ντύνουμε	θα ντυνόμαστε
θα ντύνετε	θα ντύνεστε
θα ντύνουν	θα ντύνονται

Future Simple tense

θα ντύσω - I shall dress	θα ντυθώ - I shall be dressed
θα ντύσεις	θα ντυθείς
θα ντύσει	θα ντυθεί
θα ντύσουμε	θα ντυθούμε
θα ντύσετε	θα ντυθείτε
θα ντύσουν	θα ντυθούν

Present Perfect tense

έχω ντύσει – I have dressed   έχω ντυθεί – I have been dressed, I have
έχεις ντύσει   έχεις ντυθεί   dressed myself
έχει ντύσει   έχει ντυθεί
έχουμε ντύσει   έχουμε ντυθεί
έχετε ντύσει   έχετε ντυθεί
έχουν ντύσει   έχουν ντυθεί

Past Perfect tense

είχα ντύσει – I had dressed   είχα ντυθεί – I had been dressed, I had
είχες ντύσει   είχες ντυθεί   dressed myself
είχε ντύσει   είχε ντυθεί
είχαμε ντύσει   είχαμε ντυθεί
είχατε ντύσει   είχατε ντυθεί
είχαν ντύσει   είχαν ντυθεί

Future Perfect tense

θα έχω ντύσει – I shall have dressed   θα έχω ντυθεί – I shall have been
θα έχεις ντύσει   θα έχεις ντυθεί   dressed, I shall have
θα έχει ντύσει   θα έχει ντυθεί   dressed myself
θα έχουμε ντύσει   θα έχουμε ντυθεί
θα έχετε ντύσει   θα έχετε ντυθεί
θα έχουν ντύσει   θα έχουν ντυθεί

Future Past Perfect - Conditional

θα είχα ντύσει – I would have dressed   θα είχα ντυθεί – I would have been
θα είχες ντύσει   θα είχες ντυθεί   dressed, I would have
θα είχε ντύσει   θα είχε ντυθεί   dressed myself
θα είχαμε ντύσει   θα είχαμε ντυθεί
θα είχατε ντύσει   θα είχατε ντυθεί
θα είχαν ντύσει   θα είχαν ντυθεί

SOME REMARKS ABOUT VERBS

a. The present tense has the following meanings: Example:
    ακούω - I hear, I do hear, I am hearing, I usually hear.
b. The past continuous shows an action which was happening in the past for
    an extended period, or a habitual and customary action.
    Ex.: Χτες όλη μέρα παίζαμε ποδόσφαιρο - Yesterday, all day long, we
    were playing soccer. (extended period)
    Οι αρχαίοι Έλληνες πολεμούσαν γενναία. - The ancient Greeks fought
    bravely. (used to fight bravely)
c. A transitive verb (a verb which takes an object) has active and passing
    voice. Ex.: Δένω - I tie, δένομαι - I am tied

d.   Verbs like κάθομαι, αισθάνομαι, εύχομαι, φαίνομαι are called deponent verbs. They have no active voice, but are used in the middle (or middle and passive) forms with an active sense. Αισθάνομαι - I feel, εύχομαι - I wish

e.   Verbs beginning with a consonant, in the past tenses receive as a prefix an **ε-** which is called augment (it increases the number of syllables by one).
    Ex.: Γράφω - I write, έγραφα - I was writing, έγραψα - I wrote
    The augment is kept only if the accent falls on it. Otherwise it is dropped.
    Ex.: έγραφα, έγραφες έγραφε, but γράφαμε, γράφατε

SUFFIXES

C O N J U G A T I O N

	1	2	3	4
Present	-ω	-ώ	-ώ	-ομαι
Past Cont.	-α	-ούσα	-ούσα	-όμουν
Past Simple	-σα	-ησα, -ασα	-ησα, -εσα	- κα (most common)

FORMATION OF TENSES

Present tense: root + ending. Ex.: δεν-ω = **δένω**

Past Continuous: augment +root + ending - ε-δεν-α = **έδενα**

Past Simple: augment + root + ending - ε-δεν-σα = έδενσα = **έδεσα** (the ν before the σ is dropped)

Future Continuous : the particle **θα** and the present tense: **θα δένω**

Future Simple: the particle **θα** and the past simple tense without the augment. The suffix is -ω· **θα δέσω**

Present Perfect: The auxiliary verb **έχω** and the third person, singular number of the past simple tense: **έχω δέσει**

Past Perfect: the past tense of έχω (είχα) and the third person of the past simple tense: **είχα δέσει**

Future Perfect : the particle **θα** and the Present Perfect: **θα έχω δέσει**

Conditional: the particle **θα** and the past perfect tense: **θα είχα δέσει**

The active and passive voice of the verbs δένω and ακούω

	active		passive	
P.	δένω	ακούω	δένομαι	ακούομαι
P.C.	έδενα	άκουα	δενόμουν	ακουόμουν
P.S.	έδεσα	άκουσα	δέθηκα	ακούστηκα
F.C.	θα δένω	θα ακούω	θα δένομαι	θα ακούομαι

F.S.	θα δέσω	θα ακούσω	θα δεθώ	θα ακουστώ
Pr. P.	έχω δέσει	έχω ακούσει	έχω δεθεί	έχω ακουστεί
P.P.	είχα δέσει	είχα ακούσει	είχα δεθεί	είχα ακουστεί
F. Pr.	θα έχω δέσει	θα έχω ακούσει	θα έχω δεθεί	θα έχω ακουστεί
C.	θα είχα δέσει	θα είχα ακούσει	θα είχα δεθεί	θα είχα ακουστεί

CONJUGATION OF OTHER VERBS

1. The four groups or conjugations of verbs in the present tense:

παίζω (1) ‑ I play
παίζεις
παίζει
παίζουμε
παίζετε
παίζουν

γράφω (1) ‑ I write
γράφεις
γράφει
γράφουμε
γράφετε
γράφουν

αγαπώ (2) ‑ I love
αγαπάς
αγαπά and αγαπάει
αγαπούμε ‑ αγαπάμε
αγαπάτε
αγαπούν ‑ αγαπάνε

πηδώ (2) ‑ I jump
πηδάς
πηδά ‑ πηδάει
πηδούμε ‑ πηδάμε
πηδάτε
πηδούν ‑ πηδάνε

μπορώ (3) ‑ I can, I may
μπορείς
μπορεί
μπορούμε
μπορείτε
μπορούν

ζω (3) ‑ I live
ζεις
ζει
ζούμε
ζείτε
ζούν

ονομάζομαι (4) ‑ I am named
ονομάζεσαι
ονομάζεται
ονομαζόμαστε
ονομάζεστε
ονομάζονται

έρχομαι (4) ‑ I come
έρχεσαι
έρχεται
ερχόμαστε
έρχεστε
έρχονται

2. Conjugation of the verb *ανοίγω* (1):

Present tense	Past Continuous	Past Simple
ανοίγω - I open	άνοιγα - I was opening	άνοιξα - I opened
ανοίγεις	άνοιγες	άνοιξες
ανοίγει	άνοιγε	άνοιξε
ανοίγουμε	ανοίγαμε	ανοίξαμε
ανοίγετε	ανοίγατε	ανοίξατε
ανοίγουν	άνοιγαν	άνοιξαν

Future Continuous	Future Simple	Present Perfect
θα ανοίγω - I shall	θα ανοίξω - I shall	έχω ανοίξει - I have
θα ανοίγεις be	θα ανοίξεις open	έχεις ανοίξει opened
θα ανοίγει opening	θα ανοίξει	έχει ανοίξει
θα ανοίγουμε	θα ανοίξουμε	έχουμε ανοίξει
θα ανοίγετε	θα ανοίξετε	έχετε ανοίξει
θα ανοίγουν	θα ανοίξουν	έχουν ανοίξει

Past Perfect	Future Perfect
είχα ανοίξει - I had opened	θα έχω ανοίξει - I shall have opened
είχες ανοίξει	θα έχεις ανοίξει
είχε ανοίξει	θα έχει ανοίξει
είχαμε ανοίξει	θα έχουμε ανοίξει
είχατε ανοίξει	θα έχετε ανοίξει
είχαν ανοίξει	θα έχουν ανοίξει

3. Conjugation of the auxiliary verb *είμαι*

Present	Past simple	Future simple
είμαι - I am	ήμουν - I was	θα είμαι - I shall be
είσαι	ήσουν	θα είσαι
είναι	ήταν	θα είναι
είμαστε	ήμαστε	θα είμαστε
είστε	ήσαστε	θα είστε
είναι	ήταν	θα είναι

4. Conjugation of the regular verb <u>δένω</u> (1) - I tie

Present tense	Past Continuous	Past Simple
δένω - I tie	έδενα - I was tying	έδεσα - I tied
δένεις	έδενες	έδεσες
δένει	έδενε	έδεσε
δένουμε	δέναμε	δέσαμε
δένετε	δένατε	δέσατε
δένουν	έδεναν	έδεσαν

Future Continuous	Future Simple	Present Perfect
θα δένω - I shall	θα δέσω - I shall	έχω δέσει - I have
θα δένεις be tying	θα δέσεις tie	έχεις δέσει tied
θα δένει	θα δέσει	έχει δέσει
θα δένουμε	θα δέσουμε	έχουμε δέσει
θα δένετε	θα δέσετε	έχετε δέσει
θα δένουν	θα δέσουν	έχουν δέσει

Past Perfect	Future Perfect	Conditional
είχα δέσει - I had	θα έχω δέσει - I shall	θα είχα δέσει - I
είχες δέσει tied	θα έχεις δέσει have	θα είχες δέσει would
είχε δέσει	θα έχει δέσει tied	θα είχε δέσει have
είχαμε δέσει	θα έχουμε δέσει	θα είχαμε δέσει tied
είχατε δέσει	θα έχετε δέσει	θα είχατε δέσει
είχαν δέσει	θα έχουν δέσει	θα είχαν δέσει

5. Conjugation of the verb <u>ρωτώ</u> (2):

Present Tense	Past Continuous	Past Simple
ρωτώ - I ask	ρωτούσα- I was asking	ρώτησα - I asked
ρωτάς	ρωτούσες	ρώτησες
ρωτά - ρωτάει	ρωτούσε	ρώτησε
ρωτούμε -ρωτάμε	ρωτούσαμε	ρωτήσαμε
ρωτάτε	ρωτούσατε	ρωτήσατε
ρωτούν - ρωτάνε	ρωτούσαν	ρώτησαν

Future Continuous	Future Simple	Present Perfect
θα ρωτώ - I shall be	θα ρωτήσω - I shall	έχω ρωτήσει - I have
θα ρωτάς asking	θα ρωτήσεις ask	έχεις ρωτήσει asked
θα ρωτά	θα ρωτήσει	έχει ρωτήσει
θα ρωτούμε	θα ρωτήσουμε	έχουμε ρωτήσει
θα ρωτάτε	θα ρωτήσετε	έχετε ρωτήσει
θα ρωτούν	θα ρωτήσουν	έχουν ρωτήσει

Past Perfect	Future Perfect	Conditional
είχα ρωτήσει - I had	θα έχω ρωτήσει - I shall	θα είχα ρωτήσει - I
είχες ρωτήσει asked	θα έχεις ρωτήσει have	θα είχες ρωτήσει would
είχε ρωτήσει	θα έχει ρωτήσει asked	θα είχε ρωτήσει have
είχαμε ρωτήσει	θα έχουμε ρωτήσει	θα είχαμε ρωτήσει asked
είχατε ρωτήσει	θα έχετε ρωτήσει	θα είχατε ρωτήσει
είχαν ρωτήσει	θα έχουν ρωτήσει	θα είχαν ρωτήσει

6. Conjugation of the verb περνώ:

Present Tense	Past Continuous	Past Simple
περνώ - I pass	περνούσα I was	πέρασα - I passed
περνάς	περνούσες passing	πέρασες
περνά - περνάει	περνούσε	πέρασε
περνούμε - περνάμε	περνούσαμε	περάσαμε
περνάτε	περνούσατε	περάσατε
περνούν - περνάνε	περνούσαν	πέρασαν

Future Continuous	Future Simple	Present Perfect
θα περνώ - I shall be	θα περάσω - I shall	έχω περάσει - I have
θα περνάς passing	θα περάσεις pass	έχεις περάσει passed
θα περνά	θα περάσει	έχει περάσει
θα περνούμε	θα περάσουμε	έχουμε περάσει
θα περνάτε	θα περάσετε	έχετε περάσει
θα περνούν	θα περάσουν	έχουν περάσει

Past Perfect	Future Perfect
είχα περάσει - I had	θα έχω περάσει - I shall have passed
είχες περάσει passed	θα έχεις περάσει
είχε περάσει	θα έχει περάσει
είχαμε περάσει	θα έχουμε περάσει
είχατε περάσει	θα έχετε περάσει
είχαν περάσει	θα έχουν περάσει

7. Conjugation of the verb βρίσκομαι:

Present tense	Past Continuous	Past Simple
βρίσκομαι - I am found	βρισκόμουν - I was being	βρέθηκα - I was found
βρίσκεσαι	βρισκόσουν found	βρέθηκες
βρίσκεται	βρισκόταν	βρέθηκε
βρισκόμαστε	βρισκόμαστε	βρεθήκαμε
βρίσκεστε	βρισκόσαστε	βρεθήκατε
βρίσκονται	βρίσκονταν	βρέθηκαν

- 152 -

Future Continuous		Future Simple		Present Perfect	
θα βρίσκομαι	- I shall be	θα βρεθώ	- I shall be	έχω βρεθεί	- I have been
θα βρίσκεσαι	found	θα βρεθείς	found	έχεις βρεθεί	found
θα βρίσκεται		θα βρεθεί		έχει βρεθεί	
θα βρισκόμαστε		θα βρεθούμε		έχουμε βρεθεί	
θα βρίσκεστε		θα βρεθείτε		έχετε βρεθεί	
θα βρίσκονται		θα βρεθούν		έχουν βρεθεί	

Past Perfect		Future Perfect		Conditional	
είχα βρεθεί	- I had	θα έχω βρεθεί	- I shall	θα είχα βρεθεί	- I
είχες βρεθεί	been	θα έχεις βρεθεί	have	θα είχες βρεθεί	should
είχε βρεθεί	found	θα έχει βρεθεί	been	θα είχε βρεθεί	have
είχαμε βρεθεί		θα έχουμε βρεθεί	found	θα είχαμε βρεθεί	been
είχατε βρεθεί		θα έχετε βρεθεί		θα είχατε βρεθεί	found
είχαν βρεθεί		θα έχουν βρεθεί		θα είχαν βρεθεί	

8. Declension of feminines:

Singular number

Nom.	η	εφημερίδα	η βιβλιοθήκη		η τάξη
		the newspaper	the library		the classroom
Poss.	της	εφημερίδας	της βιβλιοθήκης		της τάξης
Obj.	την	εφημερίδα	τη βιβλιοθήκη		την τάξη
Nom. of add.		εφημερίδα	βιβλιοθήκη		τάξη

Plural number

Nom.	οι	εφημερίδες	οι βιβλιοθήκες		οι τάξεις
Poss.	των	εφημερίδων	των βιβλιοθηκών		των τάξεων
Obj.	τις	εφημερίδες	τις βιβλιοθήκες		τις τάξεις
Nom. of add.		εφημερίδες	βιβλιοθήκες		τάξεις

Singular number

Nom.	η	νήσος	η Φρόσω		η φωνή
		the island	Froso		the voice
Poss.	της	νήσου	της Φρόσως		της φωνής
Obj.	τη	νήσο	τη Φρόσω		τη φωνή
Nom. of Add.		νήσος	Φρόσω		φωνή

Plural number

Nom.	οι	νήσοι	-		οι φωνές
Poss.	των	νήσων			των φωνών
Obj.	τις	νήσους			τις φωνές
Nom. of add.		νήσοι			φωνές

9. Declension of neuters:

Singular number

Nom.	το βιβλίο	το παιδί	το τραγούδι
	the book	the child	the song
Poss.	του βιβλίου	του παιδιού	του τραγουδιού
Obj.	το βιβλίο	το παιδί	το τραγούδι
Nom. of add.	βιβλίο	παιδί	τραγούδι

Plural Number

Nom.	τα βιβλία	τα παιδιά	τα τραγούδια
Poss.	των βιβλίων	των παιδιών	των τραγουδιών
Obj.	τα βιβλία	τα παιδιά	τα τραγούδια
Nom. of Add.	βιβλία	παιδιά	τραγούδια

Singular number

Nom.	το είδος	το πάτωμα	το νέφος
	the kind	the floor	the cloud
Poss.	του είδους	του πατώματος	του νέφους
Obj.	το είδος	το πάτωμα	το νέφος
Nom. of Add.	είδος	πάτωμα	νέφος

Plural number

Nom.	τα είδη	τα πατώματα	τα νέφη
Poss.	των ειδών	των πατωμάτων	των νεφών
Obj.	τα είδη	τα πατώματα	τα νέφη
Nom. of Add.	είδη	πατώματα	νέφη

ΚΑΤΑΛΟΓΟΣ ΡΗΜΑΤΩΝ - LIST OF VERBS

Order of the tenses: Present, Past Continuous, Past Simple
Future Continuous, Future Simple,
Present Perfect, Past Perfect, Future Perfect,
the Conditional

αγαπώ (2) - I love
αγαπούσα, αγάπησα, θα αγαπώ, θα αγαπήσω, έχω αγαπήσει, είχα αγαπήσει, θα έχω αγαπήσει, θα είχα αγαπήσει

αγγίζω - (1) I touch
άγγιζα, άγγιξα, θα αγγίζω, θα αγγίξω, έχω αγγίξει, είχα αγγίξει θα έχω αγγίξει, θα είχα αγγίξει

αγοράζω (1) - I buy
αγόραζα, αγόρασα, θα αγοράζω, θα αγοράσω, έχω αγοράσει, είχα αγοράσει, θα έχω αγοράσει, θα είχα αγοράσει

αδυνατώ (3) - I am unable, I weaken
αδυνατούσα, αδυνάτησα, θα αδυνατώ, θα αδυνατήσω, έχω αδυνατήσει, είχα αδυνατήσει, θα έχω αδυνατήσει, θα είχα αδυνατήσει

αισθάνομαι (4) - I feel
αισθανόμουν, αισθάνθηκα, θα αισθάνομαι, θα αισθανθώ, έχω αισθανθεί, είχα αισθανθεί, θα έχω αισθανθεί, θα είχα αισθανθεί

ακουμπώ (2) - I lean
ακουμπούσα, ακούμπησα, θα ακουμπώ, θα ακουμπήσω, έχω ακουμπήσει, είχα ακουμπήσει, θα έχω ακουμπήσει, θα είχα ακουμπήσει

ακούω (1) - I hear, I listen
άκουα, άκουσα, θα ακούω, θα ακούσω, έχω ακούσει, είχα ακούσει, θα έχω ακούσει, θα είχα ακούσει

αλέθω - (1) - I grind
άλεθα, άλεσα, θα αλέθω, θα αλέσω, έχω αλέσει, είχα αλέσει, θα έχω αλέσει, θα είχα αλέσει

αλλάζω - (1) I change
άλλαζα, άλλαξα, θα αλλάζω, θα αλλάξω, έχω αλλάξει, είχα αλλάξει, θα έχω αλλάξει, θα είχα αλλάξει

αναγκάζω (1) - I oblige, I compel
ανάγκαζα, ανάγκασα, θα αναγκάζω, θα αναγκάσω, έχω αναγκάσει, είχα αναγκάσει, θα έχω αναγκάσει, θα είχα αναγκάσει

ανακατεύω (1) - I mix
ανακάτευα, ανακάτεψα, θα ανακατεύω, θα ανακατέψω, έχω ανακατέψει, είχα ανακατέψει, θα έχω ανακατέψει, θα είχα ανακατέψει

αναπτύσσω (1) - I develop
>   ανέπτυσσα, ανέπτυξα, θα αναπτύσσω, θα αναπτύξω, έχω αναπτύξει,
>   είχα αναπτύξει, θα έχω αναπτύξει, θα είχα αναπτύξει

αναφέρω (1) - I refer, I report
>   ανέφερα, ανέφερα, θα αναφέρω, θα αναφέρω, έχω αναφέρει,
>   είχα αναφέρει, θα έχω αναφέρει, θα είχα αναφέρει

ανεβαίνω - (1) - I climb, I ascend, I go up
>   ανέβαινα, ανέβηκα, θα ανεβαίνω, θα ανέβω έχω ανέβει, είχα ανέβει
>   θα έχω ανέβει, θα είχα ανέβει

ανοίγω (1) - I open
>   άνοιγα, άνοιξα, θα ανοίγω, θα ανοίξω, έχω ανοίξει, είχα ανοίξει
>   θα έχω ανοίξει, θα είχα ανοίξει

απαγορεύω (1) - I forbid
>   απαγόρευα, απαγόρεψα, θα απαγορεύω, θα απαγορέψω,
>   έχω απαγορέψει, είχα απαγορέψει, θα έχω απαγορέψει, θα είχα
>   απαγορέψει

απαντώ (2) - I answer
>   απαντούσα, απάντησα, θα απαντώ, θα απαντήσω, έχω απαντήσει,
>   είχα απαντήσει, θα έχω απαντήσει, θα είχα απαντήσει

απέχω (1) - I am distant from
>   απείχα, θα απέχω

απλώνω (1) - I spread, I stretch
>   άπλωνα, άπλωσα, θα απλώνω, θα απλώσω, έχω απλώσει,
>   είχα απλώσει, θα έχω απλώσει, θα είχα απλώσει

απολαμβάνω (1) - I enjoy
>   απόλαυσα, έχω απολαύσει

απολαύω (1) - I enjoy
>   απόλαυα, απόλαυσα, θα απολαύω, θα απολαύσω, έχω απολαύσει,
>   είχα απολαύσει, θα έχω απολαύσει, θα είχα απολαύσει

απομακρύνω (1) - I send way
>   P.C. & P.S. απομάκρυνα, F.C. & F.S. θα απομακρύνω, έχω απομακρύνει,
>   είχα απομακρύνει, θα έχω απομακρύνει, θα είχα απομακρύνει

απομένω (1) - I remain
>   απέμενα, απέμεινα, θα απομένω, θα απομείνω, έχω απομείνει,
>   είχα απομείνει, θα έχω απομείνει, θα είχα απομείνει

αποτελώ (3) - I form, I constitute
>   αποτελούσα, απετέλεσα, θα αποτελώ, θα αποτελέσω,
>   έχω αποτελέσει, είχα αποτελέσει, θα έχω αποτελέσει,
>   θα είχα αποτελέσει

αποφασίζω (1) - I decide

   αποφάσιζα, αποφάσισα, θα αποφασίζω, θα αποφασίσω,
   έχω αποφασίσει, είχα αποφασίσει, θα έχω αποφασίσει
   θα είχα αποφασίσει

αποφεύγω (1) - I avoid

   απέφευγα, απέφυγα, θα αποφεύγω, θα αποφύγω, έχω αποφύγει
   είχα αποφύγει, θα έχω αποφύγει, θα είχα αποφύγει

αργώ (3) - I am late, I am slow

   αργούσα, άργησα, θα αργώ, θα αργήσω, έχω αργήσει,
   είχα αργήσει, θα έχω αργήσει, θα είχα αργήσει

αρέσει, μου .. - I like (impersonal verb)

   μου άρεσε, θα μου αρέσει

αρκούμαι - (4) - I have enough of, I am satisfied with what I have

   αρκιόμουν, αρκέστηκα, θα αρκούμαι, θα αρκεστώ, έχω αρκεστεί,
   είχα αρκεστεί, θα έχω αρκεστεί, θα είχα αρκεστεί

αρχίζω - (1) - I begin

   άρχιζα, άρχισα, θα αρχίζω, θα αρχίσω, έχω αρχίσει, είχα αρχίσει,
   θα έχω αρχίσει, θα είχα αρχίσει

αστράφτει - it is lightning (impersonal verb)

   άστραφτε - άστραψε, θα αστράφτει, θα αστράψει, έχει αστράψει,
   είχε αστράψει, θα έχει αστράψει, θα είχε αστράψει

αφήνω (1) - I leave, I abandon

   άφηνα, άφησα, θα αφήνω, θα αφήσω, έχω αφήσει, είχα αφήσει,
   θα έχω αφήσει, θα είχα αφήσει

βάζω (1) - I put, I place

   έβαζα, έβαλα, θα βάζω, θα βάλω, έχω βάλει, είχα βάλει, θα έχω
   βάλει, θα είχα βάλει

βγάζω (1)- I take off, I remove

   έβγαζα, έβγαλα, θα βγάζω, θα βγάλω, έχω βγάλει, είχα βγάλει,
   θα έχω βγάλει, θα είχα βγάλει

βγαίνω (1) - I go out

   έβγαινα, βγήκα, θα βγαίνω, θα βγω, έχω βγει, είχα βγει,
   θα έχω βγει, θα είχα βγει

βιάζω (1) - I force

   βίαζα, βίασα, θα βιάζω, θα βιάσω, έχω βιάσει, είχα βιάσει,
   θα έχω βιάσει, θα είχα βιάσει

βλέπω (1) - I see

   έβλεπα, είδα, θα βλέπω, θα δω, έχω δει, είχα δει, θα έχω δει,
   θα είχα δει

βοηθώ (2) - I help

   βοηθούσα, βοήθησα, θα βοηθώ, θα βοηθήσω, έχω βοηθήσει,

εἶχα βοηθήσει, θα ἔχω βοηθήσει, θα εἶχα βοηθήσει

βρέχει - it rains (impersonal verb)

ἔβρεχε, ἔβρεξε, θα βρέχει, θα βρέξει, ἔχει βρέξει, εἶχε βρέξει,
θα ἔχει βρέξει, θα εἶχε βρέξει

βροντά - it thunders (impersonal verb)

βροντούσε, βρόντηξε, θα βροντά, θα βροντήξει, ἔχει βροντήξει,
εἶχε βροντήξει, θα ἔχει βροντήξει, θα εἶχε βροντήξει

γελώ (2) - I laugh

γελούσα, γέλασα, θα γελώ, θα γελάσω, ἔχω γελάσει, εἶχα γελάσει,
θα ἔχω γελάσει, θα εἶχα γελάσει

γεννιέμαι (4) - I am born

γεννιόμουν, γεννήθηκα, θα γεννιέμαι, θα γεννηθώ,
ἔχω γεννηθεί, εἶχα γεννηθεί, θα ἔχω γεννηθεί, θα εἶχα γεννηθεί

γέρνω (1) - I lean

ἔγερνα, ἔγειρα, θα γέρνω, θα γείρω, ἔχω γείρει, εἶχα γείρει,
θα ἔχω γείρει, θα εἶχα γείρει

γεύομαι (4) - I taste (deponent verb)

γευόμουν, γεύτηκα, θα γεύομαι, θα γευτώ, ἔχω γευτεί, εἶχα γευτεί,
θα ἔχω γευτεί, θα εἶχα γευτεί

γίνομαι (4) - I become (deponent verb)

γινόμουν, ἔγινα, γίνηκα (passive aorist), θα γίνομαι, θα γίνω or θα
γενώ, ἔχω γίνει, εἶχα γίνει, θα ἔχω γίνει, θα εἶχα γίνει

γλυτώνω (1) - I save, I escape

γλύτωνα, γλύτωσα, θα γλυτώνω, θα γλυτώσω, ἔχω γλυτώσει,
εἶχα γλυτώσει, θα ἔχω γλυτώσει, θα εἶχα γλυτώσει

γνωρίζω (1) - I know

γνώριζα, γνώρισα, θα γνωρίζω, θα γνωρίσω, ἔχω γνωρίσει,
εἶχα γνωρίσει, θα ἔχω γνωρίσει, θα εἶχα γνωρίσει

γράφω (1) - I write

ἔγραφα, ἔγραψα, θα γράφω, θα γράψω, ἔχω γράψει, εἶχα γράψει,
θα ἔχω γράψει, θα εἶχα γράψει

δαγκάνω (1) - I bite

δάγκανα, δάγκασα, θα δαγκάνω, θα δαγκάσω, ἔχω δαγκάσει,
εἶχα δαγκάσει, θα ἔχω δαγκάσει, θα εἶχα δαγκάσει

δανείζομαι (4) - I borrow

δανειζόμουν, δανείστηκα, θα δανείζομαι, θα δανειστώ, ἔχω δανειστεί,
εἶχα δανειστεί, θα ἔχω δανειστεί, θα εἶχα δανειστεί

δένω (1) - I tie

ἔδενα, ἔδεσα, θα δένω, θα δέσω, ἔχω δέσει, εἶχα δέσει, θα ἔχω δέσει,
θα εἶχα δέσει

δημιουργώ (3) - I create
    δημιουργούσα, δημιούργησα, θα δημιουργώ, θα δημιουργήσω,
    έχω δημιουργήσει, είχα δημιουργήσει, θα έχω δημιουργήσει

διαβάζω (1) - I read
    διάβαζα, διάβασα, θα διαβάζω, θα διαβάσω, έχω διαβάσει,
    είχα διαβάσει, θα έχω διαβάσει, θα είχα διαβάσει

διαλέγω - I choose
    διάλεγα, διάλεξα, θα διαλέγω, θα διαλέξω, έχω διαλέξει,
    είχα διαλέξει, θα έχω διαλέξει, θα είχα διαλέξει

διαρκώ (3) - I last
    διαρκούσα, διάρκεσα, θα διαρκώ, θα διαρκέσω, έχω διαρκέσει,
    είχα διαρκέσει, θα έχω διαρκέσει, θα είχα διαρκέσει

διδάσκω (1) - I teach
    δίδασκα, δίδαξα, θα διδάσκω, θα διδάξω, έχω διδάξει, είχα διδάξει,
    θα έχω διδάξει, θα είχα διδάξει

διευθύνω (1) - I direct
    P.C. and P.S. διεύθυνα, F.C. and F.S. θα διευθύνω, έχω
    διευθύνει, είχα διευθύνει, θα έχω διευθύνει, θα είχα διευθύνει

δίνω (1) - I give
    έδινα, έδωσα, θα δίνω, θα δώσω, έχω δώσει, είχα δώσει,
    θα έχω δώσει, θα είχα δώσει

διορθώνω (1) - I repair, I correct
    διόρθωνα, διόρθωσα, θα διορθώνω, θα διορθώσω, έχω διορθώσει,
    είχα διορθώσει, θα έχω διορθώσει, θα είχα διορθώσει

διορίζω (1) - I appoint
    διόριζα, διόρισα, θα διορίζω, θα διορίσω, έχω διορίσει, είχα διορίσει,
    θα έχω διορίσει, θα είχα διορίσει

διψώ (2) - I am thirsty
    διψούσα, δίψασα, θα διψώ, θα διψάσω, έχω διψάσει, είχα διψάσει,
    θα έχω διψάσει, θα είχα διψάσει

δοκιμάζω (1) - I try, I test
    δοκίμαζα, δοκίμασα, θα δοκιμάζω, θα δοκιμάσω, έχω δοκιμάσει,
    είχα δοκιμάσει, θα έχω δοκιμάσει, θα είχα δοκιμάσει

δουλεύω (1) - I work
    δούλευα, δούλεψα, θα δουλεύω, θα δουλέψω, έχω δουλέψει,
    είχα δουλέψει, θα έχω δουλέψει, θα είχα δουλέψει

δροσίζω (1) - I refresh, I cool
    δρόσιζα, δρόσισα, θα δροσίζω, θα δροσίσω, έχω δροσίσει,
    είχα δροσίσει, θα έχω δροσίσει, θα είχα δροσίσει

δυσκολεύομαι (4) - I am hindered, I meet difficulties
    δυσκολευόμουν, δυσκολεύτηκα, θα δυσκολεύομαι, θα δυσκολευτώ,

έχω δυσκολευτεί, είχα δυσκολευτεί, θα έχω δυσκολευτεί,
θα είχα δυσκολευτεί

είμαι (4) - I am, I exist

P.C. and P.S. ήμουν, F.C. and F.S. θα είμαι

other tenses from the verb I exist - υπάρχω

έχω υπάρξει, είχα υπάρξει, θα έχω υπάρξει, θα είχα υπάρξει

ενδιαφέροαμι (4) - I am interested (deponent verb)

ενδιαφερόμουν, ενδιαφέρθηκα, θα ενδιαφέρομαι, θα ενδιαφερθώ,
έχω ενδιαφερθεί, είχα ενδιαφερθεί, θα έχω ενδιαφερθεί, θα είχα
ενδιαφερθεί

ενώνω (1) - I join, I unite, I combine

ένωνα, ένωσα, θα ενώνω, θα ενώσω, έχω ενώσει, είχα ενώσει,
θα έχω ενώσει, θα είχα ενώσει

εξακολουθώ (3) - I continue

εξακολουθούσα, εξακολούθησα, θα εξακολουθώ, θα εξακολουθήσω,
έχω εξακολουθήσει, είχα εξακολουθήσει, θα έχω εξακολουθήσει

εξασφαλίζω (1) - I secure, I safequard

εξασφάλιζα, εξασφάλισα, θα εξασφαλίζω, θα εξασφαλίσω,
έχω εξασφαλίσει, είχα εξασφαλίσει, θα έχω εξασφαλίσει,
θα είχα εξασφαλίσει

εξυπηρετώ (3) - I serve

εξυπηρετούσα, εξυπηρέτησα, θα εξυπηρετώ, θα εξυπηρετήσω, έχω
εξυπηρετήσει, είχα εξυπηρετήσει, θα έχω εξυπηρετήσει, θα είχα
εξυπηρετήσει

επισκέπτομαι (4) - I visit (deponent verb)

επισκεπτόμουν, επισκέφτηκα, θα επισκέπτομαι, θα επισκεφτώ,
έχω επισκεφτεί, είχα επισκεφτεί, θα έχω επισκεφτεί

επιστρέφω (1) - I return

επέστρεφα, επέστρεψα, θα επιστρέφω, θα επιστρέψω, έχω
επιστρέψει, είχα επιστρέψει, θα έχω επιστρέψει, θα είχα επιστρέψει

επιτίθεμαι (4) - I attack (deponent verb)

επιτεθέμην, επετέθηκα, θα επιτίθεμαι, θα επιτεθώ, έχω επιτεθεί,
είχα επιτεθεί, θα έχω επιτεθεί, θα είχα επιτεθεί

επιτρέπω (1) - I allow, I permit

επέτρεπα, επέτρεψα, θα επιτρέπω, θα επιτρέψω, έχω επιτρέψει,
είχα επιτρέψει, θα έχω επιτρέψει, θα είχα επιτρέψει

έρχομαι (4) - I come (deponent verb)

ερχόμουν, ήρθα, θα έρχομαι, θα έρθω, έχω έρθει, είχα έρθει,
θα έχω έρθει, θα είχα έρθει

ετοιμάζω (1) - I prepare

    ετοίμαζα, ετοίμασα, θα ετοιμάζω, θα ετοιμάσω, έχω ετοιμάσει, είχα ετοιμάσει, θα έχω ετοιμάσει, θα είχα ετοιμάσει

ευχαριστώ (3) - I thank

    ευχαριστούσα, ευχαρίστησα, θα ευχαριστώ, θα ευχαριστήσω, έχω ευχαριστήσει, είχα ευχαριστήσει, θα έχω ευχαριστήσει, θα είχα ευχαριστήσει

έχω (1) - I have

    είχα, θα έχω (only tenses)

ζηλεύω (1) - I am jealous

    ζήλευα, ζήλεψα, θα ζηλεύω, θα ζηλέψω, έχω ζηλέψει, είχα ζηλέψει, θα έχω ζηλέψει, θα είχα ζηλέψει

ζητώ (2) - I demand, I ask

    ζητούσα, ζήτησα, θα ζητώ, θα ζητήσω, έχω ζητήσει, είχα ζητήσει, θα έχω ζητήσει, θα είχα ζητήσει

ζω (3) - I live

    ζούσα, έζησα, θα ζω, θα ζήσω, έχω ζήσει, είχα ζήσει, θα έχω ζήσει, θα είχα ζήσει

θαυμάζω (1) - I admire, I wonder

    θαύμαζα, θαύμασα, θα θαυμάζω, θα θαυμάσω, έχω θαυμάσει, είχα θαυμάσει, θα έχω θαυμάσει, θα είχα θαυμάσει

θέλω - (1) - I want

    ήθελα, θέλησα, θα θέλω, θα θελήσω, έχω θελήσει, είχα θελήσει, θα έχω θελήσει, θα είχα θελήσει

θυμούμαι (4) - I remember

    θυμόμουν, θυμήθηκα, θα θυμάμαι, θα θυμηθώ, έχω θυμηθεί, είχα θυμηθεί, θα έχω θυμηθεί, θα είχα θυμηθεί

θυμώνω (1) - I get angry

    θύμωνα, θύμωσα, θα θυμώνω, θα θυμώσω, έχω θυμώσει, είχα θυμώσει, θα έχω θυμώσει, θα είχα θυμώσει

ικανοποιώ (3) - I satisfy

    ικανοποιούσα, ικανοποίησα, θα ικανοποιώ, θα ικανοποιήσω, έχω ικανοποιήσει, είχα ικανοποιήσει, θα έχω ικανοποιήσει, θα είχα ικανοποιήσει

κάθομαι (4) - I sit (deponent verb)

    καθόμουν, κάθισα, θα κάθομαι, θα καθίσω, έχω καθίσει, είχα καθίσει, θα έχω καθίσει, θα είχα καθίσει

καίω (1)- I burn

    έκαια, έκαψα, θα καίω, θα κάψω, έχω κάψει, είχα κάψει, θα έχω κάψει, θα είχα κάψει

καλιτερεύω (1) - I improve
καλιτέρευα, καλιτέρεψα, θα καλιτερεύω, θα καλιτερέψω,
έχω καλιτερέψει, είχα καλιτερέψει, θα έχω καλιτερέψει
θα είχα καλιτερέψει

καλωσορίζω (1) - I welcome
καλωσόριζα, καλωσόρισα, θα καλωσορίζω, θα καλωσορίσω,
έχω καλωσορίσει, είχα καλωσορίσει, θα έχω καλωσορίσει,
θα είχα καλωσορίσει

κανονίζω (1) - I arrange, I settle
κανόνιζα, κανόνισα, θα κανονίζω, θα κανονίσω, έχω κανονίσει,
είχα κανονίσει, θα έχω κανονίσει, θα είχα κανονίσει

κάνω (1) - I do, I make
έκανα, έκαμα, θα κάνω, θα κάμω, έχω κάμει, είχα κάμει,
θα έχω κάμει, θα είχα κάμει

καταλαβαίνω (1) - I understand
καταλάβαινα, κατάλαβα, θα καταλαβαίνω, θα καταλάβω,
έχω καταλάβει, είχα καταλάβει, θα έχω καταλάβει, θα είχα καταλάβει

καταφέρνω (1) - I succeed, I persuade
κατάφερνα, κατάφερα, θα καταφέρνω, θα καταφέρω, έχω καταφέρει,
είχα καταφέρει, θα έχω καταφέρει, θα είχα καταφέρει

καταχτώ (2) - I conquer
καταχτούσα, κατέχτησα, θα καταχτώ, θα καταχτήσω, έχω καταχτήσει,
είχα καταχτήσει, θα έχω καταχτήσει, θα είχα καταχτήσει

κατεβαίνω (1) - I come down, I descend
κατέβαινα, κατέβηκα, θα κατεβαίνω, θα κατέβω, έχω κατέβει, είχα
κατέβει, θα έχω κατέβει, θα είχα κατέβει

κατέχω (1) - I possess
κατείχα, θα κατέχω (only tenses)

κερνώ (2) - I offer a drink
κερνούσα, κέρασα, θα κερνώ, θα κεράσω, έχω κεράσει, είχα κεράσει,
θα έχω κεράσει, θα είχα κεράσει

κινιέμαι (4) - I move
κινιόμουν, κινήθηκα, θα κινιέμαι, θα κινηθώ, έχω κινηθεί, είχα
κινηθεί, θα έχω κινηθεί, θα είχα κινηθεί

κλείνω (1) - I close, I shut
έκλεινα, έκλεισα, θα κλείνω, θα κλείσω, έχω κλείσει, είχα κλείσει,
θα έχω κλείσει, θα είχα κλείσει

κόβω (1) - I cut
έκοβα, έκοψα, θα κόβω, θα κόψω, έχω κόψει, είχα κόψει, θα έχω
κόψει, θα είχα κόψει

κοιμούμαι (4) - I sleep
κοιμόμουν, κοιμήθηκα, θα κοιμούμαι, θα κοιμηθώ, έχω κοιμηθεί, είχα κοιμηθεί, θα έχω κοιμηθεί, θα είχα κοιμηθεί

κολυμπώ (2) - I swim
κολυμπούσα, κολύμπησα, θα κολυμπώ, θα κολυμπήσω, έχω κολυμπήσει, είχα κολυμπήσει, θα έχω κολυμπήσει, θα είχα κολυμπήσει

κουβεντιάζω (1) - I talk, I converse
κουβέντιαζα, κουβέντιασα, θα κουβεντιάζω, θα κουβεντιάσω, έχω κουβεντιάσει, είχα κουβεντιάσει, θα έχω κουβεντιάσει, θα είχα κουβεντιάσει

κρατώ (2,3) - I hold
κρατούσα, κράτησα, θα κρατώ, θα κρατήσω, έχω κρατήσει, είχα κρατήσει, θα έχω κρατήσει, θα είχα κρατήσει

κυκλοφορώ (2) - I circulate
κυκλοφορούσα, κυκλοφόρησα, θα κυκλοφορώ, θα κυκλοφορήσω, έχω κυκλοφορήσει, είχα κυκλοφορήσει, θα έχω κυκλοφορήσει, θα είχα κυκλοφορήσει

λέγομαι (4) - I am named, I am called
λεγόμουν (other tenses from the verb ονομάζομαι - I am named

λέ(γ)ω - (1) - I say
έλεγα, είπα, θα λέω, θα πω, έχω πει, είχα πει, θα έχω πει, θα είχα πει

λειτουργώ (3) - I operate
λειτουργούσα, λειτούργησα, θα λειτουργώ, θα λειτουργήσω, έχω λειτουργήσει, είχα λειτουργήσει, θα έχω λειτουργήσει, θα είχα λειτουργήσει

μαγειρεύω (1) - I cook
μαγείρευα, μαγείρεψα, θα μαγειρεύω, θα μαγειρέψω, έχω μαγειρέψει, είχα μαγειρέψει, θα έχω μαγειρέψει, θα είχα μαγειρέψει

μαθαίνω (1) - I learn
μάθαινα, έμαθα, θα μαθαίνω, θα μάθω, έχω μάθει, είχα μάθει, θα έχω μάθει, θα είχα μάθει

μελετώ (2) - I study
μελετούσα, μελέτησα, θα μελετώ, θα μελετήσω, έχω μελετήσει, είχα μελετήσει, θα έχω μελετήσει, θα είχα μελετήσει

μένω (1) - I stay
έμενα, έμεινα, θα μένω, θα μείνω, έχω μείνει, είχα μείνει, θα έχω μείνει, θα είχα μείνει

μεταδίδω (1) - I transmit
μετέδιδα, μετέδωσα, θα μεταδίδω, θα μεταδώσω, έχω μεταδώσει,
είχα μεταδώσει, θα έχω μεταδώσει, θα είχα μεταδώσει

μετρώ (2) - I count, I measure
μετρούσα, μέτρησα, θα μετρώ, θα μετρήσω, έχω μετρήσει, είχα
μετρήσει, θα έχω μετρήσει, θα είχα μετρήσει

μιλώ (2) - I speak, I talk
μιλούσα, μίλησα, θα μιλώ, θα μιλήσω, έχω μιλήσει, είχα μιλήσει,
θα έχω μιλήσει, θα είχα μιλήσει

μοιάζω (1) - I look alike
έμοιαζα, έμοιασα, θα μοιάζω, θα μοιάσω, έχω μοιάσει, είχα μοιάσει,
θα έχω μοιάσει, θα είχα μοιάσει

μοιράζω (1) - I distribute, I share
μοίραζα, μοίρασα, θα μοιράζω, θα μοιράσω, έχω μοιράσει, είχα
μοιράσει, θα έχω μοιράσει, θα είχα μοιράσει

μπαίνω (1) - I enter
έμπαινα, μπήκα, θα μπαίνω, θα μπω, έχω μπει, είχα μπει,
θα έχω μπει, θα είχα μπει

μπερδεύω (1) - I mix up, I confuse
μπέρδευα, μπέρδεψα, θα μπερδεύω, θα μπερδέψω, έχω μπερδέψει,
είχα μπερδέψει, θα έχω μπερδέψει, θα είχα μπερδέψει

μπορώ (3) - I can, I am able
μπορούσα, μπόρεσα, θα μπορώ, θα μπορέσω, έχω μπορέσει,
είχα μπορέσει, θα έχω μπορέσει, θα είχα μπορέσει

μυρίζω (1) - I smell
μύριζα, μύρισα, θα μυρίζω, θα μυρίσω, έχω μυρίσει, είχα μυρίσει,
θα έχω μυρίσει, θα είχα μυρίσει

νικώ, (2) - I win, I am victorious
νικούσα, νίκησα, θα νικώ, θα νικήσω, έχω νικήσει, είχα νικήσει,
θα έχω νικήσει, θα είχα νικήσει

νομίζω (1) - I think
νόμιζα, νόμισα, θα νομίζω, θα νομίσω, έχω νομίσει, είχα νομίσει,
θα έχω νομίσει, θα είχα νομίσει

ντύνω (1) - I dress
έντυνα, έντυσα, θα ντύνω, θα ντύσω, έχω ντύσει, είχα ντύσει,
θα έχω ντύσει, θα είχα ντύσει

ντύνομαι (4) - I am dressed, I dress myself
ντυνόμουν, ντύθηκα, θα ντύνομαι, θα ντυθώ, έχω ντυθεί,
είχα ντυθεί, θα έχω ντυθεί, θα είχα ντυθεί

ξαπλώνω (1) - I lie down
ξάπλωνα, ξάπλωσα, θα ξαπλώνω, θα ξαπλώσω, έχω ξαπλώσει,

είχα ξαπλώσει, θα έχω ξαπλώσει, θα είχα ξαπλώσει

ξεκινώ (2) - I start, I set out
ξεκινούσα, ξεκίνησα, θα ξεκινώ, θα ξεκινήσω, έχω ξεκινήσει, είχα ξεκινήσει, θα έχω ξεκινήσει, θα είχα ξεκινήσει

ξεκουράζω (1) - I rest
ξεκούραζα, ξεκούρασα, θα ξεκουράζω, θα ξεκουράσω, έχω ξεκουράσει, είχα ξεκουράσει, θα έχω ξεκουράσει, θα είχα ξεκουράσει

ξεκουράζομαι (4) - I rest
ξεκουραζόμουν, ξεκουράστηκα, θα ξεκουράζομαι, θα ξεκουραστώ, έχω ξεκουραστεί, είχα ξεκουραστεί, θα έχω ξεκουραστεί, θα είχα ξεκουραστεί

ξετυλίγω (1) - I unwind, I unroll
ξετύλιγα, ξετύλιξα, θα ξετυλίγω, θα ξετυλίξω, έχω ξετυλίξει, είχα ξετυλίξει, θα έχω ξετυλίξει, θα είχα ξετυλίξει

ξεχνώ (2) - I forget
ξεχνούσα, ξέχασα, θα ξεχνώ, θα ξεχάσω, έχω ξεχάσει, είχα ξεχάσει, θα έχω ξεχάσει, θα είχα ξεχάσει

ξημερώνει - it is dawning (impersonal verb)
ξημέρωνε, ξημέρωσε, θα ξημερώνει, θα ξημερώσει, έχει ξημερώσει, είχε ξημερώσει, θα έχει ξημερώσει, θα είχε ξημερώσει

οδηγώ (3) - I drive, I guide, I lead
οδηγούσα, οδήγησα, θα οδηγώ, θα οδηγήσω, έχω οδηγήσει, είχα οδηγήσει, θα έχω οδηγήσει, θα είχα οδηγήσει

οικονομώ (2) - I save, I economize
οικονομούσα, οικονόμησα, θα οικονομώ, θα οικονομήσω, έχω οικονομήσει, είχα οικονομήσει, θα έχω οικονομήσει, θα είχα οικονομήσει

ονομάζομαι (4) - I am named, I am called
ονομαζόμουν, ονομάστηκα, θα ονομάζομαι, θα ονομαστώ, έχω ονομαστεί, είχα ονομαστεί, θα έχω ονομαστεί, θα είχα ονομαστεί

παντρεύομαι - (4) - I get married, I marry
παντρευόμουν, παντρεύτηκα, θα παντρεύομαι, θα παντρευτώ, έχω παντρευτεί, είχα παντρευτεί, θα έχω παντρευτεί, θα είχα παντρευτεί

παρακαλώ (3) - I beg
παρακαλούσα, παρακάλεσα, θα παρακαλώ, θα παρακαλέσω, έχω παρακαλέσει, είχα παρακαλέσει, θα έχω παρακαλέσει, θα είχα παρακαλέσει

παρακολουθώ (3) - I follow
παρακολουθούσα, παρακολούθησα, θα παρακολουθώ, θα

παρακολουθήσω, έχω παρακολουθήσει, είχα παρακολουθήσει,
θα έχω παρακολουθήσει

πεινώ (2) - I am hungry

πεινούσα, πείνασα, θα πεινώ, θα πεινάσω, έχω πεινάσει,
είχα πεινάσει, θα έχω πεινάσει, θα είχα πεινάσει

πειράζω (1) - I bother

πείραζα, πείραξα, θα πειράζω, θα πειράξω, έχω πειράξει,
είχα πειράξει, θα έχω πειράξει, θα είχα πειράξει

περιγράφω (1) - I describe

περιέγραφα, περιέγραψα, θα περιγράφω, θα περιγράψω,
έχω περιγράψει, είχα περιγράψει, θα έχω περιγράψει,
θα είχα περιγράψει

περιέχω (1) - I contain

περιείχα, θα περιέχω (only tenses)

περικυκλώνω (1) - I encircle

περικύκλωνα, περικύκλωσα, θα περικυκλώνω, θα περικυκλώσω,
έχω περικυκλώσει, είχα περικυκλώσει, θα έχω περικυκλώσει,
θα είχα περικυκλώσει

περιμένω (1) - I wait

P.S. & P.C. περίμενα, F.C.& F.S. θα περιμένω (other tenses not common)

περιποιούμαι - (1) - I serve, I take care

περιποιούμουν, περιποιήθηκα, θα περιποιούμαι, θα περιποιηθώ,
έχω περιποιηθεί, είχα περιποιηθεί, θα έχω περιποιηθεί,
θα είχα περιποιηθεί

περνώ (2) - I pass

περνούσα, πέρασα, θα περνώ, θα περάσω, έχω περάσει, είχα περάσει,
θα έχω περάσει, θα είχα περάσει

περπατώ (2) - I walk

περπατούσα, περπάτησα, θα περπατώ, θα περπατήσω,
έχω περπατήσει, είχα περπατήσει, θα έχω περπατήσει,
θα είχα περπατήσει

πετιέμαι (4) - I am discarded, I am thrown away

πετιόμουν, πετάχτηκα, θα πετιέμαι, θα πεταχτώ, έχω πεταχτεί,
είχα πεταχτεί, θα έχω πεταχτεί, θα είχα πεταχτεί

πετώ (2) - I fly

πετούσα, πέταξα, θα πετώ, θα πετάξω, έχω πετάξει, είχα πετάξει,
θα έχω πετάξει, θα είχα πετάξει

πέφτω (1) - I fall

έπεφτα, έπεσα, θα πέφτω, θα πέσω, έχω πέσει, είχα πέσει,
θα έχω πέσει, θα είχα πέσει

πηδώ (2) - I jump

πηδούσα, πήδηξα, θα πηδώ, θα πηδήξω, έχω πηδήξει, είχα πηδήξει, θα έχω πηδήξει, θα είχα πηδήξει

πίνω (1) - I drink

έπινα, ήπια, θα πίνω, θα πιω, έχω πιει, είχα πιει, θα έχω πιει, θα είχα πιει

πιστεύω (1) - I believe

πίστευα, πίστεψα, θα πιστεύω, θα πιστέψω, έχω πιστέψει, είχα πιστέψει, θα έχω πιστέψει, θα είχα πιστέψει

πλένομαι (4) - I am washed

πλενόμουν, πλύθηκα, θα πλένομαι, θα πλυθώ, έχω πλυθεί, είχα πλυθεί, θα έχω πλυθεί, θα είχα πλυθεί

πλένω (1) - I wash

έπλενα, έπλυνα, θα πλένω, θα πλύνω, έχω πλύνει, είχα πλύνει, θα έχω πλύνει, θα είχα πλύνει

πληρώνω (1) - I pay

πλήρωνα, πλήρωσα, θα πληρώνω, θα πληρώσω, έχω πληρώσει, είχα πληρώσει, θα έχω πληρώσει, θα είχα πληρώσει

πλησιάζω (1) - I approach

πλησίαζα, πλησίασα, θα πλησιάζω, θα πλησιάσω, έχω πλησιάσει, είχα πλησιάσει, θα έχω πλησιάσει, θα είχα πλησιάσει

πνίγομαι (4) - I drown

πνιγόμουν, πνίγηκα, θα πνίγομαι, θα πνιγώ, έχω πνιγεί, είχα πνιγεί, θα έχω πνιγεί, θα είχα πνιγεί

πολεμώ (2) - I fight, I fight in war

πολεμούσα, πολέμησα, θα πολεμώ, θα πολεμήσω, έχω πολεμήσει, είχα πολεμήσει, θα έχω πολεμήσει, θα είχα πολεμήσει

πρέπει - it must (impersonal verb)

έπρεπε, θα πρέπει (only tenses)

προβάλλω (1) - I put forth, I project

επρόβαλλα, επρόβαλα, θα προβάλλω, θα προβάλω, έχω προβάλει, είχα προβάλει, θα έχω προβάλει, θα είχα προβάλει

προκαλώ (3) - I challenge

προκαλούσα, προκάλεσα, θα προκαλώ, θα προκαλέσω, έχω προκαλέσει, είχα προκαλέσει, θα έχω προκαλέσει, θα είχα προκαλέσει

προξενώ (3) - I cause

προξενούσα, προξένησα, θα προξενώ, θα προξενήσω, έχω προξενήσει, είχα προξενήσει, θα έχω προξενήσει, θα είχα προξενήσει

προοδεύω (1) - I progress

προόδευα, προόδεψα, θα προοδεύω, θα προοδέψω, έχω προοδέψει, είχα προοδέψει, θα έχω προοδέψει, θα είχα προοδέψει

προσθέτω (1) - I add

πρόσθετα, πρόσθεσα, θα προσθέτω, θα προσθέσω, έχω προσθέσει, είχα προσθέσει, θα έχω προσθέσει, θα είχα προσθέσει

προσκαλώ (3) - I invite

προσκαλούσα, προσκάλεσα, θα προσκαλώ, θα προσκαλέσω, έχω προσκαλέσει, είχα προσκαλέσει, θα έχω προσκαλέσει, θα είχα προσκαλέσει

προσπαθώ (3) - I try

προσπαθούσα, προσπάθησα, θα προσπαθώ, θα προσπαθήσω, έχω προσπαθήσει, είχα προσπαθήσει, θα έχω προσπαθήσει, θα είχα προσπαθήσει

προσφέρω (1) - I offer

P.C. & P.S. πρόσφερα, F.C. & F.S. θα προσφέρω, έχω προσφέρει, είχα προσφέρει, θα έχω προσφέρει, θα είχα προσφέρει

προτιμώ (2) - I prefer

προτιμούσα, προτίμησα, θα προτιμώ, θα προτιμήσω, έχω προτιμήσει, είχα προτιμήσει, θα έχω προτιμήσει, θα είχα προτιμήσει

προχωρώ (3) - I advance

προχωρούσα, προχώρησα, θα προχωρώ, θα προχωρήσω, έχω προχωρήσει, είχα προχωρήσει, θα έχω προχωρήσει, θα είχα προχωρήσει

ρίχνω (1) - I throw

έριχνα, έριξα, θα ρίχνω, θα ρίξω, έχω ρίξει, είχα ρίξει, θα έχω ρίξει, θα είχα ρίξει

ρωτώ (2) - I ask

ρωτούσα, ρώτησα, θα ρωτώ, θα ρωτήσω, έχω ρωτήσει, είχα ρωτήσει, θα έχω ρωτήσει, θα είχα ρωτήσει

σερβίρω (1) - I serve

P.C. & P.S. σέρβιρα, F.C. & F.S, θα σερβίρω, έχω σερβίρει, είχα σερβίρει, θα έχω σερβίρει, θα είχα σερβίρει

σκεπάζω (1) - I cover

σκέπαζα, σκέπασα, θα σκεπάζω, θα σκεπάσω, έχω σκεπάσει, είχα σκεπάσει, θα έχω σκεπάσει, θα είχα σκεπάσει

σκοπεύω (1) - I intend

σκόπευα, σκόπευσα, θα σκοπεύω, θα σκοπεύσω, έχω σκοπεύσει, είχα σκοπεύσει, θα έχω σκοπεύσει, θα είχα σκοπεύσει

σκοτώνω (1) - I kill

σκότωνα, σκότωσα, θα σκοτώνω, θα σκοτώσω, έχω σκοτώσει, είχα σκοτώσει, θα έχω σκοτώσει, θα είχα σκοτώσει

σταθμεύω (1) - I park

στάθμευα, στάθμευσα, θα σταθμεύω, θα σταθμεύσω, έχω σταθμεύσει, είχα σταθμεύσει, θα έχω σταθμεύσει, θα είχα σταθμεύσει

σταματώ (2) - I stop

σταματούσα, σταμάτησα, θα σταματώ, θα σταματήσω,
έχω σταματήσει, είχα σταματήσει, θα έχω σταματήσει,
θα είχα σταματήσει

στέλνω (1) - I send

έστελνα, έστειλα, θα στέλνω, θα στείλω, έχω στείλει, είχα στείλει,
θα έχω στείλει, θα είχα στείλει

στοιχίζω (1) - I cost

στοίχιζα, στοίχισα, θα στοιχίζω, θα στοιχίσω, έχω στοιχίσει,
είχα στοιχίσει, θα έχω στοιχίσει, θα είχα στοιχίσει

στολίζω (1) - I decorate

στόλιζα, στόλισα, θα στολίζω, θα στολίσω, έχω στολίσει,
είχα στολίσει, θα έχω στολίσει, θα είχα στολίσει

στρίβω (10 - I turn

έστριβα, έστριψα, θα στρίβω, θα στρίψω, έχω στρίψει, είχα στρίψει,
θα έχω στρίψει, θα είχα στρίψει

στρώνω (1) - I spread, I lay out

έστρωνα, έστρωσα, θα στρώνω, θα στρώσω, έχω στρώσει,
είχα στρώσει, θα έχω στρώσει, θα είχα στρώσει

συγκεντρώνω (1) - I collect, I concentrate

συγκέντρωνα, συγκέντρωσα, θα συγκεντρώνω, θα συγκεντρώσω,
έχω συγκεντρώσει, είχα συγκεντρώσει, θα έχω συγκεντρώσει,
θα είχα συγκεντρώσει

συγκρίνω (1) - I compare

P.C. & P.S. σύγκρινα, F.C. & F.S. θα συγκρίνω, έχω συγκρίνει,
είχα συγκρίνει, θα έχω συγκρίνει, θα είχα συγκρίνει

συγχαίρω (1) - I congratulate

P.C. -, P.S. συγχάρηκα, θα συγχαίρω, θα συγχαρώ, έχω συγχαρεί,
είχα συγχαρεί, θα έχω συγχαρεί, θα είχα συγχαρεί

συμβουλεύω (1) - I advise

συμβούλευα, συμβούλεψα, θα συμβουλεύω, θα συμβουλέψω,
έχω συμβουλέψει, είχα συμβουλέψει, θα έχω συμβουλέψει,
θα είχα συμβουλέψει

συμπληρώνω (1) - I complete

συμπλήρωνα, συμπλήρωσα, θα συμπληρώνω, θα συμπληρώσω,
έχω συμπληρώσει, είχα συμπληρώσει, θα έχω συμπληρώσει,
θα είχα συμπληρώσει

συμφωνώ (3) - I agree

συμφωνούσα, συμφώνησα, θα συμφωνώ, θα συμφωνήσω,
έχω συμφωνήσει, είχα συμφωνήσει, θα έχω συμφωνήσει,
θα είχα συμφωνήσει

συναντώ (2) - I meet
συναντούσα, συνάντησα, θα συναντώ, θα συναντήσω,
έχω συναντήσει, είχα συναντήσει, θα έχω συναντήσει,
θα είχα συναντήσει

συνδυάζω (1) - I combine
συνδύαζα, συνδύασα, θα συνδυάζω, θα συνδυάσω, έχω συνδυάσει,
είχα συνδυάσει, θα έχω συνδυάσει, θα είχα συνδυάσει

συνεχίζω (1) - I continue
συνέχιζα, συνέχισα, θα συνεχίζω, θα συνεχίσω, έχω συνεχίσει,
είχα συνεχίσει, θα έχω συνεχίσει, θα είχα συνεχίσει

συνηθίζω (1) - I get accustomed
συνήθιζα, συνήθισα, θα συνηθίζω, θα συνηθίσω, έχω συνηθίσει,
είχα συνηθίσει, θα έχω συνηθίσει, θα είχα συνηθίσει

συνοδεύω (1) - I accompany
συνόδευα, συνόδεψα, θα συνοδεύω, θα συνοδέψω, έχω συνοδέψει,
είχα συνοδέψει, θα έχω συνοδέψει, θα είχα συνοδέψει

σφάζω (1) - I slaughter
έσφαζα, έσφαξα, θα σφάζω, θα σφάξω, έχω σφάξει, είχα σφάξει,
θα έχω σφάξει, θα είχα σφάξει

σώζω (1) - I save
έσωζα, έσωσα, θα σώζω, θα σώσω, έχω σώσει, είχα σώσει,
θα έχω σώσει, θα είχα σώσει

ταξιδεύω (1) - I travel
ταξίδευα, ταξίδεψα, θα ταξιδεύω, θα ταξιδέψω, έχω ταξιδέψει,
είχα ταξιδέψει, θα έχω ταξιδέψει, θα είχα ταξιδέψει

τελειώνω (1) - I finish
τελείωνα, τελείωσα, θα τελειώνω, θα τελειώσω, έχω τελειώσει,
είχα τελειώσει, θα έχω τελειώσει, θα είχα τελειώσει

τρέχω (1) - I run
έτρεχα, έτρεξα, θα τρέχω, θα τρέξω, έχω τρέξει, είχα τρέξει,
θα έχω τρέξει, θα είχα τρέξει

τσουγκρίζω (1) - I clink, I strike together
τσούγκριζα, τσούγκρισα, θα τσουγκρίζω, θα τσουγκρίσω,
έχω τσουγκρίσει, είχα τσουγκρίσει, θα έχω τσουγκρίσει,
θα είχα τσουγκρίσει

τυλίγω (1) - I wrap
τύλιγα, τύλιξα, θα τυλίγω, θα τυλίξω, έχω τυλίξει, είχα τυλίξει,
θα έχω τυλίξει, θα είχα τυλίξει

υψώνω (1) - I raise
ύψωνα, ύψωσα, θα υψώνω, θα υψώσω, έχω υψώσει, είχα υψώσει,

θα έχω υψώσει, θα είχα υψώσει

φαντάζομαι (4) - I imagine
φανταζόμουν, φαντάστηκα, θα φαντάζομαι, θα φανταστώ,
έχω φανταστεί, είχα φανταστεί, θα έχω φανταστεί,
θα είχα φανταστεί

φεύγω (1) - - I leave, I go away
έφευγα, έφυγα, θα φεύγω, θα φύγω, έχω φύγει, είχα φύγει,
θα έχω φύγει, θα είχα φύγει

φορώ, (3) - I wear, I put on
φορούσα, φόρεσα, θα φορώ, θα φορέσω, έχω φορέσει,
είχα φορέσει, θα έχω φορέσει, θα είχα φορέσει

φτάνω (1) - I arrive, I reach
έφτανα, έφτασα, θα φτάνω, θα φτάσω, έχω φτάσει, είχα φτάσει,
θα έχω φτάσει, θα είχα φτάσει

φτιάχνω (1) - I make
έφτιαχνα, έφτιαξα, θα φτιάχνω, θα φτιάξω, έχω φτιάξει,
είχα φτιάξει, θα έχω φτιάξει, θα είχα φτιάξει

φυλάγω (1) - I keep
φύλαγα, φύλαξα, θα φυλάγω, θα φυλάξω, έχω φυλάξει,
είχα φυλάξει, θα έχω φυλάξει, θα είχα φυλάξει

χαζεύω (1) - I look around idly, I loiter
χάζευα, χάζεψα, θα χαζεύω, θα χαζέψω, έχω χαζέψει,
είχα χαζέψει, θα έχω χαζέψει, θα είχα χαζέψει

χαίρομαι (1) - I am glad, I am joyful
χαιρόμουν, χάρηκα, θα χαίρομαι, θα χαρώ, έχω χαρεί, είχα χαρεί,
θα έχω χαρεί, θα είχα χαρεί

χάνω (1) - I lose
έχανα, έχασα, θα χάνω, θα χάσω, έχω χάσει, είχα χάσει,
θα έχω χάσει, θα είχα χάσει

χιονίζει - it snows (impersonal verb)
χιόνιζε, χιόνισε, θα χιονίζει, θα χιονίσει, έχει χιονίσει,
είχε χιονίσει, θα έχει χιονίσει, θα είχε χιονίσει

χρειάζομαι (4) - I need (deponent verb)
χρειαζόμουν, χρειάστηκα, θα χρειάζομαι, θα χρειαστώ, έχω χρειαστεί,
είχα χρειαστεί, θα έχω χρειαστεί, θα είχα χρειαστεί

χωρίζω (1) - I separate
χώριζα, χώρισα, θα χωρίζω, θα χωρίσω, έχω χωρίσει, είχα χωρίσει,
θα έχω χωρίσει, θα είχα χωρίσει

ψωνίζω or ψουνίζω (1) - I shop
ψώνιζα, ψώνισα, θα ψωνίζω, θα ψωνίσω, έχω ψωνίσει, είχα ψωνίσει,
θα έχω ψωνίσει, θα είχα ψωνίσει

GREEK ENGLISH VOCABULARY

A

αγαθός, -ή, -ό - kind
αγαλματάκι, το - small statue
άγαλμα, το - statue
αγαπητός, -ή, -ό - loved, beloved
αγαπώ (2) - I love
αγγείο, το - vase, earthware pot
αγγίζω (1) - I touch
Αγγλία, η - England
αγγλικά, τα - English
αγγούρι, το - cucumber
αγελάδα, η - cow
αγκυροβολώ (3) - I anchor
αγορά, η - market
αγοράζω (1) - I buy
άγριος, -α, -ο - wild
αγριότητα, η - wildness, cruelty
αγωνία, η - agony, impatience
αγώνισμα, το - contest, athletic event
άδοξος, -η, -ο - inglorious, obscure
αδυνατώ (3) - I am unable to, I weaken
αεράκι, το - breeze
αέρας, ο - air
αεροπλάνο, το - airplane
αεροσυνοδός, η - stewardess
Αθήνα, η - Athens
Αθηνά, η - Athena
Αθηναία, η - Athenian woman
Αθηναίος, ο - Athenian man
άθλημα, το - contest
αθλητής, ο - athlete
αισθάνομαι (4) - I feel
αίσθηση, η - sense
αίτηση, η - petition
αιώνιος, -α, -ο - eternal
ακοή, η - hearing
ακόλουθος - follower
ακόλουθος, -η, -ο - following

ακουμπώ (2) - I lean
ακουστικό, το - telephone receiver
ακούω (1) - I hear
άκρη, η - edge, end
ακριβός, -ή, -ό - expensive
ακριβώς - exactly
Ακρόπολη, η - Acropolis
ακρότατος, -η, -ο - the outermost point
ακτή, η - coast
αλάτι, το - salt
Αλβανία, η - Albania
αλέθω (1) - I grind
αλεπού, η - fox
αλεσμένος, -η, -ο - ground
αλεύρι, το - flour
αλλάζω (1) - I change
αμερικανικός, -ή, -ό - American
Αμερική, η - America
αμέσως - at once, immediately
αναγκάζω (1) - I oblige, I compel
αναγκασμένος, -η, -ο - obliged
ανακατεύω (1) - I mix
ανάκτορο, το - palace
αναμμένος, -η, -ο - lighted, lit
αναπτύσσω (1) - I develop
αναστήλωση, η - restoration
ανατολή, η - east
ανατολικός, -ή, -ό - eastern
αναφέρω (1) - I refer, I report
αναψυκτικά, τα - soft drinks
αναψυχή, η - recreation
ανδρεία, η - bravery
ανδρικός, -ή, -ό - manly, relating to man
ανεβαίνω (1) - I climb, I ascend
άνεμος, ο - wind
άνετος, -η, -ο - comfortable
ανηφορικός, -ή, -ό - ascending, uphill
ανθισμένος, -η, -ο - full of blossoms, full of flowe
άνθος, το - flower

ανθρωπολογία, η - anthtopology
άνθρωπος, ο - man
ανθρωπότητα, η - mankind
ανοίγω (1) - I open
ανοιξη, η - spring (season)
Ανταρκτική, η - Antarctic
αντίθετος, η, -ο - opposite
αντικείμενο, το - object
αντικρίζω (1) - I face
αντίο - good-bye
άντρας, ο - man
ανυπομονησία, η - impatience
αξέχαστος, η, -ο - unforgettable
αξιοθέατος, η, -ο - worth seeing
απαγορεύω (1) - I forbid
απαντώ (2) - I answer
απέναντι - opposite
απέραντος, η, -ο - immense, endless
απεργία, η - strike
απέχω (1) - I am distant from
απλ-ός, -ή, -ό - plain, simple
απλότητα, η - simplicity, plainess
απλώνω (1) - I spread, I stretch
από - from
αποβίβαση, η - landing, disembarkation
απόγευμα, το - afternoon
αποθήκη, η - warehouse, storehouse
απολαμβάνω, απολαβαίνω (1) - I enjoy
απολαυστικ-ός, -ή, -ό - enjoyable, delightful
απομακρύνω (1) - I send away
απομένω (1) - I remain, I am left over
αποσκευή, η - luggage, baggage
απόσταση, η - distance
αποτέλεσμα, το - result
αποτελώ (3) - I form, I constitute
απόφαση, η - decision
αποφασίζω (1) - I decide
αποφασισμέν-ος, -η, -ο - decided
αποφασιστικότητα, η - decisiveness

αποφεύγω (1) - I avoid
Απρίλιος, ο - April
αραδιασμένος, -η, -ο - lined up, in line
αργά - slowly
αργότερα - later
αργώ (3) - I am late, I am slow
αρέσει, μου - (imperonal) I like
αριστερ-ός, -ή, -ό - left
αρκετ-ός, -ή, -ό - sufficient, enough
αρκούμαι, αρκιέμαι (4) - I have enough of, I am satisfied
αρνάκι, το - little lamb
αρνί, το - lamb
άρρωστος, -η, -ο - sick
αρσενικό, το - masculine
αρτοπωλείο, το - bakery
αρχαιολόγος, ο - archeologist
αρχαιολογικ-ός, -ή, -ό - archeological
αρχαί-ος, -α, -ο - ancient
αρχή, η - beginning
αρχίζω (1) - I begin, I start
ασήμι, το - silver
Ασία, η - Asia
άσπρ-ος, -η, -ο - white
αστείο, το - joke
αστράφτει - (impersonal) - it is ligthning
αστυνομικός, ο - policeman
άσχημ-ος, -η, -ο - ugly
ασχολία, η - occupation, employment
ασφαλώς - certainly
άταχτος, -η, -ο - unruly, noisy
Ατλαντικός, ο - Atlantic
ατμοπλοϊκ-ός, -ή, -ό - of steam navigation
άτομο, το - person, atom
Αττική, η - Attica
αυγή, η - dawn
αυγό, το - egg
αυγολέμονο, το - egg and lemon soup
Αύγουστος, ο - August
αυλή, η - yard, courtyrard

Αυστραλία, η - Australia
αυτί, το - ear
αυτοκίνητο, το - car, automobile
αυτός, -ή, -ό - this
αφάνταστος, -η, -ο - unimaginable
άφθονος, -η, -ο - plentiful
αφή, η - touch
αφήνω (1) - I leave, I abandon
αφιερωμένος, -η, -ο - dedicated
Αφρική, η - Africa
αχλάδι, το - pear
άψυχος, -η, -ο - lifeless, inanimate

B
βάζω (1) - I put, I place
βαθύς, -ιά, -ύ - deep
βαμβακερός, -ή, -ό - made of cotton
βάρος, το - weight
βάση, η - foundation, basis
βασιλιάς, ο - king
βγάζω (1) - I take off, I remove
βγαίνω (1) - I go out
βέβαια, βεβαίως - certaily
βέβαιος, -η, -ο - sure, certain
Βέλγιο, το - Belgium
βία, η - force
βιάζω (1) - I force
βιαστικός- -ή, -ό - hasty
βιβλίο, το - book
βιβλιοθήκη, η - library, bookcase
βιολί, το - violin
βιτρίνα, η - show case
βλάστηση, η - vegetation
βλέπω (1) - I see
βοηθώ (2) - I help
βόρειος, -α, -ο - north, northern
βορράς, ο - north
Βουλγαρία, η - Bulgaria

βουλευτής, ο - congressman,
        member of the parliament
βουνό, το - mountain
βραβείο, το - prize
βράδι, το - evening
βραδινό, το - evening
βραδινός, -ή, -ό - evening (adj.)
Βραζιλία, η - Brazil
βραστός, -ή, -ό - boiled
βράχος, ο - rock
βρεμένος, -η, -ο - wet, soaked
βρέχει (imper.) it rains
βροντά (imper.) it thunders
βροχή, η - rain
βυζαντινός, -ή, -ό - Byzantine
βωδινός, -ή, -ό - of ox (adj.), bovine
βωμός, ο - altar

Γ
γαλάζιος, -α, -ο - blue
γαλανός, -ή, -ό - blue
γαλακτομπούρεκο, το - kind of Greek pastry
Γαλλία, η - France
γαλλικά, τα - French
γαλλικός, -ή, -ό - French
γάμος, ο - wedding, marriage
γαρίδα, η - shrimp
γεγονός, το - fact, happening
γεια, η - health
γέλιο, το - laughter
γελοίος, -α, -ο - funny
γελώ (2) - I laugh
γεννιέμαι (4) - I am born
Γερμανία, η - Germany
γερμανικά, τα - German
γερμανικός, -ή, -ό - German
γεμάτος, -η, -ο - full
γένος, το - gender, race, family
γέρνω (1) - I lean

γερουσιαστής, ο - senator
γεύμα, το - lunch, meal
γεύομαι (4) - I taste
γεύση, η - taste
για - for
γιαούρτι, το - yogurt
γιατί; - why?
γιατί - because
γιατρός, ο - doctor
γίνομαι (4) - I become
γιουβέτσι, το - a dish of meat and pasta
                cooked in the oven
Γιουγκοσλαβία, η - Yugoslavia
γκαρσόνι, το - waiter
γλύκισμα, το - sweets
γλυκ-ός, -ιά, -ό - sweet
γλυτώνω (1) - I save, I escape
γλώσσα, η - tongue, language
γνώμη, η - opinion
γνωρίζω (1) - I know
γνωριμία, η - acquaintance
γνωστ-ός, -ή, -ό - known
γόνατο, το - knee
γονιός, ο - parent
γουρουνάκι, το - little pig, young pig
γούστο, το - taste, fun
γράμμα, το - letter
γραμματέας, ο, η - secretary
γραμματόσημο, το - stamp
γραμμέν-ος, -η, -ο - written
γραφείο, το - office, desk
γραφικ-ός, -ή, -ό - picturesque
γράφω (1) - I write
γράψιμο, το - writing
γρηγοράδα, η - speed, quickness, fastness
γρίζο - grey
γυμνάσιο, το - high school
γυμναστήριο, το - gymnasium
γυναίκα, η - woman

γυναικεί-ος, -α, -ο - feminine, of a woman
γυρισμός, ο - return
γύρος, ο - round
γύρω - around
γύρω - γύρω - all around
γωνιά, γωνία, η - corner, angle

Δ

δαγκάνω (1) - I bite
δάδα, η - torch
δανείζομαι (4) - I borrow
δασκάλα, η - teacher (woman)
δάσκαλος, ο - teacher (man)
δάσος, το - forest
Δεκέμβριος, ο - December
δείλι, το - afternoon
δειλινό, το - afternoon
δειλ-ός, -ή, -ό - timid, coward
δείπνο, το - supper
Δελφοί, οι - Delphi
δεν - no (negative particle)
δένω (1) - I tie
δεξι-ός, -ά, -ό - right
δεσποινίδα, δεσποινίς, η - Miss
Δευτέρα, η - Monday
δεύτερ-ος, -η, -ο - second
δημαρχείο, το - municipality
δήμαρχος, ο - mayor
δημιουργώ (3) - I create
δημοτικ-ός, -ή, -ό - communal, popular
διαβάζω (1) - I read, I study
διαβατήριο, το - passport
διαγωνισμός, ο - test, examination, contest
διαδρομή, η - itinerary, course
διάδρομος, ο - passage, hall
διάθεση, η - disposition, mood
δίαιτα, η - diet
διαλέγω (1) - I choose
διαμέρισμα, το - apartment

διαμονή, η - stay
διάρκεια, η - duration
διαρκώ (3) - I last
Δίας, ο - Zeus
διασκέδαση, η - entertainment, feast
διαφορετικός, -ή, -ό - different, dissimilar
διάφορος, -η, -ο - different, various
δίδακτρα, τα - tuition
διδάσκω (1) - I teach
διευθυντής, ο - director, principal
διευθύντρια, η - principal, (woman)
διευθύνω (1) – I direct
δίκαιο, το - right
δικαιολογία, η – excuse
δικηγόρος, ο - lawyer
δικοί, οι - own people
δίνω (1) - I give
διοικητικός, -ή, -ό - administrative, governmental
διορθώνω (1) - I correct
διορίζω (1) - I appoint
δίπλα - adjoining, next to
διπλανός, -ή, -ό - adjoining, neighboring
δίσκος, ο - disc, tray
διψώ (2) - I am thirsty
δοκιμάζω (1) - I test, I try
δολλάριο, το - dollar
δόντι, το - tooth
δουλειά, η - work, employment
δουλεύω (1) - I work
δρομάκι, το - small street, narrow street
δρομέας, ο - runner
δρόμος, ο - street, road, way
δροσερός, -ή, -ό - cool, refreshing
δροσίζω (1) - I refresh , I cool
δύναμη, η - strength
δυνατός, -ή, -ό - strong
δύση, η - west
δυσκολεύομαι (4) - I am hindered, I meet difficulties
δυστυχισμένος- -η, -ο - unhappy

Δωδεκάνησα, τα - Dodecanese Islands
δωμάτιο, το - room
δώρο, το - gift

E

εβδομάδα, η - week
εβδομήντα - seventy
εγγόνι, το - grandchild
έγκλημα, το - crime
εγώ - I
έδαφος, το - ground, dirt
είδηση, η - news, information
είδος, το - kind
εδώ - here
είκοσι - twenty
είμαι (4) - I am
Ειρήνη, η - Irene
εισιτήριο, το - fare, ticket
είσοδος, η - entrance
εκατομμύριο, το - million
εκατό(ν) - one hundred
έκβαση, η - outcome
εκδρομή, η - excursion
έκθεμα, το - exhibit (article of an exhibit)
εκκίνηση, η - starting out, departure
εκκλησία, η - church
έκπτωση, η - discount
έκταση, η - area
εκτεταμένος, -η, -ο - extended
εκτός, - unless
έλατο, το - fir tree
Ελβετία, η - Switzerland
έλεγχος, ο - control, checking
Ελένη, η - Helen
ελευθερία, η - freedom, liberty
ελεύθερος, -η, -ο - free
ελιά, η - olive, olive tree
Ελλάδα, η - Greece
Έλληνας, ο - Greek

Ελληνίδα, η - Greek woman
ελληνικά, τα - Greek
ελληνικός, -ή, -ό - Greek
ελληνο-αμερικανίδα, η -
      Greek-American woman
εμείς - we
εμπειρία, η - skill, experience
εμπόρευμα, το - merchandise
εμπρός - ahead, forward
ένας, μια (μία), ένα - a, an, one
ενδιαφέρομαι (4) - I am interested
ενδιαφερόμενος, -η, -ο - interested
ενδιαφέρον, το - the interest
ενδιαφέρων, ουσα, -ον - of interest
ένδοξος, -η, -ο - glorious
εννιά (εννέα) - nine
εντάξει - fine, O.K.
ενώνω (1) - I join, I combine
ενωρίς - early
εξαιρετικός, -ή, -ό - exceptional
εξακολουθώ (3) - I continue
εξάλλου - on the other hand
εξάσκηση, η - exercise
εξασφαλίζω (1) - I secure, I safeguard
εξήντα - sixty
έξοδος, η - exit, exodus
εξοχή, η - country side
εξυπηρετώ (3) - I serve, I wait upon
επέτειος, η - anniversary
επιβάτης, ο - passenger
επιγραφή, η - inscription
επιδόρπιο, το - dessert
έπιπλο, το - furniture
επίσημος, -η, -ο - official
επίσης - also
επισκέπτομαι (4) - I visit
επίσκεψη, η - visit
επιστήμη, η - science
επιστρέφω (1) - I return

επίτευγμα, το - achievement
επιτίθεμαι (4) - I attack
επιτρέπω (1) - I allow, I permit
εποχή, η, - epoch, season
Επτάνησα, τα - the Ionian Islands
επόμενος, -η, -ο - following, next
επομένως - therefore
επώνυμο,το - surname
εργάτης, ο - workman, laborer
εργαλείο, το - tool
ερείπια, τα - ruins
έρημος, η - desert
έρχομαι (4) - I come
ερχόμενος, -η, -ο - coming
ερώτηση, η - question
εσείς - you (pl.)
εστιάτορας, ο - restaurateur
εστιατόριο, το - restaurant
εσύ - you
εσώρουχα, τα - underwear
εταιρεία, η - company
ετοιμάζω (1) - I prepare, I get ready
έτοιμος- -η, -ο - ready
έτσι - so, thus
Εύβοια, η - Euboea
ευγένεια, η - politeness, gentleness
ευγενής, ο - noble, polite, gentle
ευγενικός, -ή, -ό - polite, gentle
ευκαιρία, η - chance
εύρημα, το - finding
ευτυχισμένος, -η, -ο - happy
ευτυχώς - fortunately
ευχαριστημένος, -η, -ο - satisfied
ευχάριστος, -η, -ο - pleasant
ευχαριστώ (3) - I thank
εφημερίδα, η - newspaper
εφτά (επτά) - seven
εχθρός, ο - enemy
έχω (1) - I have

Z

ζαμπόν, το - ham
ζαχαροπλαστείο, το - confectionery
ζέστη, η - heat, warmth
ζεστός, -ή, -ό - hot, warm
Ζευς, ο - Zeus
ζηλεύω (1) - I am jealous
ζητώ (2) - I ask, I demand
ζω (3) - I live

H

η - the (fem.)
ή - or
ηλιοθεραπεία, η - sunbathing
ήλιος, ο - sun
ηλεκτρικός, -ή, -ό - electric
ηλιόλουστος, -η, -ο - sunbathed
ημερολόγιο, το - calendar
ημερομηνία, η - date
Ηνωμένες Πολιτείες της Αμερικής -
        United States of America
ηνωμένος, -η, -ο - united, connected
Ήρα, η - Hera
ήσυχος, -η, -ο - quiet
ήχος, ο - sound

Θ

θα - a particle used to form the future tenses
θάλασσα, η - sea
θαμμένος, -η, -ο - buried
θάρρος, το - courage
θαυμάζω (1) - I admire
θαυμάσιος, -α, -ο - wonderful
θαυμαστής, ο - admirer
θέατρο, το - theater
θέλω (1) - I want
θεμέλιο, το - foundation
θερμίδα, η - calory
θηλυκό, το - feminine
θηρίο, το - wild beast

Θησείο, το - Theseum
θρανίο, το - school desk
θυμούμαι (4) - I remember
θυμώνω (1) - I get angry

I

Ιανουάριος, ο - January
Ιαπωνία, η - Japan
ιαπωνικά, τα - Japanese
ιαπωνικός, -ή, -ό - Japanese
ιδέα, η - idea
ιερό, το - holy, altar
ιθαγένεια, η - naturalization,
        nationality, citizenship
ικανοποιημένος- -η, -ο - satisfied
ικανοποιητικός, -ή, -ό - satisfactory
ικανοποιώ (3) - I satisfy
Ινδίες, οι - India
Ιόνιο, το - Ionian Sea
Ιούλιος, ο - July
Ιούνιος, ο - June
Ισπανία, η - Spain
ισπανικά, τα - Spanish
ισπανικός, -ή, -ό - Spanish
ιστορία, η - history, story
ιστορικός, -ή, -ό - historic
ίσως - perhaps
Ιταλία, η - Italy
ιταλικά, τα - Italian
ιταλικός, -ή, -ό - Italian

K

κάβα, η - liquor store
καθαριστής, ο - cleaner
καθαρός, -ή, -ό - clean, clear
κάθε - every, everyone
καθηγητής, ο - professor (man)
καθηγήτρια, η - professor (woman)
καθημερινός, -ή, -ό - daily
κάθισμα, το - seat

κάθομαι (4) - I sit
καθώς - as, like
και - and
καιρός, ο - weather, time
καίω (1) - I burn
κακός, -ή, -ό - bad
κακώς - badly
καλά - well
καλαθάκι, το - small basket
καλάθι, το - basket
καλαθόσφαιρα, η - basketball
καλαμάρι, το - squid
καλαματιανός, ο - one of the Greek dances
καλημέρα - good morning
καληνύχτα - good night
καλησπέρα - good evening
καλιτερεύω (1) - I improve, I become better
καλοκαίρι, το - summer
καλοκαιρινός, -ή, -ό - of summer
κάλτσα, η - sock, stocking
καλωσορίζω (1) - I welcome
καμπίνα, η - cabin
κάμπος, ο - plain, field
καμωμένος, -η, -ο - done, ripe
Καναδάς, ο - Canada
κανονίζω (1) - I arrange, I settle
κανταήφι, το - kind of Greek pastry
κάνω (1) - I do
καπέλο, το - hat
κάπνισμα, το - smoking
καπνός, ο - smoke
κάποιος, -α, -ο - someone, somebody
καράβι, το - boat, sailing ship
κάρβουνο, το - coal
καρδιά, η - heart
καρέκλα, η - chair
καρπούζι, το - watermelon
κάρτα, η - card
καταλαβαίνω (1) - I understand

καταγάλανος, -η, -ο - very blue, dark blue
κατάλογος, ο - catalogue
κατάρτι, το - mast
καταρτίζω (1) - I arrange, I form
κατάστημα, το - shop
καταστηματάρχης, ο - shopkeeper
κατατροπώνω (1) - I defeat utterly
καταφέρνω (1) - I succeed, I persuade
καταχειροκροτώ (3) - I applaud loudly
καταχτώ (2) - I conquer
κατεβαίνω (1) - I descend, I come down
κατεύθυνση, η - direction
κατηγορία, η - category
κατέχω (1) - I have in my possession, I own
κάτι - something
καφεπωλείο, το - coffee shop
καφές, ο - coffee
κεντρικός, -ή, -ό - central
κέντρο, το - center, amusement place
κερνώ (2) - I treat, I offer a drink
κέφι, το - joviality, disposition
κηπουρός, ο - gardener
Κίνα, η - China
κινέζικα, τα - Chinese
κινέζικος, -η, -ο - Chinese
κινηματογράφος, ο - movies, cinema
κίνηση, η - motion
κινιέμαι, κινούμαι (4) - I move
κίονας, ο - pillar, column
κίτρινος, -η, -ο - yellow
κλασσικός, -ή, -ό - classic
κλείνω (1) - I close, I shut
κλίμα, το - climate
κλίση, η - declension, inclination,
          conjugation
κλωστή, η - thread
κόβω (1) - I cut
κοιμούμαι (4) - I sleep
κοινότητα, η - community

κόκκινος, -η, -ο - red
κολλέγιο, το - college
κολόνια, η - cologne
κόλπος, ο - bay
κομμένος, -η, -ο - cut
κολύμπι, το - swimming
κολυμπώ (2) - I swim
κομπιούτερ, το - computer
κονιάκ, το - cognac
κοντά - near, close
κοντός, -ή, -ό - short
κοράκι, το - crow
κορδέλα, η - ribbon
κόσμος, ο - people, world
κότα, η - chicken
κοτόπουλο, το - chicken
κουβάρι, το - spool
κουβεντιάζω (1) - I talk, I converse
κουζίνα, η - kitchen
κουρασμένος, -η, -ο - tired
κουρέας, ο - barber
κουρείο, το - barber shop
κούρεμα, το - haircut
κουρτίνα, η - curtain
κουτάλι, το - spoon
κρασί, το - wine
κρατώ (2,3) - I hold
κρέας, το - meat
κρεβατοκάμαρα, η - bedroom
κρεμασμένος, -η, -ο - hanging
κρεμμύδι, το - onion
κρεοπωλείο, το - butcher shop
κρεοπώλης, ο - butcher
Κρήτη, η - Crete
κρίμα, το - pity
κρύο, το - cold
κτίριο, το - building
κτίστης, ο - builder, brick layer
κυβερνητικός, -ή, -ό - governmental

Κυκλάδες, οι - Cyclades
κυκλοτερ-ής, -ής, -ή - circular
κυκλοφορώ (3) - I circulate
κύμα, το - wave
κυπαρίσι, το - cypress tree
Κύπρος, η - Cyprus
κυρία, η - Mrs., madame
κυριακάτικος, -η, -ο - of Sunday
Κυριακή, η - Sunday
κύριος, ο - Mr., gentleman
κύρι-ος, -α, -ο - main
κωμικός, -ή, -ό - comical, comic, funny

Λ
Λαβύρινθος, ο - Labyrinth
λαγός, ο - hare
λάδι, το - oil
λάθος, το - mistake, error
λαϊκ-ός, -ή, -ό - popular, of the people
λαίμαργ-ος, -η, -ο - greedy
λαιμός, ο - throat
λαμπρ-ός, -ή, -ό - bright
λαός, ο - people
λαχανικά, τα - vegetables
λέγομαι (4) - I am named
λέ(γ)ω (1) - I say
λειτουργώ (3) - I operate
λεξικό, το - dictionary, lexicon
λεξιλόγιο, το - vocabulary
λεπτό, το - minute
λεπτομέρεια, η - detail
λεπτ-ός, -ή, -ό - thin, tender
λευκ-ός, -ή, -ό - white
λεωφορείο, το - bus
λιακάδα, η - sunshine
λίγ-ος, -η, -ο - little
λικέρ, το - liqueur
λίμνη, η - lake
λιοντάρι, το - lion

λογαριασμός, ο - account, bill
λογιστής, ο - accountant
λόγος, ο - word, speech
λοιπόν - well
Λονδίνο, το - London
λουκάνικο, το - sausage
λουλούδι, το - flower
λουλουδιασμένος, η, ο - flowering,
          full of flowers
λόφος, ο - hill

M

μαγαζί, το - shop
μάγειρας, ο - cook
μαγειρεμένος, η, ο - cooked
μαγειρεύω (1) - I cook
μαγευτικός, ή, ό - enchanting
μαγιό, το - bathing suit
μαθαίνω (1) - I learn
μάθημα, το - lesson
μαθητής, ο - pupil (boy)
μαθήτρια, η - pupil (girl)
Μάιος, ο - May
μακάρι να - may that (a word expressing wish)
μακαρόνια, τα - macaroni
μακριά - far
μακρύς, ιά, ύ - long
μελετώ (2) - I study
μάλιστα - yes
μαλλιά, τα - hair
μάλλινος, η, ο - woolen
μανάβικο, το - grocery shop
μανιτάρι, το - mushroom
μαντείο, το - oracle
μαντολίνο, το - mandolin
μαξιλάρι, το - pillow
Μαραθώνας, ο - Marathon
μαρμάρινος, η, ο - of marble
μαρούλι, το - lettuce

Μάρτιος, ο - March
μάσκα, η - mask
μαυροδάφνη, η - sweet, Greek wine
μαύρος, η, ο - black
μαχαίρι, το - knife
μάχη, η - battle
με - with
μεγαλείο, το - grandeur
μεγάλος, η, ο - big, large, great
μέγεθος, το - size
μεζεδάκια, τα - tidbids, delicacy
μελάτο (αυγό), το - soft boiled egg
μέλλον, το - future
μελωδικός, ή, ό - melodic
μενού, το - menu
μένω (1) - I stay, I remain
μέρα, η - day
μέρος, το - place, location
μεσάνυχτα, τα - midnight
μεσημέρι, το - noon
μεσημεριανός, ή, ό - noon, of noon
μέσο, το - means, way
Μεσόγειος Θάλασσα, η - Mediterranean Sea
μεταδίδω (1) - I transmit, I communicate
μεταξωτός, ή, ό - silken, of silk
μετρώ (2) - I count, I measure
μέχρι - until
μήκος, το - length
μήλο, το - apple
μήνας, ο - month
μήπως - lest, perhaps, in case
μηχάνημα, το - machine, machinery
μια, μία - a, an, one
μικροσκοπικός, ή, ό - microscopic
μικτός, ή, ό - mixed
μίλι, το - mile
μιλώ (2) - I speak
Μινώταυρος, ο - Minotaur
μισός, ή, ό - half

μνημείο, το - monument
μοιάζω (1) - I look alike
μοιράζω (1) - I share, I distribute
μολύβι, το - pencil
μονοκατοικία, η - single family house
μορφωμένος, -η, -ο - educated
μουσική, η - music
μπαίνω (1) - I enter
μπακλαβάς, ο - kind of Greek pastry
μπάλα, η - ball
μπαλκόνι, το - balcony
μπάμια, η - okra
μπαμπάκι, το - cotton
μπανάνα, η - banana
μπανιερό, το - bathing suit
μπάνιο, το - bathroom, bath, swimming
μπερδεύω (1) - I mix up, I confuse
μπισκότα, τα - biscuits
μπορώ (3) - I can, I am able
μπουζούκι, το - bouzouki
μπουκάλι, το - bottle
μπριζόλα, η - pork chop
μπροστά - in front
μπροστινός, -ή - -ό - front, anterior
μπύρα, η - beer
μυθιστόρημα, το - novel
μυρίζω (1) - I smell
μυρωδιά, η - smell
μωρό, το - baby

N
να - to (a conjunction accopanying the subjunctive)
ναι - yes
ναός, ο - temple, church
νάτο ! - here it is !
ναύτης, ο - sailor
Νέα Υόρκη, η - New York
νέο, το (τα νέα) - the news
νέος, -α, -ο - new, young

νερό, το - water
νικώ (2) - I win
Νοέμβριος, ο - November
νομίζω (1) - I think
νοσοκομείο, το - hospital
νόστιμος, -η, -ο - tasty
νότιος, -α, -ο - southern
νότος, ο - south
νους, ο - mind
ντολμάς, ο - ground meat and rice wrapped in a vine leaf and cooked
ντόπιος, -α, -ο - local, native
ντύνω (1) - I dress
νυχτερινός, -ή, -ό - night, of night
νυχτικό, το - nightgown

Ξ
ξακουστός, -ή, -ό - famous, renowned
ξαπλώνω (1) - I lie down
ξεκινώ (2) - I start, I set out
ξεκουράζω, -ομαι (4) - I rest
ξεναγός, ο - tour guide
ξένος, -η, -ο - stranger
ξερός, -ή, -ό - dry, arid, parched
ξετυλίγω (1) - I unwind, I unroll
ξεχασμένος, -η, -ο - forgotten
ξεχνώ (2) - I forget
ξημερώνει - day is coming, it is dawning
ξηρά, η - land
ξυλουργός, ο - carpenter

O
οδηγός, ο - guide
οδηγώ (3) - I drive
οδοντίατρος, ο - dentist
οδός- η - street
οικογένεια, η - family
οικονομικά, τα - economics
οικονόμος, -α, - economical, thrifty
οικονομώ (3) - I save

οινοπωλείο, το - liquor store
Οκτώβριος, ο - October
ολάνθιστος, -η, -ο - flowering,
               full of flowers
ολόασπρος, -η, -ο - very white
ολόδροσος, -η, -ο - cool, refreshing
ολόκληρος, -η, -ο - whole
όλος, -η, -ο - all
ολυμπιακός, -ή, -ό - olympic
ομαλός, -ή, -ό - smooth, level
ομελέτα, η - omelet
όμως- but, however
όνειρο, το - dream
όνομα, το - name
ονομάζομαι (4) - I am named
οπλίτης, ο - hoplite, soldier
όπου - wherever
οπωροπωλείο, το - fruit stand, fruit store
όραση, η - sight
όρεξη, η - appetite
ορίζοντας, ο - horizon
όσος, -η, -ο - as much as
όσφρηση, η - smell
όταν - when
ότι - that
ό,τι - what, the thing which
ουδέτερο, το - neuter
ουίσκυ, το - whiskey
ουρανοξύστης, ο - skyscraper

Π
παιδί, το - child
παιδίατρος, ο - pediatrician
παιδικός, -ή, -ό - of a child, childish
παίκτης, ο - player
παιχνίδι, το - game, toy
πακέτο, το - package
παλαίστρα - arena
παλτό, το - overcoat

πανεπιστήμιο, το - university
πάντα - always
πανταλονάκι, το - trousers, pants
πανταλόνι, το, - trousers, pants
παντοπωλείο, το - grocery store
παντοπώλης, ο - grocer
πάντοτε - always
παντρειά, η - marriage
παντρεμένος, -η, -ο - married
παντρεύομαι (4) - I marry, I get married
πανωφόρι, το - overcoat
παξιμάδι, το - hard dried bread
παπουτσής, ο - shoe maker
παπούτσι, το - shoe
παππούς, ο - grandfather
παραγγελία, η - order, command
παράδοση, η - tradition
παράθυρο, το - window
παρακαλώ (3) - I beg, I beseech
παρακολουθώ (3) - I follow
παράλια, τα - coast, coast line
παραλιακός, -ή, -ό - coastal
παραμονή, η - stay, eve
Παρασκευή, η - Friday
παράσταση, η - show, performance
παρατεταμένος, -η, -ο - extended
παρέα, η - company, companionship
παρέλαση, η - parade
παρελθόν, το - past
Παρθενώνας, ο - Parthenon
Παρίσι, το - Paris
παριστάνω (1) - I perform, I present
πάρκο, το - park
παρόν, το - the present
παρών - παρούσα, παρόν - present
Πάσχα, το - Easter
πατάτα, η - potato
πατατοσαλάτα, η - potato salad
πατέρας, ο - father

πατρίδα, η - fatherland
πάτωμα, το - floor
πάχος, το - fat
παχουλός, -ή, -ό - fat
παχυντικός, -ή, -ό - fattening
πεδιάδα, η - plain, flat country
πεινασμένος, -η, -ο - hungry
πεινώ (2) - I am hungry
πειράζω (1) - I bother
πελάτης, ο - customer
Πελοπόννησος, η - Peloponnese
Πέμπτη, η - Thursday
πέμπτος, -η, -ο - fifth
πένα, η - pen
περιγράφω (1) - I describe
περιέχω (1) - I contain
περιήγηση, η - tour, travel
περικυκλώνω (1) - I encircle
περιμένω (1) - I wait
περιοδεία, η - tour, travel
περιοδικό, το - periodical, magazine
περιοχή, η - area
περιποιητικός, -ή, -ό - obliging,
          giving good service
περιποιούμαι (4) - I take care, I serve
περίπου - about
περιτριγυρισμένος, -η, -ο - encircled,
          surrounded
περίφημος, -η, -ο - famous
περνώ (2) - I pass
περπατώ (2) - I walk
πέρσι - last year
πετιέμαι (4) - I am discarded
πέτρα, η - stone, rock
πετσέτα, η - napkin, towel
πετώ (2) - I fly
πεύκο, το - pine tree
πευκόφυτος, -η, -ο - covered
          with pine trees

πέφτω (1) - I fall
πηγαινοέρχομαι - I come to and fro
πηγεμός, ο - going
πηγή, η - spring
πηδώ (2) - I jump
πιάτο, το - plate
πιθανό - perhaps
πικνίκ, το - picnic
πίνακας, ο - board, blackboard
πίνω (1) - I drink
πίπα, η - pipe
πιπέρι, το - pepper
πιπεριά, η - pepper
πιρούνι, το - fork
πισινός, -ή, -ό - rear
πιστεύω (1) - I believe
πιστοποιητικό, το - certificate
πιστός, -ή, -ό - faithful, trusty
πλαζ, η - plaza
πλάκα, η - plaque, flat stone
πλατεία, η - town square
πλατύς, -ιά, -ύ - wide
πλένομαι (4) - I am washed, I wash myself
πλένω (1) - I wash
πληθυσμός, ο - population
πληροφορία, η - information
πλήρωμα, το - crew, filling
πληρώνω (1) - I pay
πλησιάζω (1) - I approach, I draw near
πλησίον - near, close
πλοίαρχος, ο - captain
πλοίο, το - ship, boat
πλούσιος, -α, -ο - rich
πλούτη, τα - riches
πλούτος, ο - riches
πλυντήριο, το - washing machine
πνιγμός, ο - drowning
πνίγω, -ομαι (1,4) - I drown
ποδήλατο, το - bicycle

πόδι, το - foot
ποδιά, η - apron
ποδοσφαιριστής, ο - soccer player
ποδόσφαιρο, το - soccer
ποίημα, το - poem
ποίηση, η - poetry
ποιητής, ο - poet
ποιητικός, -ή, -ό - poetic
ποιος - ποια - ποιο - who, which, what
πόλεμος, ο - war
πολεμώ (2) - I fight
πόλη, η - city, town
πολιτικός, ο - politician
πολιτικός, πολιτική, πολιτικό - political
πολιτισμός, ο - civilization
πολυάριθμος, -η, -ο - numerous
πολυκατοικία, η - apartment house
πολύς - πολλή - πολύ - much
πολύτιμος, -η, -ο - precious, valuable
πολύχρωμος, -η, -ο - multi-colored
πονηρος, -ή, -ό - shrewd, canning
πόνος, ο - pain
πορεία, η - march, journey
πόρτα, η - door
πορτοκαλάδα, η - orange juice
πορτοκάλι, το - orange
Ποσειδώνας, ο - Poseidon
πόσος, -η, -ο - how much
ποταμός, ο - river
πότε; - when?
ποτέ - never
ποτήρι, το - glass
ποτό, το - drink
που - who, which, what
πού; - where?
πουκάμισο, το - shirt
πράγμα, το (πράμα, το) - thing
πραγματικότητα, η - reality
πράκτορας, ο - agent

πρακτορείο, το - agency
πράσινος, -η, -ο - green
πρέπει - must
προάστειο, το - suburb
πρόβλημα, το - problem
προβάλλω (1) - I project, I put forth
προβολή, η - projection, showing
πρόγευμα, το - breakfast
πρόγραμμα, το - program
πρόεδρος, ο - president
προϊστορικός, -ή, -ό - prehistoric
προκαλώ (3) - I challenge
προξενώ (3) - I cause
προοδεύω (1) - I progress
πρόοδος, η - progress
πρόποδες, οι - foot of the mountain
Προπύλαια, τα - Propylaea, entrance
προς - toward
προσθέτω (1) - I add
προσκαλώ (3) - I invite
πρόσκληση, η - invitation
προσπάθεια, η - endeavor, effort, attempt
προσπαθώ (3) - I try, I endeavor
προσφέρω (1) - I offer
πρόσωπο, το - face
προτήτερα - before
προτιμώ (2) - I prefer
προφορά, η - pronunciation
πρόχειρος, -η, -ο - improvised, handy
προχτές - the day before yesterday
προχωρώ (3) - I proceed, I go ahead,
                    I advance
πρωθυπουργός, ο - prime minister
πρωί, το - morning
πρωινό, το - breakfast
πρώτος, -η, -ο - first
πτήση, η - flight

Ρ

ράδιο, το - radio
ραδιόφωνο, το - radio
ράφτης, ο - tailor
ρεπάνι, το - radish
ρέστα, τα - change
ρετσίνα, η - resinated wine
ρίζα, η - root
ρισεψιόν, η - reception desk of a hotel
ρίχνω (1) - I throw
ροδίτης, ο - rose wine
ρολόι, το - watch, clock
ρούχα, τα - clothes
ρύζι, το - rice
ρυθμός, ο - rhythm, order of a column
Ρωσσία, η - Russia
ρωσσικά - Russian
ρωσσικός, -ή, -ό - Russian
Ρώσσος, ο - Russian
ρωτώ (2) - I ask

Σ

Σάββατο, το - Saturday
σάλα, η - living room
σαλάτα, η - salad
σαν - like, as
σαράντα - forty
Σαρωνικός, ο - Saronic Gulf
σε - to
Σειρήνες, οι - Sirens
σελίδα, η - page
σέλινο, το - celery
σεντόνι, το - sheet
Σεπτέμβριος, ο - September
σερβίρω (1) - I serve
σημαία, η - flag
σημασία, η - meaning
σημείο, το - sign, spot
σήμερα - today

σημερινός, -ή, -ό - today's, of today
Σιβηρία, η - Siberia
σιγά - slow
σιδερένιος, -α, -ο - of iron
σκάλα, η - ladder, steps
σκαλί, το - step
σκεπάζω (1) - I cover
σκηνή, η - scene, tent
σκόνη, η - dust
σκοπεύω (1) - I intend
σκοτάδι, το - darkness
σκοτώνω (1) - I kill
σκύλος, ο - dog
σουβενίρ, το - souvenir
σουβλάκι, το - shishkebab
σοφέρ, ο - driver
σπανακόπιτα, η - spinach pie
σπασμένος, -η, -ο - broken
σπηλιά, η - cave
σπορ, τα - sport
σπουδαίος, -α, -ο - important
στάδιο, το - stadium
σταθμεύω (1) - I park
σταθμός, ο - station, stop
σταματώ (2) - I stop
στάση, η - stop, bus stop
στέλνω (1) - I send
στενός, -ή, -ό - narrow
στενοχώρια, η - distress, anguish
στήλη, η - column
στιγμή, η - moment
στοιχίζω (1) - I cost
στολίζω (1) - I decorate
στον - στη(ν) - στο - to the, on the
στρατηγικός, -ή, -ό - strategic
στρατηγός, ο - general
στρατιώτης, ο - soldier
στρατοπεδεύω (1) - I camp
στρίβω (1) - I turn

στρογγυλός, -ή, -ό - round
στροφή, η - turn
στρώμα, το - mattress, layer
στρώνω (1) - I spread, I lay out
συγγενής, ο - relative
συγγνώμη, η - pardon, excuse
συγκεντρώνω (1) - I concentrate, I collect
συγκίνηση, η - emotion, excitement
συγκρίνω (1) - I compare
συγχαίρω (1) - I congratulate
συγχαρητήρια, τα - congratulations
συγχύζω (1) - I confuse
σύζυγος, ο - η - husband
συμβουλεύω (1) - I advise
συμβούλιο, το - council
συμπληρώνω (1) - I complete
σύμφωνος, -η, -ο - agreeing
συμφωνώ (3) - I agree
συναντώ (2) - I meet
συνδυάζω (1) - I combine
συνέχεια, η - continuation
συνεχίζω (1) - I continue
συνεχώς - continuously, continually
συνηθίζω (1) - I get accustomed
συνηθισμένος, -η, -ο - accustomed
συνθετικός, -ή, -ό - synthetic
σύννεφο, το - cloud
συνοδεύω (1) - I accompany
συνορεύω (1) - I border
σύντομος, -η, -ο - short
σύντροφος, ο - companion
συνωστισμός, ο - crowding together, traffic
συρτός, ο - a Greek dance
σφάζω (1) - I slaughter
σφραγίδα, η - seal
σχάρα, η - grill
σχετικά - in relation to, related to
σχετικός, -ή, -ό - relative
σχοινί, το - rope

σχολείο, το - school
σώζω (1) - I save

T
ταβέρνα, η - tavern
ταινία, η - film
τάξη, η - class, classroom, order
ταξιδεύω (1) - I travel, I go on a trip
ταξίδι, το - travel, trip, voyage
ταξιτζής, ο - taxi driver
ταραμοσαλάτα, η - salad with red caviar
ταράτσα, η - rooftop
ταύρος, ο - bull
ταχυδρομείο, το - post office
ταχύτητα, η - speed
τελειότητα, η - perfection
τελειώνω (1) - I finish
τελευταίος, -α, -ο - last
τέλος, το - end, finish
τελωνείο, το - custom house
τελώνης, ο - custom house official
τέννις, το - tennis
τεράστιος, -α, -ο - huge, immense
Τετάρτη, η - Wednesday
τετραγωνικός, -ή, -ό - square
τετράδιο, το - note book, tablet,
                        exercise book
τέχνη, η - art
τζατζίκι, το - a spread made of yogurt,
                shredded cucumber and garlic
τηγανιτός, -ή, -ό - fried
τηλεγραφείο, το - telegraph office
τηλεφωνητής, ο - telephone operator
τηλεφωνικός θάλαμος, ο - telephone booth
τηλέφωνο, το - telephone
τιμή, η - price, honor
τιμωρία, η - punishment
τίτλος, ο - title
τμήμα, το - section, department
τοιχογραφία, η - fresco, wall painting

τομάτα, η - tomato
τουριστικός, -ή, -ό - tourist
Τουρκία, η - Turkey
τραγούδι, το - song
τραγουδιστής, ο - singer
τράπεζα, η - bank, table
τραπεζαρία, η - dining room
τραπέζι, το - table
τρελλός, -ή, -ό - crazy, fool
τρέχω (1) - I run
τρικυμία, η - storm
Τρίτη, η - Tuesday
τρόλεϋ - trolley
τρόπος, ο - manner, way
τροφή, η - food
τρόφιμα, τα - food stuff
τροχός, ο - wheel
τσουγκρίζω (1) - I strike together, I clink
τυλίγω (1) - I wrap
τύμβος, ο - grave, memorial tomb
τυρί, το - cheese
τυρόπιτα, η - cheese pie

Υ
υγεία, η - health, hygeia
υπαίθριος, -α, -ο - open air, outdoor
υπάλληλος, ο - employee
υπέροχος, -η, -ο - excellent, marvellous
υπηκοότητα, η - citizenship,
            naturalization papers
υπόγειο, το - basement
υποδουλώνω (1) - I enslave
υπουργείο, το - ministry
υπουργός, ο - minister
ύψωμα, το - height, elevation, hillock
υψώνω (1) - I raise

Φ
φαγητό, το - meal, food
φανέλα, η - undershirt, flannel

φαντάζομαι (4) - I imagine
φαντασία, η - imagination, fantasy
φανταστικός, -ή, -ό - imaginary
φάρμα, η - farm
φαρμακείο, το - pharmacy, drug store
φαρμάκι, το - poison
φαρμακοποιός, ο - pharmacist
φασολάκι, το - green bean
φασόλι, το - bean
Φεβρουάριος, ο - February
φεγγάρι, το - moon
φέρνομαι (4) - I behave
φέτα, η - slice, feta cheese
φέτος - this year
φεύγω (1) - I leave
φήμη, η - fame
φίλος, ο - friend
φιλοσοφία, η - philosophy
φλιτζάνι, το - cup
φορερός, -ή, -ό - terrible, horrible
φοιτητής, ο - student (man)
φονικός, -ή, -ό - murderous, bloody
φορά, μια - one time, once
φορεσιά, η - suit
φορτώνω (1) - I load
φουρνάρης, ο - baker
φούρνος, ο - oven
φουστάνι, το - dress
φράουλα, η - strawberry
φραντζόλα, η - roll of bread,
            French bread
φρέσκος, -α, -ο - fresh
φροντίζω (1) - I take care
φρούτο, το - fruit
φτάνω (1) - I arrive, I reach
φτερό, το - feather
φτηνός, -ή, -ό - inexpensive, cheap
φτιάχνω (1) - I make
φυλάγω - (1) - I keep

φυλλάδιο, το - leaflet, brochure
φύση, η - nature
φυσικός, ή, ό - natural, of nature
φωνή, η - voice
φως, το - light
φωταγωγημένος, η, ο - lighted, bright
φωτεινός, ή, ό - bright, lighted
φωτιά, η - fire
φωτογραφείο, το - photo studio
φωτογραφία, η - photograph
φωτογραφική μηχανή, η - camera

Χ

χαζεύω (1) - I loiter, I look around idly
χαίρετε - hello, good-bye
χαίρομαι (4) - I am glad, I am joyful
χαμηλός, ή, ό - low
χαλί, το - carpet
χάνω (1) - I lose
χαρά, η - joy
χάρτης, ο - map
χαρτί, το paper
χαρτιά, τα - playing cards
χαρτοπετσέτα, η - napkin
χειμερινός, ή, ό - of the winter
χελώνα, η - turtle
χιλιάδα, η - thousand
χιλιόμετρο, το kilometer
χιλιοτραγουδισμένος, η, ο - sung
          thousand times
χιόνι, το - snow
χιονίζει - it snows (imp. verb)
χοιρινός, ή, ό - pork (meat)
χορός, ο - dance
χορταριασμένος, η, ο - covered with weeds
χρειάζομαι (4) - I need
χρεωστικός, ή, ό - of a debt, charged
χρήμα, το - money
Χριστούγεννα, τα - Christmas

χριστουγεννιάτικος, η, ο - of the Christmas
χρονιά, η - year
χρόνια, τα - years
χρόνος, ο - time, year
χρόνου (του χρόνου) - next year
χρόνων (χρονών) - years of age
χρυσάφι, το - gold
χρώμα, το - color
χρωματισμός, ο - coloring, paint
χταπόδι, το - octopus
χτες - yesterday
χτισμένος, η, ο - built
χυμός, ο - juice
χώμα, το - dirt, ground, earth, soil
χωματένιος, α, ο - earthen
χώρα, η - country
χωράφι, το - field
χωρίζω (1) - I separate
χώρος, ο - space, place

Ψ

ψάρι, το - fish
ψέμα, το - lie
ψηλός, ή, ό - tall
ψιλός, ή, ό - thin
ψυγείο, το - refrigerator
ψυχή, η - soul
ψωμί, το - bread, loaf of bread
ψώνια, τα - shoppings
ψωνίζω (ψουνίζω) (1) - I shop

Ω

ωκεανός, ο - ocean
ώρα, η - hour
ωραίος, α, ο - beautiful
ώριμος, η, ο - ripe
ως - as, like

ENGLISH GREEK VOCABULARY

A.

a - ένας, μια, ένα
abandon, I - αφήνω (1), εγκαταλείπω (1)
about - περίπου
accompany, I - συνοδεύω (1)
account - ο λογαριασμός
accoutant - ο λογιστής
achievement - το επίτευγμα
acquaintance - η γνωριμία
Acropolis - η Ακρόπολη
accustomed - συνηθισμέν-ος, -η, -ο
accustomed, I get .. συνηθίζω (1)
add, I - προσθέτω
adjoining - δίπλα, διπλαν-ός, -ή, -ό
admire, I - θαυμάζω (1)
admirer - ο θαυμαστής
advance, I - προχωρώ (1)
advise, I - συμβουλεύω
Africa - η Αφρική
afternoon - το απόγευμα, το δείλι, το
                 δειλινό
age, years of .. - χρόνων (χρονών)
agency - το πρακτορείο
agent - ο πράκτορας
agony - η αγωνία
agree, I - συμφωνώ (3)
agreeing - σύμφων-ος, -η, -ο
ahead - εμπρός
air - ο αέρας
airplane - το αεροπλάνο
Albania - η Αλβανία
all - όλ-ος, -η, -ο
all around - γύρω γύρω
also - επίσης
altar - ο βωμός
always - πάντα, πάντοτε
am, I - είμαι (4)
American - αμερικανικ-ός, -ή, -ό
an - ένας, μια, ένα
anchor, I - αγκυροβολώ (3)
ancient - αρχαί-ος, -α, -ο

and - και
anniversary - η επέτειος
answer, I - απαντώ (2)
Antarctic - η Ανταρκτική
anthropology - η ανθρωπολογία
apartment - το διαμέρισμα
appetite - η όρεξη
applaud, I - χειροκροτώ (2), καταχειροκροτώ (2)
apple - το μήλο
appoint, I - διορίζω
April - ο Απρίλιος
apron - η ποδιά
archeological - αρχαιολογικ-ός, -ή, -ό
archeologist - ο αρχαιολόγος
area - η έκταση, η περιοχή
arena - η παλαίστρα
around - γύρω
arrange, I - κανονίζω (1), καταρτίζω (1)
arrive, I - φτάνω (1)
art - η τέχνη
as - σαν, ωσάν
ascend, I - ανεβαίνω
ascending (road) - ανηφορικός
Asia - η Ασία
ask, I - ρωτώ (2)
Athena - η Αθηνά
Athenian man - ο Αθηναίος
Athenian woman - η Αθηναία
Athens - η Αθήνα
Atlantic - ο Ατλαντικός
athlete - ο αθλητής
athletic event - το αγώνισμα
attack, I - επιτίθεμαι (4)
attempt, I - προσπαθώ
Attica - η Αττική
August - ο Αύγουστος
Australia - η Αυστραλία
automobile - το αυτοκίνητο
avoid, I - αποφεύγω (1)

B
baby - το μωρό
bad - κακ-ός, -ή, -ό
badly - κακώς
baker - ο φουρνάρης
bakery - το αρτοπωλείο
balcony - το μπαλκόνι
ball - η μπάλα
banana - η μπανάνα
bank - η τράπεζα
barber - ο μπαρμπέρης
barber shop - το κουρείο
basement - το υπόγειο
basis - η βάση
basket - το καλάθι
basketball - η καλαθόσφαιρα
bathing suit - το μαγιό, το μπανιερό
bathroom - το μπάνιο, η τουαλέτα
battle - η μάχη
bay - ο κόλπος
bean - το φασόλι
beautiful - ωραί-ος, -α, -ο,
         όμορφ-ος, -η, -ο
because - γιατί
become, I - γίνομαι (4)
become better, I - καλιτερεύω
bedroom - η κρεβατοκάμαρα
beer - η μπύρα
beg, I - παρακαλώ (3)
begin, I - αρχίζω
beginning - η αρχή
Belgium - το Βέλγιο
believe, I - πιστεύω (1)
beloved - αγαπητ-ός, -ή, -ό
beseech, I - παρακαλώ
bicycle - το ποδήλατο
big - μεγάλ-ος, -η, -ο
bill - ο λογαριασμός
biscuits - τα μπισκότα

bite, I - δαγκάνω
black - μαύρ-ος, -η, -ο
blackboard - ο πίνακας
bloody - φονικ-ός, -ή, -ό
blue - γαλαν-ός -ή, -ό
         γαλάζι-ος, -α -ο
blue, very .. - καταγάλαν-ος, -η, -ο
board - το ξύλο, ο πίνακας
boat - το καράβι, το πλοίο, η βάρκα
boiled - βραστ-ός, -ή, -ό
book - το βιβλίο
bookcase - η βιβλιοθήκη
border, I - συνορεύω (1)
born, I am .. - γεννιέμαι
borrow, I - δανείζομαι
bother, I - πειράζω (1)
bottle - το μπουκάλι, η μποτίλια
bouzouki - το μπουζούκι
bovine - βωδιν-ός, -ή, -ό
Brazil - η Βραζιλία
bravery - η ανδρεία
bread - το ψωμί
bread, loaf of .. - το ψωμί
breakfast - το πρόγευμα, το πρωινό
breeze - το αεράκι
brick layer - ο κτίστης
bright - λαμπρ-ός, -ή, -ό
broken - σπασμέν-ος, -η, -ο
builder - ο κτίστης
building - το κτίριο
built - χτισμέν-ος, -η, -ο
Bulgaria - η Βουλγαρία
bull - ο ταύρος
buried - θαμμέν-ος, -η, -ο
burn, I - καίω (1)
bus - το λεωφορείο
but - όμως
butcher - ο κρεοπώλης
butcher shop - το κρεοπωλείο
buy, I - αγοράζω (1)
byzantine - βυζαντιν-ός, -ή, -ό

C

calory - η θερμίδα
camera - η φωτογραφική μηχανή
camp, I - στρατοπεδεύω
can, I - μπορώ
Canada - ο Καναδάς
canning - πονηρ-ός, -ή, -ό
captain of a ship - ο πλοίαρχος
car - το αυτοκίνητο
card - η κάρτα
care, I take .. - περιποιούμαι (4),
    φροντίζω (1)
carpet - το χαλί
case, in .. - μήπως
catalogue - ο κατάλογος
category - η κατηγορία
cause, I - προξενώ
cave - η σπηλιά, το σπήλαιο
celery - το σέλινο
center - το κέντρο
certain - βέβαι-ος, -η -ο
certainly - ασφαλώς, βέβαια, βεβαίως
certificate - το πιστοποιητικό
chair - η καρέκλα
challenge, I - προκαλώ (3)
change, I - αλλάζω (1)
change - τα ρέστα, τα ψιλά
cheap - φτην-ός, -ή, -ό
cheese - το τυρί
cheese pie - η τυρόπιτα
chicken - η κότα, το κοτόπουλο
child - το παιδί
child, of a .. - παιδικ-ός, -ή, -ό
China - η Κίνα
Chinese - τα κινέζικα,
    κινέζικ-ος, -η, -ο
choose, I - διαλέγω (1)
Christmas - τα Χριστούγεννα
Chritsmas, of the .. -
    χριστουγεννιάτικ-ος, -η, -ο

church - η εκκλησία, ο ναός
cinema - ο κινηματόγραφος
circular - κυκλοτερ-ής, -ής, -ή
circulate, I - κυκλοφορώ (3)
citizenship - η υπηκοότητα
city - η πόλη
civilization - ο πολιτισμός
class - η τάξη
classroom - η τάξη
classic - κλασσικ-ός, -ή, -ό
clean - καθαρ-ός, -ή, -ό
cleaner - ο καθαριστής
clear - καθαρ-ός -ή, -ό
climate - το κλίμα
climb, I - ανεβαίνω
clink, I - τσουγκρίζω
clock - το ρολόι
close, I - κλείνω (1)
close - κοντά, πλησίον
cloud - το σύννεφο
coal - το κάρβουνο
coast - η ακτή, η παραλία
coastal - παραλιακ-ός, -ή, -ό
coast line - τα παράλια
coffee - ο καφές
coffee-shop - καφεπωλείο,
    το καφενείο
cognac - το κονιάκ
collect, I - συγκεντρώνω (1)
college - το κολλέγιο
cologne - η κολόνια
color - το χρώμα
coloring - ο χρωματισμός
column - ο κίονας, η στήλη
combine, I - ενώνω (1), συνδυάζω (1)
come, I - έρχομαι (4)
come, I .. down - κατεβαίνω (1)
come and go I - πηγαινοέρχομαι (4)
comfortable - άνετ-ος, -η, -ο

comic - κωμικός, -ή, -ό
comical - κωμικός -ή -ό
coming - ερχόμενος, -η, -ο
command - η παραγγελία
communal - δημοτικός, -ή, -ό
community - η κοινότητα
companion - ο σύντροφος
companionship - η παρέα
company - η εταιρεία, η παρέα
compare, I - συγκρίνω (1)
compel, I - αναγκάζω (1)
complete, I - συμπληρώνω
computer - το κομπιούτερ
cold - το κρύο
concentrate, I - συγκεντρώνω, μαζεύω (1)
confectionery - το ζαχαροπλαστείο
confuse, I - μπερδεύω (1), συγχύζω (1)
congratulate, I - συγχαίρω (1)
congratulations - τα συγχαρητήρια
congressman - ο βουλευτής
conjugation - η κλίση
conquer, I - καταχτώ (2)
constitue, I - αποτελώ (3)
contain, I - περιέχω (1)
contest - το αγώνισμα, το άθλημα,
          ο διαγωνισμός
continuation - η συνέχεια
continue, I - εξακολουθώ (3)
          συνεχίζω (1)
continually - συνεχώς
continuously - συνεχώς
control - ο έλεγχος
converse, I - κουβεντιάζω (1)
country - η χώρα
country, flat .. - η πεδιάδα
cook, I - μαγειρεύω (1)
cook - ο μάγειρας, η μαγείρισσα
cooked - μαγειρεμένος, -η, -ο

cool - δροσερός, -ή, -ό,
        ολόδροσος, -η, -ο
cool, I - δροσίζω (1)
corner - η γωνιά, η γωνία
correct, I - διορθώνω (1)
cost, I - στοιχίζω (1)
cotton - το παμπάκι
council - το συμβούλιο
count, I - μετρώ (2)
country side - η εξοχή
courage - το θάρρος
course - η διαδρομή
courtyard - η αυλή
cover, I - σκεπάζω (1)
covered with pine trees - πευκόφυτος, -η, -ο
cow - η αγελάδα
coward - δειλός, -ή, -ο
crazy - τρελλός, -ή, -ό
create, I - δημιουργώ (3)
Crete - η Κρήτη
crew - το πλήρωμα
crime - το έγκλημα
crow - το κοράκι
crowding together - ο συνωστισμός
cruelty - η αγριότητα
cucumber - το αγγούρι
cup - το φλυτζάνι
curtain - η κουρτίνα
customer - ο πελάτης
custom house - το τελωνείο
custom house official - ο τελώνης
cut, I - κόβω (1)
cut - κομμένος, -η, -ο
Cyclades - οι Κυκλάδες
cypress tree - το κυπαρίσι
Cyprus - η Κύπρος

D

daily - καθημερινός, -ή, -ό
dance - ο χορός
dance, I - χορεύω (1)
dark - σκοτεινός, -ή, -ό
darkness - το σκοτάδι, η σκοτεινιά
date - η ημερομηνία
dawn - η αυγή
day - η μέρα
December - ο Δεκέμβριος
decide, I - αποφασίζω
decided - αποφασισμένος, -η, -ο
decision - η απόφαση
decisiveness - η αποφασιστικότητα
declension - η κλίση
decorate, I - στολίζω (1)
dedicated - αφιερωμένος, -η, -ο
 deep - βαθύς, -ιά, -ύ
defeat, I .. utterly - κατατροπώνω (1)
delicacy - τα μεζεδάκια
delightful - απολαυστικός, -ή, -ό
Delphi - οι Δελφοί
demand, I - ζητώ (2,3)
          απαιτώ (3)
dentist - ο οδοντίατρος
departure - η αναχώρηση, η εκκίνηση
descend, I - κατεβαίνω (1)
describe, I - περιγράφω (1)
desk - το γραφείο
desert - η έρημος
dessert - το επιδόρπιο
detail - η λεπτομέρεια
develop, I - αναπτύσσω (1)
dictionary - το λεξικό
dining room - η τραπεζαρία
discount - η έκπτωση
diet - η δίαιτα
different - διαφορετικός, -ή, -ό
          διάφορος, -η, -ο

direct, I - διευθύνω (1)
direction - η κατεύθυνση
director - ο διευθυντής,
          η διευθύντρια
dirt - το έδαφος, το χώμα
disc - ο δίσκος
disembarkation - η αποβίβαση
disposition - η διάθεση, το κέφι
dissimilar - διαφορετικός, -ή, -ό
distance - η απόσταση
distant, I am .. from - απέχω (1)
distress - η στενοχώρια
do, I - κάνω (1)
Dodecanese Islands - τα Δωδεκάνησα
dog - ο σκύλος
dollar - το δολλάριο
done - καμωμένος, -η, -ο
door - η πόρτα
draw, I .. near - πλησιάζω (1)
dream - το όνειρο
dress - το φουστάνι
dress, I - ντύνω (1)
drink, I - πίνω (1)
drink - το ποτό
drive, I - οδηγώ (3)
driver - ο σοφέρ, ο οδηγός
drown, I - πνίγω (1), πνίγομαι (4)
drowning - ο πνιγμός, το πνίξιμο
dry - ξερός, -ή, -ό
duration - η διάρκεια
dust - η σκόνη

E
ear - το αυτί
early - νωρίς
earth - η γη
earthen - χωματένιος, -α, -ο
east - η ανατολή
Easter - το Πάσχα
eastern - ανατολικός, -ή -ό
economical - οικονομικός, -ή, -ό
edge - η άκρη, η άκρια
educated - μορφωμένος, -η, -ο
effort - η προπάθεια
egg - το αυγό
egg and lemon soup - το αυγολέμονο
electric - ηλεκτρικός, -ή, -ό
elevation - το ύψωμα
employment - η ασχολία , η δουλειά
employee - ο, η υπάλληλος
encircle, I - περικυκλώνω (1)
encircled - περιτριγυρισμένος, -η, -ο
             περικυκλωμένος, -η, -ο
end - το τέλος
endeavor - η προσπάθεια
endless - απέραντος, -η, -ο
enemy - ο εχθρός
England - η Αγγλια
English - τα αγγλικά
enjoy, I - απολαμβάνω (1),
           απολαύω (1)
enjoyable - απολαυστικός, -ή, -ό
enough - αρκετός, -ή, -ό
enslave I - υποδουλώνω (1)
enter, I - μπαίνω (1)
entrance - η είσοδος
epoch - η εποχή
error - το λάθος
escape, I - γλυτώνω (1)
eternal - αιώνιος, -α, -ο
Euboea - η Εύβοια

eve - η παραμονή
evening - το βράδι,
          βραδινός, -ή, -ό
every - κάθε,
        καθένας - καθεμία, καθένα
everyone - κάθε
           καθένας - καθεμία - καθένα
exactly - ακριβώς
examination - ο διαγωνισμός
excellent - υπέροχος, -η, -ο
exceptional - εξαιρετικός, -ή, -ό
excitement - η συγκίνηση
excursion - η εκδρομή
excuse - η δικαιολογία, η συγγνώμη
exercise - η εξάσκηση
exercise book - το τετράδιο
exhibit - το έκθεμα
exit - η έξοδος
expensive - ακριβός, -ή, -ό
extended - εκτεταμένος, -η, -ο
           παρατεταμένος, -η, -ο

F
face - το πρόσωπο
face, I - αντικρίζω (1)
fact - το γεγονός
faithful - πιστός, -ή, -ό
fall, I - πέφτω (1)
fame - η φήμη
family - η οικογένεια
famous - ξακουστός, -ή, -ό
         περίφημος, -η, -ο
fantasy - η φαντασία
far - μακριά
fare - το εισιτήριο
farm - η φάρμα
fastness - η γρηγοράδα
fat - το πάχος
      παχουλός, -ή, -ό
father - ο πατέρας

fatherland - η πατρίδα
fattening - παχυντικός, ή, ό
feast - η διασκέδαση
feather - το φτερό
February - ο Φεβρουάριος
feel, I - αισθάνομαι (4)
feminine - γυναικείος, α, ο
     το θηλυκό
feta cheese - η φέτα
field - ο κάμπος, το χωράφι
fifth - πέμπτος, η, ο
fight, I - πολεμώ (2)
filling - το πλήρωμα
film - το φιλμ, η ταινία
finding - το εύρημα
fine - εντάξει, Ο.Κ.
finish - το τέλος
finish, I - τελειώνω (1)
fire - η φωτιά
first - πρώτος, η, ο
fir tree - το έλατο
fish - το ψάρι
flag - η σημαία
flannel - η φανέλα
flight - η πτήση
floor - το πάτωμα
flour - το αλεύρι
flower - το άνθος, το λουλούδι
flowering - λουλουδιασμένος, η, ο
     ολάνθιστος, η, ο
flowers , full of .. - ανθισμένος, η, ο
fly - πετώ (2)
follow, I - παρακολουθώ (3)
follower - ο ακόλουθος
following - ακόλουθος, η, ο
     επόμενος, η, ο
food - η τροφή
food stuff - τα τρόφιμα
foot - το πόδι

for - για
forbid, I - απαγορεύω (1)
force - η βία
force, I - βιάζω
forest - το δάσος
forget, I - ξεχνώ (2)
forgotten - ξεχασμένος, η, ο
fork - το πιρούνι
form, I - αποτελώ (3)
     καταρτίζω (1)
fortunately - ευτυχώς
foundation - το θεμέλιο
fox - η αλεπού
France - η Γαλλία
free - ελεύθερος, η, ο
freedom - η ελευθερία
French - τα γαλλικά, ο Γάλλος,
     γαλλικός, ή, ό
French bread - η φραντζόλα
fresco - η τοιχογραφία
fresh - φρέσκος, ια, ο
fried - τηγανιτός, ή, ό
friend - ο φίλος, η φίλη
from - από
front, in .. - μπροστά
front - μπροστινός, ή, ό
fruit - το φρούτο
fruit stand - η φρουταγορά
full - γεμάτος, η, ο
fun - το γούστο
funny - γελοίος, α, ο
     κωμικός, ή, ό
furniture - το έπιπλο, τα έπιπλα
future - το μέλλον

G

game - το παιχνίδι
garden - ο κήπος, το περιβόλι
gardener - ο κηπουρός, ο περιβολάρης
gender - το γένος

gerneral - ο στρατηγός
gentle - ευγενής, -ής, - ές,
    ευγενικός, -ή, -ό
gentleman - ο κύριος
gentleness - η ευγένεια
German - τα γερμανικά,
    ο Γερμανός
Germany - η Γερμανία
gift - το δώρο
give, I - δίνω (1)
grind , I - αλέθω (1)
glass - το ποτήρι
glorious - ένδοξος, -η, -ο
go, I - πηγαίνω
go, I .. ahead - προχωρώ (3)
going - ο πηγεμός
go, I .. out - βγαίνω (1)
good-bye - αντίο, χαίρετε
good-evening - καλησπέρα
good-morning - καλημέρα
good-night - καληνύχτα
government - η κυβέρνηση
governmental - κυβερνητικός, -ή, -ό
grandchild - το εγγόνι,
    το εγγονάκι
grandeur - το μεγαλείο
grandfather - ο παππούς
grave - ο τύμβος
great - μεγάλος, -η, -ο
Greece - η Ελλάδα
greedy - λαίμαργος, -η, -ο
Greek - ο Έλληνας, η Ελληνίδα,
    τα ελληνικά ,
    ελληνικός, -ή, -ό
Greek-American - ελληνοαμερικανος,
    ελληνοαμερικανίδα
Greek pastries - το γαλακτομπούρεκο,
    ο μπακλαβάς, το κανταίφι
green - πράσινος, -η, -ο
grey - γρίζος, -α, -ο

grill - η σχάρα
grocer - ο παντοπώλης
grocery shop - το μπακάλικο,
    το παντοπωλείο
ground - αλεσμένος, -η, -ο ,
    το έδαφος, το χώμα
guide - ο οδηγός
guide, tour .. - ο ξεναγός
gymnasium - το γυμναστήριο

H
hair - τα μαλλιά
haircut - το κούρεμα
half - μισός, -ή, -ό
hall - η αίθουσα, ο διάδρομος
ham - το ζαμπόν
hanging - κρεμασμένος, -η, -ο
happening - το γεγονός
hare - ο λαγός
hasty - βιαστικός, -ή, -ό
hat - το καπέλο
have, I - έχω
health - η υγεία
hear, I - ακούω (1)
hearing - η ακοή
heart - η καρδιά
heat - η ζέστη
height - το ύψωμα, το ύψος
hello - χαίρετε
help, I - βοηθώ (2,3)
Hera - η Ήρα
here - εδώ
high school - το γυμνάσιο
hindered, I am.. - δυσκολεύομαι (4)
historic - ιστορικός, -ή, -ό
history - η ιστορία
hold, I - κρατώ (2,3)
hoplite - ο οπλίτης
horizon - ο ορίζοντας
horrible - φοβερός, -ή, -ό

hospital - το νοσοκομείο
however - όμως
how much - πόσ-ος, -η, -ο
huge - τεράστι-ος, -α, -ο
hundred - εκατό(ν)
hungry - πεινασμέν-ος, -η, -ο
hungry, I am .. - πεινώ (2)
husband - ο σύζυγος, ο άντρας

I

I - εγώ
idea - η ιδέα
imagination - η φαντασία
imaginary - φανταστικ-ός, -ή, -ό
imagine, I - φαντάζομαι (4)
immediately - αμέσως
immense - απέραντ-ος, -η, -ο
impatience - η ανυπομονησία
important - σπουδαί-ος, -α, -ο
improve, I - καλιτερεύω (1)
improvised - πρόχειρ-ος, -η, -ο
inclination - η κλίση
India - η Ινδία
inexpensive - φτην-ός, -ή, -ό
information - η πληροφορία
inglorious - άδοξ-ος, -η, -ο
inscription - η επιγραφή
intend, I - σκοπεύω (1)
interest - το ενδιαφέρον
interest, of .. - ενδιαφέρ-ων -ουσα, -ον
interested, I am .. - ενδιαφέρομαι (4)
interested - ενδιαφερόμεν-ος, -η, -ο
invitation - η πρόσκληση
invite , I - προσκαλώ (3)
Ionian Islands - τα Επτάνησα
Ionian Sea - το Ιόνιο Πέλαγος
Irene - η Ειρήνη
iron - σίδερο, σιδερένι-ος, -α, -ο
Italian - ιταλικ-ός, -ή, -ό,
           τα ιταλικά

Italy - η Ιταλία

J

January - ο Ιανουάριος
Japan - η Ιαπωνία
Japanese - τα Ιαπωνικά
           ιαπωνικ-ός, -ή, -ό
jealous, I am .. - ζηλεύω (1)
joke - το αστείο
join, I - ενώνω (1)
journey - το ταξίδι
joviality - το κέφι
joy - η χαρά
joyful, I am .. - χαίρομαι
juice - ο χυμός
jump, I - πηδώ (2)
July - ο Ιούλιος
June - ο Ιούνιος

K

keep, I - φυλάγω
kill, I - σκοτώνω (1)
kilometer - το χιλιόμετρο
kind - το είδος
kind - καλ-ός, -ή, -ό,
       αγαθ-ός, -ή, -ό
king - ο βασιλιάς
kitchen - η κουζίνα
knee - το γόνατο
knife - το μαχαίρι
know, I - ξέρω (1), γνωρίζω (1)
known - γνωστ-ός, -ή, -ό

L

laborer - ο εργάτης
ladder - η σκάλα
lake - η λίμνη
lamb - το αρνί, το αρνάκι
land - η ξηρά
landing - η αποβίβαση

language - η γλώσσα
large - μεγάλος, -η, -ο
late, I am .. - αργώ (3)
later - αργότερα
last - τελευταίος, -α, -ο
last, I - διαρκώ (3)
laugh, I - γελώ (2)
laughter - το γέλιο
lawyer - ο δικηγόρος
lay, I .. out - στρώνω (1)
layer - το στρώμα
leaf - το φύλλο
leaflet - το φυλλάδιο
lean, I - ακουμπώ (2), γέρνω (1)
learn, I - μαθαίνω (1)
leave, I - αφήνω (1), φεύγω (1)
left - αριστερός, -ή, -ό
left , I am .. over - απομένω (1)
length - το μήκος
lesson - το μάθημα
lest - μήπως
letter - το γράμμα
lettuce - το μαρούλι
level - ομαλός, -ή, -ό
liberty - η ελευθερία
library - η βιβλιοθήκη
lie - το ψέμα
lie, I .. down - ξαπλώνω (1),
         πλαγιάζω (1)
lifeless - άψυχος, -η, -ο
light - το φως
lighted - αναμμένος, -η, -ο
lightning, it is .. - αστράφτει
like - καθώς, όπως, σαν
like, I - μου αρέσει
lined up - αραδιασμένος, -η, -ο
lion - το λιοντάρι
liqueur - το λικέρ
liquor store - η κάβα, το ζυθοπωλείο

lit - αναμμένος, -η, -ο
little - λίγος, -η, -ο
live I, - ζω (3)
living room - η σάλα
load, I - φορτώνω (1)
local - ντόπιος, - α, -ο
location - το μέρος, η τοποθεσία
loiter, I - χαζεύω (1)
London - το Λονδίνο
long - μακρύς, -ιά, -ύ
look, I - κυτάζω (1)
look alike, I - μοιάζω (1)
look around idly, I - χαζεύω
lose, I - χάνω
love, I - αγαπώ (2)
low - χαμηλός, -ή, -ό
luggage - οι αποσκευές
lunch - το γεύμα

M
macaroni - τα μακαρόνια
machine - το μηχάνημα, η μηχανή,
       τα μηχανήματα
madame - η κυρία
main - κύριος, -α, -ο
make, I - φτιάχνω, κάνω
man - ο άνθρωπος, ο άντρας
manly - ανδρικός, -ή, -ό
mandolin - το μαντολίνο
mankind - η ανθρωπότητα
manner - ο τρόπος
map - ο χάρτης
Marathon - ο Μαραθώνας
marble - το μάρμαρο
marble, made of .. - μαρμάρινος, -η, -ο
March - ο Μάρτιος
march - η πορεία
market - η αγορά
marriage - ο γάμος, η παντρειά

married - παντρεμένος, -η, -ο
marry, I - παντρεύομαι (4)
masculine - αρσενικός, -ιά, -ό
mask - η μάσκα
mast - το κατάρτι
marvellous - υπέροχος, -η, -ο
May - ο Μάιος
may - μακάρι
mayor - ο δήμαρχος
meal - το φαγητό
meaning - η σημασία
means, it .. - σημαίνει
means - το μέσο
measure - το μέτρο
measure, I - μετρώ
Mediterranean Sea - η Μεσόγειος Θάλασσα
melodic - μελωδικός, -ή, -ό
menu - το μενού
merchandise - το εμπόρευμα
meat - το κρέας
meet - συναντώ (2)
microscopic - μικροσκοπικός, -ή, -ό
midnight - τα μεσάνυχτα
million - το εκατομμύριο
mind - το μυαλό, ο νους
minister - ο υπουργός
ministry - το υπουργείο
Minotaur - ο Μινώταυρος
mile - το μίλι
minute - το λεπτό
Miss - δεσπονίς, δεσποινίδα
mistake - το λάθος
mix, I - ανακατεύω (1)
mix up, I .. - μπερδεύω (1)
mixed - μικτός, -ή, -ό
moment - η στιγμή
Monday - η Δευτέρα
money - το χρήμα, τα χρήματα
month - ο μήνας
monument - το μνημείο

mood - η διάθεση
moon - το φεγγάρι
morning - το πρωί
motion - η κίνηση
mountain - το βουνό
move, I - κινούμαι (4), κινιέμαι (4)
movies - ο κινηματογράφος,
        το σινεμά
Mr. - ο κύριος
Mrs. - η κυρία
much - πολύς, πολλή, πολύ
much, as .. - όσος, -η, -ο
much, how .. - πόσος, -η, -ο
multi-colored - πολύχρωμος, -η, -ο
municipality - το δημαρχείο
murderous - φονικός, -ή, -ό
mushroom - το μανιτάρι
music - η μουσική
must - πρέπει

N
name - το όνομα
named, I am .. - ονομάζομαι,
        λέγομαι
napkin - η χαρτοπετσέτα,
        η πετσέτα
narrow - στενός, -ή, -ό
nationality - η εθνικότητα,
        η ιθαγένεια
native - ντόπιος, -α, -ο,
        ο ιθαγενής
naturalization - η ιθαγένεια
naturalization papers - η υπηκοότητα
nature - η φύση
navigation, of steam .. - ατμοπλοϊκός, -ή, -
natural - φυσικός, -ή, -ό
near - κοντά, πλησίον
need, I - χρειάζομαι
neighboring - διπλανός, -ή, -ό
never - ποτέ

neuter - το ουδέτερο
new - νέ-ος, -α, -ο,
      καινούρι-ος, -α, -ο
news - τα νέα
newspaper - η εφημερίδα
New York - η Νέα Υόρκη
next - επόμεν-ος, -η - ο
next to - δίπλα
night - η νύχτα,
      νυχτεριν-ός, -ή, -ό
nine - εννέα, εννιά
no - δεν, όχι
noble - ο ευγενής
noisy - άταχτ-ος, -η, -ο
noon - το μεσημέρι,
      μεσημεριαν-ός, -ή, -ό
not - όχι, δεν
note-book - το τετράδιο
novel, to - μυθιστόρημα
November - ο Νοέμβριος
numerous - πολυάριθμ-ος, -η, -ο

O
object - το αντικείμενο
obliging - περιποιητικ-ός, -ή, -ό
October - ο Οκτώβριος, Οχτώβρης
octopus - το χταπόδι
offer, I - προσφέρω
official - επίσημ-ος, -η, -ο
oil - το λάδι
okra - η μπάμια
olive - η ελιά
olive tree - η ελιά
olympic - ολυμπιακ-ός, -ή, -ό
omelet - η ομελέτα
once - μια φορά
one time - μια φορά
onion - το κρεμμύδι
open, I - ανοίγω (1)
operate, I - λειτουργώ

opinion - η γνώμη
opposite - αντίθετ-ος, -η, -ο
opposite - απέναντι
oracle - το μαντείο
orange - το πορτοκάλι
orange juice - η πορτοκαλάδα
order - η τάξη,
      η παραγγελία
outcome - η έκβαση
outdoor - υπαίθρι-ος, -α, -ο
oven - ο φούρνος
overcoat - το παλτό, το πανωφόρι
own, I - κατέχω

P
package - το πακέτο
page - η σελίδα
pain - ο πόνος
painting, wall .. - η τοιχογραφία
pajamas - η πιτζάμα
palace - το παλάτι
pants - το πανταλόνι
paper - το χαρτί
parched - ξερ-ός, -ή, -ό
parade - η παρέλαση
pardon - η συγγνώμη
parent - ο γονιός
parents - οι γονιοί, οι γονείς
Paris - το Παρίσι
park - το πάρκο
park, I - σταθμεύω (1)
parliament, member of the .. ο βουλευτής
Parthenon - ο Παρθενώνας
pass, I - περνώ (2)
passport - το διαβατήριο
passage - ο διάδρομος
passenger - ο επιβάτης
past - το παρελθόν
pay, I - πληρώνω (1)

pear - το αχλάδι, το απίδι
pediatrician - ο παιδίατρος
Peloponnese - η Πελοπόννησος
pen - η πένα
pencil - το μολύβι
people - ο κόσμος, ο λαός
people, our .. - οι δικοί
pepper - το πιπέρι, η πιπεριά
perfection - η τελειότητα
perform, I - παριστάνω (1)
performance - η παράσταση
perhaps - ίσως
periodical - το περιοδικό
permit, I - επιτρέπω (1)
persuade, I - πείθω (1),
         καταφέρνω (1)
petition - η αίτηση
pharmacist - ο φαρμακοποιός
pharmacy - το φαρμακείο
philosophy - η φιλοσοφία
photograph - η φωτογραφία
photo studio - το φωτογραφείο
picnic - το πικνίκ
picturesque - γραφικ-ός, -ή, -ό
pig - το γουρούνι, ο χοίρος
pig, little .. - το γουρουνάκι
pillow - το μαξιλάρι
pine tree - το πεύκο, ο πεύκος
pipe - η πίπα
pity - το κρίμα
place - ο τόπος, ο χώρος
place, I - βάζω (1)
plaza - η πλαζ
plain - απλ-ός, -ή, -ό,
         η πεδιάδα,
         ο κάμπος
plainess - η απλότητα
plaque - η πλάκα
plate - το πιάτο

play, I - παίζω (1)
player - ο παίκτης
playing cards - τα χαρτιά
pleasant - ευχάριστ-ος, -η, -ο
plentiful - άφθον-ος, -η, -ο
poem - το ποίημα
poet - ο ποιητής
poetic - ποιητικ-ός, -ή, -ό
poetry - η ποίηση
point, the outermost .. - ακρότατ-ος, -η, -ο
poison - το φαρμάκι
policeman - ο αστυνομικός
polite - ο ευγενής,
         ευγενικ-ός, -ή, -ό
politeness - η ευγένεια
political - πολιτικ-ός, -ή, -ό
politician - ο πολιτικός
popular - δημοφιλής
population - ο πληθυσμός
pork chop - η μπριζόλα
Poseidon - ο Ποσειδώνας
possession, I have in my .. - κατέχω (1)
post office - το ταχυδρομείο
potato - η πατάτα
potato salad - η πατατοσαλάτα
precious - πολύτιμ-ος, -η, -ο
prefer, I - προτιμώ (2)
prehistoric - προϊστορικ-ός, -ή, -ό
prepare, I - ετοιμάζω (1)
present, I - παριστάνω (1)
present - το παρόν
         παρών, παρούσα, παρόν
president - ο πρόεδρος
prime minister - ο πρωθυπουργός
principal - ο διευθυντής,
         η διευθύντρια
prize - το βραβείο
problem - το πρόβλημα
professor - ο καθηγητής,
         η καθηγήτρια

program - το πρόγραμμα
progress - η πρόοδος
progress, I - προοδεύω (1)
project, I - προβάλλω (1)
projection - η προβολή
pronunciation - η προφορά
Propylaea - τα Προπύλαια
punishment - η τιμωρία
pupil - ο μαθητής, η μαθήτρια
put, I - βάζω (1)
put forth, I - προβάλλω (1)

Q
question - η ερώτηση
quiet - ήσυχος, -η, -ο

R
radio - το ράδιο, το ραδιόφωνο
radish - το ρεπάνι, το ρεπανάκι
rain - η βροχή
rains, it .. - βρέχει (imp.)
raise, I - υψώνω (1)
reach, I - φτάνω (1)
recreation - η αναψυχή
read, I - διαβάζω (1)
ready - έτοιμος, -η, -ο
ready, I get .. - ετοιμάζομαι (4)
reality - η πραγματικότητα
red - κόκκινος, -η, -ο
rear - πισινός, -ή, -ό
refer, I - αναφέρω (1)
refresh, I - δροσίζω (1)
refreshing - ολόδροσος, -η, -ο
refrigerator - το ψυγείο
related to - σχετικά
relation, in .. to - σχετικά
relative - ο συγγενής, σχετικός, -ή, -ό
remain, I - απομένω (1), μένω (1)
remarkable - αξιοσημείωτος, -η, -ο
remember, I - θυμούμαι (4)

remove, I - βγάζω (1)
renowned - ξακουστός, -ή, -ό
report, I - αναφέρω (1)
rest, I - ξεκουράζω (1),
       ξεκουράζομαι (4)
restaurant - το εστιατόριο
restaurateur - ο εστιάτορας
restoration - η αναστήλωση
result - το αποτέλεσμα
retsina wine - η ρετσίνα
return - ο γυρισμός
return, I - γυρίζω, επιστρέφω
rhythm - ο ρυθμός
ribbon - η κορδέλλα
rice - το ρύζι
rich - πλούσιος, -α, -ο
riches - ο πλούτος, τα πλούτη
right - το δίκαιο
right - δεξιός, -ά, -ό
right, I am .. - έχω δίκαιο
ripe - γινωμένος, -η, -ο
       καμωμένος, -η, -ο
       ώριμος, -η, -ο
river - ο ποταμός
rock - ο βράχος, η πέτρα
road - ο δρόμος
rooftop - η ταράτσα
room - το δωμάτιο
root - η ρίζα
rope - το σχοινί
rose wine - ο ροδίτης
round - ο γύρος,
       στρογγυλός, -ή, -ό
ruins - τα ερείπια
run, I - τρέχω
runner - ο δρομέας
Russia - η Ρωσσία
Russian - ο Ρώσσος, η Ρωσσίδα,
       τα ρωσσικά, ρωσσικός, -ή, -ό

S

safeguard, I - εξασφαλίζω (1)
sailing ship - το καράβι
sailor - ο ναύτης
salad - η σαλάτα
salt - το αλάτι
Saronic Gulf - ο Σαρωνικός
satisfactory - ικανοποιητικός, -ή, -ό
satisfied - ευχαριστημένος, -η, -ο
    ικανοποιημένος, -η, -ο
satisfied, I am .. - αρκούμαι (4),
    αρκιέμαι (4)
satisfy, I - ικανοποιώ (3)
Saturday - το Σάββατο
sausage - το λουκάνικο
save, I - σώζω (1),
    οικονομώ (2)
say, I - λέω (1), λέγω (1)
scene - η σκηνή
school - το σχολείο
school desk - το θρανίο
science - η επιστήμη
sea - η θάλασσα
seal - η σφραγίδα

season - η εποχή
seat - το κάθισμα
second - δεύτερος, -η, -ο
secretary, - ο, η γραμματέας
secure, I - εξασφαλίζω (1)
see, I - βλέπω (1)
senator - ο γερουσιαστής
send, I - στέλνω (1)
send, I .. away - απομακρύνω
sense - η αίσθηση
separate, I - χωρίζω
September - Ο Σεπτέμβριος
serve, I - περιποιούμαι (4)
    σερβίρω (1), εξυπηρετώ (3)
set, I .. out - ξεκινώ (2)

settle, I - κανονίζω (1)
seven - εφτά (επτά)
seventy - εβδομήντα
sheet - το σεντόνι
ship - το πλοίο
shirt - το πουκάμισο
shishkebab - το σουβλάκι
shoe - το παπούτσι
shoe-maker - ο παπουτσής
shop - το κατάστημα, το μαγαζί
shop, I - ψωνίζω, ψουνίζω (1)
shopkeeper - ο καταστηματάρχης
shoppings - τα ψώνια
short - κοντός, -ή, -ό,
    σύντομος, -η, -ο
show - η παράσταση
show case - η βιτρίνα
showing - η προβολή
shrimp - η γαρίδα
Siberia - η Σιβηρία
sick - άρρωστος, -η, -ο
sight - η όραση
sign - το σημείο, το σημάδι
silken - μεταξωτός, -ή, -ό
silver - το ασήμι
simple - απλός, -ή, -ό
simplicity - η απλότητα
singer - ο τραγουδιστής
Sirens - οι Σειρήνες
sit, I - κάθομαι (4)
sixty - εξήντα
size - το μέγεθος
skill - η εμπειρία
skyscraper - ο ουρανοξύστης
slaughter, I - σφάζω
sleep, I - κοιμούμαι (4)
slice - η φέτα
slow - σιγά, αργά
slow - αργός, -ή, -ό

slow, I am .. - αργώ (3)
slowly - αργά
smell - η μυρωδιά, η όσφρηση
smell, I - μυρίζω (1)
    μυρίζομαι (4)
smoke, I - καπνίζω (1)
smoke - ο καπνός
smoking - το κάπνισμα
smooth - ομαλός, -ή, -ό
snow - το χιόνι
snows, It .. - χιονίζει
so - έτσι
soaked - βρεμένος, -η, -ο
soccer - το ποδόσφαιρο
soccer player - ο ποδοσφαιριστής
sock - η κάλτσα
soil - το έδαφος, το χώμα
soldier - ο στρατιώτης
somebody - κάποιος, -α, -ο
someone - κάποιος, -α, -ο
something - κάτι
song - το τραγούδι
soul - η ψυχή
sound - ο ήχος
south - ο νότος
southern - νότιος, -α, -ο
souvenir - το σουβενίρ
space - ο χώρος
Spain - η Ισπανία
Spanish - ο Ισπανός, τα ισπανικά,
    ισπανικός, -ή, -ό
spool - το κουβάρι
spoon - το κουτάλι
spot - το σημείο, το σημάδι
speak, I - μιλώ (2)
speech - ο λόγος, η ομιλία
speed - η ταχύτητα, η γρηγοράδα
spinach pie - η σπανακόπιτα
sport - το σπορ

spread, I - απλώνω (1),
    ξαπλώνω (1), στρώνω
spring - η άνοιξη, η πηγή
square - τετραγωνικός, -ή, -ό
squid - το καλαμάρι
stadium - το στάδιο
stamp - το γραμματόσημο
start, I - αρχίζω, ξεκινώ (2)
station - ο σταθμός
statue - το άγαλμα
stay, I - μένω
stay - η διαμονή, η παραμονή
step - το σκαλί
stewardess - η αεροσυνοδός
stocking - η κάλτσα
stone - η πέτρα
stop, I - σταματώ (2)
stop - ο σταθμός, η στάση
storehouse - η αποθήκη
storm - η τρικυμία
story - η ιστορία
stranger - ο ξένος,
    ξένος, -η, -ο
strategic - στρατηγικός, -ή, -ό
strawberry - η φράουλα
street - ο δρόμος, η οδός
street, small .. - το δρομάκι
strength - η δύναμη
stretch, I - απλώνω (1)
strike - η απεργία
strike together, I - τσουγκρίζω (1)
strong - δυνατός, -ή, -ό
student - ο φοιτητής, η φοιτήτρια
study, I - μελετώ (2), διαβάζω (1)
succeed, I - πετυχαίνω (1),
    καταφέρνω (1)
suburb - το προάστειο
sufficient - αρκετός, -ή, -ό
suit - η φορεσιά

summer - το καλοκαίρι,
    καλοκαιρινός, ή, -ό
sun - ο ήλιος
sunbathed - ηλιόλουστος, η, -ο
sunbathing - η ηλιοθεραπεία
Sunday - η Κυριακή,
    κυριακάτικος, η, -ο
sung - τραγουδισμένος, η, -ο
sure - βέβαιος, η, -ο
surname - το επώνυμο
sunshine - η λιακάδα
supper - το δείπνο
surrounded - περιτριγυρισμένος, η, -ο
sweet - γλυκός, ιά, -ό
sweets - τα γλυκίσματα
swim, I - κολυμπώ (2)
swimming - το κολύμπι,
    το μπάνιο
Switzerland - η Ελβετία
synthetic - συνθετικός, ή, -ό

T
table - το τραπέζι
tablet - το τετράδιο
tailor - ο ράφτης, η ράφτρα
tall - ψηλός, ή, -ό
taste - η γεύση
taste, I - γεύομαι
tasty - νόστιμος, η, -ο
taxi - το ταξί
taxi driver - ο ταξιτζής
tavern - η ταβέρνα
teach, I - διδάσκω (1)
teacher - ο δάσκαλος, η δασκάλα
telegraph office - το τηλεγραφείο
telephone - το τηλέφωνο
telephone booth - τηλεφωνικός θάλαμος
telephone receiver - το ακουστικό
telephone operator - ο τηλεφωνητής
temple - ο ναός

tender - λεπτός, ή, -ό
tennis - το τέννις
that - ότι
that - εκείνος, η, -ο
theater - το θέατρο
therefore - επομένως
Theseum - το Θησείο
thread - η κλωστή
throw, I - ρίχνω (1), πετώ (2)
thin - λεπτός, ή, -ό,
    ψιλός, ή, -ό
thing - το πράγμα
this - αυτός, ή, -ό
thirsty - διψασμένος, η, -ο
thirsty, I am - διψώ (2)
thousand - η χιλιάδα
thrifty - οικονόμος, -α
throat - ο λαιμός
thunders, it .. - βροντά (imp.)
Thursday - η Πέμπτη
thus - έτσι
tidbids - τα μεζεδάκια
tie, I - δένω (1)
title - ο τίτλος
tire, I - κουράζομαι (4)
tired - κουρασμένος, η, -ο
to - σε
today - σήμερα
    σημερινός, ή, -ό
tomato - η τομάτα
to the - στον, στη(ν), στο
tool - το εργαλείο
tooth - το δόντι
torch - η δάδα
touch, I - αγγίζω (1)
touch - η αφή
tour - η περιήγηση, το ταξίδι,
    η περιοδεία
tourist - τουριστικός, ή, -ό

town - η πόλη
town square - η πλατεία
toy - το παιχνίδι
tradition - η παράδοση
trolley - το τρόλεϋ
transmit, I - μεταδίδω (1)
travel - το ταξίδι, η περιοδεία
travel, I - ταξιδεύω (1)
tray - ο δίσκος
trip - το ταξίδι
trip, I go on a .. - ταξιδεύω (1)
trusty - πιστ-ός, -ή, -ό
Tuesday - η Τρίτη
tuition - τα δίδακτρα
Turkey - η Τουρκία
turn - η στροφή
turn, I - στρίβω
turtle - η χελώνα

U

ugly - άσχημ-ος, -η, -ο
unable, I am .. - αδυνατώ (3)
understand, I - καταλαβαίνω (1)
underwear - τα εσώρουχα
unhappy - δυστυχισμέν-ος, -η, -ο
united - ηνωμέν-ος, -η, -ο
United States of America - οι
    Ηνωμένς Πολιτείες της Αμερικής
university - το πανεπιστήμιο
unless - εκτός
unroll, I - ξετυλίγω (1)
unruly - άταχτ-ος, -η, -ο
until - μέχρις, μέχρις ότου
unwind, I - ξετυλίγω (1)

V

valuable - πολύτιμ-ος, -η, -ο
various - διάφορ-ος, -η, -ο
vase - το αγγείο
vegetation - η βλάστηση

violin - το βιολί
visit - η επίσκεψη
visit, I - επισκέπτομαι (4)
voice - η φωνή

W

wait, I - περιμένω (1)
wait, I .. upon - εξυπηρετώ (3)
waiter - το γκαρσόνι
walk - ο περίπατος
walk - I, περπατώ (2)
want, I - θέλω (1)
war - ο πόλεμος
warehouse - η αποθήκη
warmth - η ζέστη, η ζεστασιά
wash - το πλύσιμο
wash, I - πλένω (1)
wash, I .. myself - πλένομαι (4)
washing machine - το πλυντήριο
watch - το ρολόι
watch, I - προσέχω (1), κυτάζω (1)
water - το νερό
watermelon - το καρπούζι
wave - το κύμα
way - ο τρόπος, το μέσο
Wednesday - η Τετάρτη
weaken, I - αδυνατώ (3)
weather - ο καιρός
wedding - ο γάμος
weeds - τα χόρτα
weeds, covered with .. -
    χορταριασμέν-ος, -η, -ο
week - η εβδομάδα
weight - το βάρος
welcome, I - καλωσορίζω
well - καλά , λοιπόν
west - η δύση
western - ο δυτικ-ός, -ή, -ό
wet - βρεμέν-ος, -η, -ο
what - ό,τι

what? - τι;
wheel - ο τροχός
when - όταν
when? - πότε;
where? - πού;
wherever - όπου
which - ποιος, ποια, ποιο
      που
whiskey - το ουίσκυ
white - άσπρ-ος, -η, -ο,
      λευκ-ός, -ή, -ό
white , very .. - ολόασπρ-ος, -η, -ο
who - ποιος, ποια, ποιο
      που
whole - ολόκληρ-ος, -η, -ο
why? - γιατί;
wide - πλατ-ύς, -ιά, -ύ
wild - άγρι-ος, -α, -ο
win, I - κερδίζω (1)
wind - ο άνεμος
window - το παράθυρο
wine - το κρασί
winter - ο χειμώνας
      χειμεριν-ός, -ή, -ό
      χειμωνιάτικ-ος, -η, -ο
with - με, μαζί
woolen - μάλλιν-ος, -η, -ο
woman - η γυναίκα
world - ο κόσμος
wonderful - θαυμάσι-ος, -α, -ο
work - η δουλειά, η εργασία
work, I - δουλεύω (1)
      εργάζομαι (4)
worth seeing - αξιοθέατ-ος, -η, -ο
wrap, I - τυλίγω (1)
write, I - γράφω (1)
writing - το γράψιμο
written - γραμμέν-ος, -η, -ο

Y

year - ο χρόνος, το έτος, η χρονιά
year, last .. - πέρσι
year, next .. - του χρόνου
year, this .. φέτος
years - τα χρόνια
years of age - χρόνων (χρονών)
yes - μάλιστα, ναι
yesterday - χτες
yesterday, the day before .. - προχτές
Yugoslavia - η Γιουγκοσλαβία
yogurt - το γιαούρτι
young - νέ-ος, -α, -ο
you - εσύ, εσείς

Z
Zeus - ο Ζευς, ο Δίας

Learn Greek the Easy Way

"Please allow me to express, as a teacher, my sincere thanks and appreciation for the excellent work you have been doing in these books. I had a very difficult time finding a book to use in this country. I am sincere in saying that your books are the answer to our prayers"
- *Angela Varipatis, Principal*
Holy Trinity Greek School
Portland, ME

In 1956, Theodore C. Papaloizos developed a new method of teaching Greek as a second language.
He began authoring textbooks that taught modern Greek in its simplest form. Highly regarded by educators and foreign language specialists, Dr. Theodore C. Papaloizos' books are being used in schools and universities throughout the world.

www.greek123.com

9 780932 416155
ISBN 978-0-932416-15-5

Workbook
For
Modern
Greek
Part II

Theodore C. Papaloizos